Das Buch

»Sie lieben sie unerb... e schrumpfen und unl... n- schen sich die Deuts... r nicht allzusehr...« G... i- schen Tradition und ... s Schriftsteller immer be... ... wenn er sich intensiv mit Künstlerkollegen beschäftigt und davon Zeugnis ablegt, so geschieht das nicht nur, um »als Schüler dem Lehrer dankbar zu sein«. Die fruchtbare Auseinandersetzung mit fremden Werken mündet in Grass' eigene literarische Produktion, wie zum Beispiel ›Die Plebejer proben den Aufstand‹, ›Das Treffen in Telgte‹ oder ›Ein weites Feld‹ zeigen. Ob in Gedichten, Reden, Interviews, Briefen, Laudationes oder Nachrufen – immer wird deutlich, wie viel Günter Grass die Freundschaft zu Kollegen und Verlegern bedeutet und wie sehr er das kritische Gespräch mit ihnen sucht. Eine Fundgrube an Texten, die teilweise hier erstmals erscheinen!

Der Autor

Günter Grass wurde am 16. Oktober 1927 in Danzig geboren, absolvierte nach der Entlassung aus amerikanischer Kriegsgefangenschaft eine Steinmetzlehre, studierte Grafik und Bildhauerei in Düsseldorf und Berlin. 1956 erschien der erste Gedichtband mit Grafiken, 1959 der erste Roman, ›Die Blechtrommel‹. Seit 1960 lebt Grass in Berlin.

Günter Grass:
Die Deutschen und ihre Dichter

Herausgegeben
von Daniela Hermes

Deutscher
Taschenbuch
Verlag

Von Günter Grass
sind im Deutschen Taschenbuch Verlag erschienen:
Die Blechtrommel (11821)
Katz und Maus (11822)
Hundejahre (11823)
Der Butt (11824)
Ein Schnäppchen namens DDR (11825)
Unkenrufe (11846)
Angestiftet, Partei zu ergreifen (11938)
Das Treffen in Telgte (11988)
Mit Sophie in die Pilze gegangen (19035)

Originalausgabe
Juni 1995
Deutscher Taschenbuch Verlag GmbH & Co. KG,
München
© 1995 Steidl Verlag, Göttingen
(Siehe auch Bibliographischer Nachweis S. 341 ff.)
Umschlaggrafik: Günter Grass
Satz: Steidl, Göttingen
Druck und Bindung: C. H. Beck'sche Buchdruckerei,
Nördlingen
Printed in Germany · ISBN 3-423-12027-4

Inhalt

Racine läßt sein Wappen ändern

Ein heraldischer Schwan
und eine heraldische Ratte
bilden – oben der Schwan,
darunter die Ratte –
das Wappen des Herrn Racine.

Oft sinnt Racine
über dem Wappen und lächelt,
als wüßte er Antwort,
wenn Freunde nach seinem Schwan fragen,
aber die Ratte meinen.

Es steht Racine
einem Teich daneben
und ist auf Verse aus,
die er kühl und gemessen
mittels Mondlicht und Wasserspiegel verfertigen
                                            kann.

Schwäne schlafen
dort wo es seicht ist,
und Racine begreift jenen Teil seines Wappens,
welcher weiß ist
und der Schönheit als Kopfkissen dient.

Es schläft aber die Ratte nicht,
ist eine Wasserratte
und nagt, wie Wasserratten es tun,
von unten mit Zähnen
den schlafenden Schwan an.

Auf schreit der Schwan,
das Wasser reißt,
Mondlicht verarmt und Racine beschließt,
nach Hause zu gehen,
sein Wappen zu ändern.

Fort streicht er die heraldische Ratte.
Die aber hört nicht auf, seinem Wappen zu fehlen.
Weiß stumm und rattenlos
wird der Schwan seinen Einsatz verschlafen –
Racine entsagt dem Theater.

Annabel Lee
Hommage à E. A. Poe

Pflückte beim Kirschenpflücken,
Annabel Lee.
Wollte nach Fallobst mich bücken,
lag, vom Vieh schon berochen,
im Klee lag, von Wespen zerstochen,
mürbe Annabel Lee.
Wollte doch vormals und nie
strecken und beugen das Knie,
Kirschen nicht pflücken,
nie mehr mich bücken
nach Fallobst und Annabel Lee.

Schlug auf beim Bücheraufschlagen,
Annabel Lee.
Öffnete Hähnen den Magen,
lag zwischen Körnern und Glas,
ein Bildnis lag, das war sie,
halbverdaut Annabel Lee.
Wollte doch vormals und nie
sezieren Bücher und Vieh,
Buch nicht aufschlagen,
Magen nicht fragen
nach Bildnis und Annabel Lee.

Mein Ungedicht

Rudolf Alexander Schröder:
Deutscher Schwur

Heilig Vaterland
   In Gefahren.
Deine Söhne stehn,
   Dich zu wahren.
Von Gefahr umringt,
Heilig Vaterland,
Schau, von Waffen blinkt
   Jede Hand.

Ob sie dir ins Herz
   Grimmig zielen,
Ob dein Erbe sie
   Dreist beschielen,
Schwören wir bei Gott
Vor dem Weltgericht:
Deiner Feinde Spott
   Wird zunicht.

Nord und Süd entbrennt,
   Ost und Westen;
Dennoch wanken nicht
   Deine Festen.
Heilig Herz, getrost,
Ob Verrat und Mord
Dräue West und Ost,
   Süd und Nord.

Bei den Sternen steht,
    Was wir schwören;
Der die Sterne lenkt,
    Wird uns hören:
Eh der Fremde dir
Deine Krone raubt,
Deutschland, fallen wir
    Haupt bei Haupt.

Heilig Vaterland,
    Heb zur Stunde
Kühn dein Angesicht
    In die Runde.
Sieh uns all entbrannt
Sohn bei Söhnen stehn:
Du sollst bleiben, Land!
    Wir vergehn.

Mein Gedicht wechselt, und wollte ich über »Mein
Gedicht« schreiben, müßte ich es mir vermiesen;
aber mein »Ungedicht« bleibt, ist nicht kleinzubekom-
men, es sei denn, es gelingt mir heute: Wer als
Dreiunddreißigjähriger vom zehnten bis zum sech-
zehnten Lebensjahr Gelegenheit hatte, dieses Ge-
dicht anläßlich Morgenfeiern, Weihestunden, beim
Fahnehissen, im Zeltlager nahe dem Lagerfeuer, in
Jungvolk- und Hitlerjugenduniform nach choralähn-
licher Melodie, mit Todesschauern im Rücken oder
sonstwo halb zu singen, halb in den Ostwind zu spre-
chen, wird gewiß heute noch aus unruhigem Schlaf
aufschrecken und nicht frei von kaltem Schweiß
»Deutschland, fallen wir Haupt bei Haupt« ins stock-
dunkle Schlafzimmer schwören und sein Eheweib er-
schrecken.

Dabei ist dieses Gedicht dem abendländischen Kopf unseres christlichen erzabendländischen Rudolf Alexander Schröder entsprungen. Formkühn ist es, frühexpressionistisch – man achte nur auf den gewagten Reim am Ende der dritten Strophe: »Heilig Herz, getrost, ... Dräue West und Ost...«

Zudem handelt es sich um ein engagiertes Poem, hat seinen realen Hintergrund, denn »Ob Verrat und Mord / Dräue West und Ost, / Süd und Nord« bezieht sich auf die verzwickte Lage Deutschlands während des Ersten Weltkrieges; R. A. Schröder spendete diese Verse, neben anderen, die auch die Front stärken sollten, etwa um 1914.

Insgesamt könnte man das Gedicht perfekt nennen, wäre das Schlußbild der vierten Strophe »Eh der Fremde dir / Deine Krone raubt, / Deutschland, fallen wir / Haupt bei Haupt« dem eingefleischten Humanisten nicht zu dekorativ geraten; damals war die moderne Kriegsführung schon soweit gediehen, daß jenes von R. A. Schröder vorgeschlagene »Haupt-bei-Haupt-Fallen« schwerfallen mußte. Doch nicht nur dem Ersten Weltkrieg schrieb unser aller Wahrer deutschen Geistes diesen Schwur ins feldgraue Poesiealbum; für die Ewigkeit hatte R. A. Schröder geschrieben. Die Nazis nahmen ihn beim Wort: »Du sollst bleiben, Land! / Wir vergehn.«

Weil aber unser Dichter über den Alltäglichkeiten schwebt und einem höheren Gesetz gehorchen mag, auch schlecht und recht die politischen Systeme, Krone, Weimar und Führerstaat, überlebte, dabei immer älter, weiser und gütiger wurde, muß diesem Gedicht noch eine weitere Kraft innewohnen, die solch beängstigende Langlebigkeit speist. Wir gehen nicht fehl, anzunehmen, der üppige Umgang mit »Heilig

Vaterland«, mit »Schwören wir bei Gott«, dem prompt folgenden »Weltgericht« und der Hinweis auf die Sterne und den Sternelenker, der für uns Landsleute schon immer ein Ohr gehabt haben muß, habe dem Gedicht ›Deutscher Schwur‹ jenen gottgewollten Unterbau gegeben, der es – um einen Vorschlag zu machen – christlichen Jungmännern, gleich welcher Konfession, heute noch erlaubte, nahe der Zonengrenze, unter einigermaßen ausgesterntem Himmel, mittels Fackeln ins rechte Licht gesetzt, feierlich zu schwören und dem Alptraum meiner Jugendzeit über die nächste politische Runde zu helfen.

Nun frage ich Sie, R. A. Schröder, wie wollen Sie mich, der ich oft und todernst nach Ihren Worten den ›Deutschen Schwur‹ leistete, von eben diesem Schwur, der mir bei unpassendsten Gelegenheiten durchs »Heilig Herz, getrost« hinkt, für alle Zeiten entbinden?

Dieses Gedicht erschien erstmals 1914 in dem Band R. A. Schröder ›Kriegslieder‹, Insel Verlag. Die Honorare wurden dem Deutschen Roten Kreuz überwiesen.

Lieber Kollege,
hier schicke ich Ihnen den Jens eingepackt in War-
nung und Hoffnung, Sie mögen einerseits dem Profes-
sor nicht auf den Leim kriechen, andererseits Spaß an
dem hübschen Satzspiegel haben. Aber bedarf es der
Warnung? Sie werden, wenn ich Ihr unbekümmertes
Talent richtig einschätze, das schmale Bändchen mit
ungeduldigen Daumen durchblättern, werden – Eitel-
keit wird vorausgesetzt – auf hundertsiebenundfünf-
zig Seiten Ihren Namen suchen, aber nicht finden;
obgleich der Professor mit Namen umgeht wie ein
Hofbäcker mit Rosinen: Piontek, Celan und Sieburg
machen ein und dasselbe Stückchen Hefekuchen süß
und schwer verdaulich.

Dennoch, das Bändchen ist zu gefällig aufgemacht,
als daß man es gleich ins Regal stellen dürfte; und
auch Sie, lieber Kollege, werden einige Kapitel an-
lesen, werden auf Seite neunundsiebzig, da der Jens
der Meinung ist, heutzutage müsse sich ein Poet hü-
ten, persönliche Polemiken gegen seinesgleichen für
wichtig zu halten, zustimmend nicken oder eine Gän-
sehaut bekommen: Wir beide – obgleich Sie nicht
meinesgleichen sind – haben Verständnis für die Ver-
träglichkeit des Professors und werden, wenn von er-
zählender Prosa die Rede ist, seine Romane schonen,
müssen aber mit dem Finger in der Wunde kramen,
sobald uns Jens – wie auf Seite hundertachtundvier-
zig – platt und eigennützig das Erzählen, also des
Autors Lust, vermiesen, dem Müller das Wandern aus-
reden möchte; fortan und ersatzweise soll er nur noch

über Mehl reflektieren dürfen – der Mehlwürmer essayistische Existenz wird kursiv gesetzt.

»Beschränkung heißt das Zauberwort der Gegenwart...« Nein, wir wollen uns auf Seite neunundachtzig nicht mit Platitüden aufhalten; einer Untersuchung bedürftiger schmeckt mir das Sätzchen in Klammern auf Seite neununddreißig: »(Ob die Denaturation freilich ein Gleichnis unserer Lage sein kann, ob die Analyse der Verstümmelung das Gegenbild ursprünglicher Ganzheit zu beschwören weiß, mag dahingestellt sein.)«

Nun zitiere ich nicht, lieber Kollege, um Sie vor dem Gebrauch des Wortes »freilich« zu warnen, obgleich »freilich« freilich schlimm genug ist; vielmehr ist es »das Gegenbild ursprünglicher Ganzheit«, das mich fragen läßt: Woher weiß der Jens das nur? Der glaubt doch nicht etwa an Gott? Oder ist mit »ursprünglicher Ganzheit« das ungeteilte deutsche Vaterland oder Adam gemeint, als er noch eine Rippe zuviel hatte?

Wir beide, die wir gerne Geschichten erzählen, merken natürlich sofort, daß die »ursprüngliche Ganzheit« zwar einen famosen Traktätchenstoff abgibt, aber erzählen kann man über etwas Ganzes schlecht, zumal mir Ganzes noch nie begegnete; selbst meine Großmutter, die in sich ruhte, hatte einen Sprung von Anbeginn; und der Anbeginn hatte auch einen Sprung; am Anfang war der Sprung.

Um nun, lieber Kollege, auf Ihren Romanstoff zu kommen: Breiten Sie ihn gehörig und maßlos aus. Wenn also die Tante Ihres Titelhelden sieben Kinder hat, lassen Sie bitte alle sieben wachsen, heiraten, Kinder bekommen, schenken Sie der Tante sogar noch ein achtes Kind, aber vermeiden Sie ängstlich, in

jenem Herrn Berendt, der im dritten Kapitel nach sie-
benjähriger Kriegsgefangenschaft heimkehrt, einen
Odysseus zu sehen; auch würde ich den verklemmten
jungen Mann, der zu Anfang des vierten Buches eine
Reise machen will, nicht nach Griechenland schicken
und die ewigen Bezüge aufdecken lassen. Die Arche-
typen, von denen der Jens so gerne plaudert, wollen
endlich ihre Ruhe haben und ein Nickerchen ma-
chen.

Lassen Sie also getrost Ihre Geschichte in Wanne-
Eickel beginnen und in Herne enden. Zwar meint
Jens, diese von Ihnen bewohnte Landschaft sei litera-
risch nicht mehr ertragreich; aber ich will glauben,
selbst Tübingen gäbe, käme nur ein neugieriger Erzäh-
ler, wenn nicht einen ausgewachsenen Roman, so
doch ein Kapitelchen her.

Nehmen Sie also das Büchlein, auch wenn Sie es ab-
lehnen müssen, nicht allzu ernst, denn der Jens hat es
gut gemeint und hat durchweg klug und schnell ge-
schrieben. Wir müssen ja froh sein, daß wir ihn haben.
Sein Valéry-Zitat habe ich, extra für uns beide, auf den
Kopf gestellt: »Nur was erzählt wird, zählt!« Im übri-
gen wüßte ich Ihnen einen gutzahlenden Verleger
und grüße Sie und Ihre liebe Frau

als Ihr *Günter Grass*

P. S.: Haben Sie ›Die Zeit‹ gelesen? Da hat der Walser
den Enzensberger portraitiert; und der Enzensberger
hat den Walser; und jetzt wollen beide den Johnson;
aber der Johnson will nicht; dafür wollen die beiden
ihren Verleger, den Unseld; und mit Hilfe der Lekto-
ren will der Unseld die beiden nochmal und den John-
son extra; danach sollen die Frauen beider Autoren;
der Johnson ist leider Junggeselle; aber Hesse soll sich

bereit erklärt haben, ein Vorwort für Neuauflage ›Narziß und Goldmund‹, darin will er alle Pferdchen im Stall und die Stallburschen dazu; am Ende soll's ein Taschenbuch geben: ›Wir schreiben für den Suhrkamp-Verlag‹. Und Jens soll das Vorwort schreiben; aber Piper ist dagegen wegen Abwerbung und will Gegenunternehmen starten; Jaspers portraitiert die Bachmann; und die Bachmann die Wohmann; und Frau Piper will den Herrn Piper ... Die Auslandsrechte sind schon alle vergeben.

Kleine Rede für Arno Schmidt

Laudatio zum Fontane-Preis für Arno Schmidt

Das Handwerk, den Kollegen zu ehren, will gelernt sein. Öffentlich übe ich es zum ersten Mal: So wird es zum Abenteuer, Sie, hochverehrter Arno Schmidt, hochzupreisen und im Namen der Jury begründen zu wollen, warum wir Ihnen den Berliner Fontane-Preis zusprechen. Wer es noch nicht weiß: Arno Schmidt lebt seit fünfzig Jahren zwischen uns; und wenn wir – auch solche, die ihn nicht gelesen haben – den Mund aufmachen, sind wir seiner Interpunktion verfallen: Arno Schmidt steckt an.

Als Borcherts ›Draußen vor der Tür‹ in ungeheizten Theatern gespielt wurde – die einen sagen gestern, andere vorgestern –, machte er uns mit seinem ›Leviathan‹ bekannt. Für dieses Buch sprach ihm im Jahre 1950 die Akademie der Wissenschaften und der Literatur in Mainz – neben vier weiteren Schriftstellern – den großen Literaturpreis zu.

Heute, nach vierzehn Jahren, einer Spanne also, in der unser Autor Buch um Buch vorlegte und unseren Horizont verrückte, heute bequemen wir uns zur Ehrung eines Schriftstellers, den Freunde wie Feinde gerne – und sei es um des eigenen Standpunktes willen – mit dem Titel Außenseiter behängen, als stünden wir Kopf an Kopf beim Pferderennen, als lohne es sich, auf Favoriten zu setzen, als hafte der Literatur Stallgeruch an und als sei es die Aufgabe der Favoriten wie Außenseiter, wenn schon nicht für ganz Deutschland, dann immerhin fürs bessere zu reiten.

Nicht daß ich sagen will, hier wird heute ein Vergessener jener Spielart geehrt, die Arno Schmidt von Zeit zu Zeit für uns ausgräbt; er hat immer Freunde gehabt, die nicht müde wurden, auf ihn hinzuweisen: Alfred Andersch, der ihm mit seiner Zeitschrift ›Texte und Zeichen‹ und dem Radio-Essay des Süddeutschen Rundfunks Asyl bot, Helmut Heißenbüttel, der ihn vor etwa einem Jahr mit einer größeren kritischen Arbeit vorstellte: ›Annäherung an Arno Schmidt‹; aber gelesen wurde er, dessen Erzählungen und Romane – ›Die Gelehrtenrepublik‹ und ›Das steinerne Herz‹ – zumindest populär sein könnten, nicht oder kaum.

Heißenbüttel sagt: »Er ist ein Volksschriftsteller, aber ein verhinderter.« Dabei – so meine ich – könnte man ihn in der Küche schmökern wie ›Gullivers Reisen‹. Seine Erzählungen – ›Brand's Haide‹, ›Die Umsiedler‹ oder ›Aus dem Leben eines Fauns‹ – verführen, mit ihm und seinem alles einbeziehenden Wetterbericht spazierenzugehen. Ich kenne keinen Schriftsteller, der den Regen so abgehorcht, dem Wind so oft Widerrede geboten und den Wolken so literarische Familiennamen verliehen hat. Tausend und mehr Schnappschüsse auf plattem Lande; denn so lautet ein Schnappschuß in Klammern: »(Bergländer liebe ich nicht: nicht den breiigen Dialekt ihrer Bewohner, nicht die zahllos gewölbte Erde, Bodenbarock. Meine Landschaft muß eben sein, flach, meilenweit, verheidet, Wald, Wiese, Nebel, schweigsam).« Und auf diesem Teller wird er nicht müde, das Wetter auszumünzen: »Ein Regen flüsterte mit der Teerstraße.« – »Weiß Gott: es nieselte schon; aber der Zug kam pünktlich durchs Gesprühe.« – »Der Wind wurde lauter; er sprang geduckt hin und her, reckte sich, atmete höhlig, und stöberte witzig im Matsch; dann kam er an mein Fenster, haspelte drei Sätze auf gälisch, prustete los (vor Lachen, wegen meim Gesicht), und weg war er…«

Bei bestimmter und besonders für ihn geeigneter Luftfeuchtigkeit läßt er ab von der Technik der Schnappschüsse und legt ein Aquarell an, um es sogleich wieder auszuwaschen: »Stillste Moorluft: ein Bauer bildete sich zehn Schritte vor mir; zuerst nur grau, wie aus Rauch gepustet; (dann schien er blaue Hosen zu tragen; der gebückte Rücken blieb buntlos); Hände qualmten langsam unter ihm rum; dann richtete er sich breit, schnickte mit der Peitsche, daß die Luft vor Schmerzen stöhnte, hohl: da verschwand das Pferd aus Schattenflicken neben ihm, und auch er entstand mir später nicht mehr. (War wohl verrübt; zersät; irgendwie).« Diese Zitatenquelle könnte ich munter halten und ein Dutzend und mehr Seminararbeiten in Auftrag geben: Arno Schmidt und das Wetter; die Figur des Fernlastfahrers bei Arno Schmidt; Wartesäle bei Arno Schmidt; Motiv und Verwendung der Staatshandbücher in dem Roman ›Das steinerne Herz‹; inwieweit der Mond auf Arno Schmidts Benennungen angewiesen ist, hat Heißenbüttel schon vermerkt.

Ich aber greife aus seinem Werk, das vom ›Leviathan‹ bis zur jüngst erschienenen Studie über Wesen, Werk und Wirkung Karl Mays noch immer zu entdekken ist, meine Lieblingserzählung heraus: ›Seelandschaft mit Pocahontas‹. Und werde vergeblich versuchen, mit Stichworten so etwas nicht Löffelbares wie den Inhalt dieser Liebesgeschichte abzustecken.

»Rattatá Rattatá Rattatá.« Mit einer Eisenbahnfahrt vom Saarland über Trier, Gerolstein und Köln, durchs

Ruhrgebiet, an Ibbenbüren vorbei nach Diepholz beginnt es. In diesen vier Seiten Eisenbahnfahrt findet Platz: der Flüchtlingsausweis und James Fenimore Cooper; das bigotte Rheinland und ein Kurzroman im Nebenabteil; die »Schlacht im Teutoburger Walde, 1945 nach Christie«, und die Zeit als Fläche, auf der alles »gleichzeitig« vorhanden ist: also Blitzlichter und Schnappschüsse, die Menge: »Gedanken wie leere sonnige Liegestühle: rattatá.« – »Trier: Männer rannten neben galoppierenden Koffern«; – und alles, »Die Klexographien der Bäume«, das »Verschlafene Bauernmädel, umringt von belfernden Milchkannen«, die »Magischen Würfel« und die »durchbrochene Bluse« fügen sich nahtlos nebeneinander, sind »gleichzeitig vorhanden« und erlauben dennoch einer Handlung, Fortschritte zu machen. Der Reisende kommt an, verfügt sich in ein recht Arno Schmidtsches hölzernes Wartesälchen, trinkt drinnen sein Helles, während draußen, auf seiner NSU, der Malermeister Erich Kendziak eintrifft. Landserdeutsch. Kamerad, weißt du noch. Nach gut acht Jahren sehen zwei Kumpels einander wieder, trinken ein Bier und noch eines, der Malermeister zahlt. Draußen wird es »papierhell und leer…« Beide nehmen die NSU zwischen die Schenkel und die Reichsstraße 51 unter die Räder und durchqueren, Schnappschüsse sammelnd, Arno Schmidts Landschaft: »Hübsch, das völlig ebene Land, Gras und Moor, sehr geschickt mit Nebeln aller Art verziert…«, bis sie zum Dümmersee kommen und in Holkenbrinks Pensionshaus Quartier nehmen.

Gleich zu Beginn des dritten Kapitels, noch bevor die Pension besichtigt wird, dürfen wir, vor dem noch blaß angelegten Aquarell ›Seelandschaft‹, ein zugleich erschreckendes und liebliches Doppelportrait

21

betrachten: Die Freundinnen Annemarie Waniek und Selma Wientge werden entworfen und sogleich zwischen Interessenten aufgeteilt: Selma – die spätere Indianerprinzessin Pocahontas – ist 6 Fuß groß, verfügt über endlose, tiefbraune Armstöcke, einen, scheinbar, Verlobungsring, keinen feststellbaren Busen, eine randlose Brille und ein Irokesenprofil. Jetzt niest sie: »(und das sah allerdings trostlos aus und wackelsteif, wie wenn Backsteingotik nieste oder ein Hochspannungsmast).«

Annemarie, die als »geborene Motorbraut« bald dem Malermeister zufallen soll, liest sich so: »Klein und bauerndrall; rotgesticker Mund in talggelbem Slawengesicht; Finger lagen unordentlich um die Tasse, hell und krumm wie Hobelspäne; und aus dem fetten Vokalgemische sprudelten lustig die harten ›r‹ . . .«

Und dieses Quartett wird fortan, bis der Autobus die beiden Mädchen aus der Erzählung und somit aus der Seelandschaft trägt, Liebe machen, nach gemachter Liebe ruhen, neue Liebe vorbereiten, also: sich mit Niveacreme behandeln, im Paddelboot paddeln und nicht paddeln, Haubentaucher erschrecken, im Wind spazierengehen, wieder im Paddelboot es versuchen, »2 Gitarren am Meer« singen, Wetterleuchten und aufkommende Gewitter beobachten, Abendnachrichten hören, vom Sekt nippen, den der Malermeister spendierte, kleine Examen veranstalten: Gustav Freytag und Kant, Wolken benennen, aufeinander davonreiten, schwimmen und Namen ins Wasser schreiben – wobei Undine ins Spiel kommt und also auch Fouqué – aber- und nochmals sausend aufeinander davonreiten, nachher auf dem Rücken liegen und Büchsenmilch sückeln, Pensionsgäste ver-

lästern, wieder mal Nachrichten hören und schnell
paar Postkarten schreiben, zwischendurch Söckchen
für morgen waschen, oldenburgische Speckkuchen es-
sen, oldenburgische Speckkuchen erbrechen, sich in
die Steinzeit wünschen, Glaskirschen futtern, wieder-
um unverzüglich nacheinander greifen, paarweis zu-
sammenziehen der Einfachheit halber, Unterricht
geben und nehmen im Knopfannähen, Sülze und
allernotwendigsten Selleriesalat speisen, mit Mäd-
chen und Schnapsflasche und Hannoverschem Staats-
handbuch von 1839 durch einen Orionnebel irren,
mit Jean Paul polemisieren, in der Graufrühe einschla-
fen, Illustrierte bewegen, Schachspielen, also auch
Nachrichten hören, weil ja Alfred Döblin seinen Fünf-
undsiebzigsten feiert und alles »gleichzeitig vorhan-
den« ist, dann aber erste Tränen weinen, übers
triefende Moor laufen, vier doppelte Portionen Düm-
meraal tilgen, noch einen letzten Knopf annähen,
einerseits eine Uhr geschenkt, andererseits die Tage
bekommen und endlich, mit Hilfe des wegfahrenden
Autobusses, in geschlechtsgleiche Paare getrennt wer-
den; nur die Seelandschaft, nun ohne Pocahontas,
bleibt sich gleich: »dieser Sommersee, dieser Dunst-
priel . . .« Soviel und sowenig ereignet sich bei Arno
Schmidt; doch jetzt könnte ich eine zweite Inhaltsan-
gabe reihen, die immer noch nicht dieser wahrhaft sie-
benhäutigen Zwiebel die letzte Pelle nähme. So käme
es darauf an, einen Katalog aller Benennungen und
Schmeichelworte, die dem Mädchen Selma Wientge –
Pocahontas genannt – zukommen, säuberlich zu rei-
hen, vom anfänglichen Nachtgespenst über die fortge-
schrittene Gottesanbeterinstellung bis zum Steinzeit-
weib Pultuke. Auch ließe sich untersuchen, wie, im
Verlauf der Erzählung, mit Hilfe der Abendnachrich-

ten Zeitgeschehen bis zum Dümmersee gelangt und einerseits das Gespräch der beiden Männer belebt: »...entweder EVG oder Wiedervereinigung; Beedes gipts nich!«, andererseits dem Autor Gelegenheit bietet, den »Kommentar der Woche«, gehalten von »Doktor Walter Maria Guggenheimer«, lobend zu erwähnen: »...und ich nickte beifällig: klarer Kopf!«

Doch die mir zugestandene Zeit, zu preisen und zu loben, läuft ab; jetzt noch schnell Beziehungen feststellen zwischen Arno Schmidt und Fontane, weil ja der Preis – oder das dringendste Bedürfnis unserer Zeit befriedigen und unseren Autor fix auf einen Nenner bringen? Nein, lieber noch einmal die NSU besteigen, die Seelandschaft mit Pocahontas aufsuchen und, eingebettet zwischen Schnappschüssen, Arno Schmidts Credo finden: »Denken. Nicht mit Glauben begnügen: weiter gehen. Noch einmal durch die Wissenskreise, Freunde! Und Feinde. Legt nicht aus: lernt und beschreibt. Zukunftet nicht: seid! Und sterbt ohne Ambitionen: ihr seid gewesen. Höchstens voller Neugierde. Die Ewigkeit ist nicht unser (trotz Lessing!): aber dieser Sommersee, dieser Dunstpriel, buntkarierte Schatten, der Wespenstich im Unterarm, die bedruckte Mirabellentüte. Drüben der lange hechtende Mädchenbauch...«

Vor- und Nachgeschichte der Tragödie
des Coriolanus von Livius und Plutarch über
Shakespeare bis zu Brecht und mir

Rede zum 400. Geburtstag Shakespeares in der
Akademie der Künste Berlin

Nehmen wir an: so, mit Spitzbart oder mit Ohrringen,
wie auf dem Chandos-Portrait, gab es ihn. Und weiter-
hin angenommen: Ehestreit oder Jagdhändel vertrie-
ben ihn aus Stratford, er ging nach London, schrieb
dort, wie es die Buchrücken der Gesamtausgabe be-
haupten, mehr als dreißig Theaterstücke und übte
sich in der Schauspielkunst. Wer Lust hat, mag ihn sich
als Frauendarsteller imaginieren: Spielte er Goneril
oder war er Cordelia? Doch dieses wissen wir genau:
Das Globetheater brannte am 29. Juni 1613 ab, als er
schon nach Stratford zurückgekehrt war. Ihn nun als
Brandstifter, als einen Mann also zu sehen, der mit Be-
dacht seine Spuren löschte, mag mir eher gelingen, als
in der Königin Elisabeth die wahre Autorin seiner
Stücke zu verehren, zumal Sir Francis Bacon oder der
Graf von Southampton sie verfaßt haben mögen.
Wem machte es keinen Spaß, halbwegs belegte Anek-
doten auszubreiten und sich vorzustellen, sein Freund
und Rivale Ben Jonson, der ihn in der Meerjungfer-
kneipe mit Ratschlägen eindeckte, etwa, er möge
nicht jedem Einfall folgen, mehr feilen, glätten und an
die Kunst denken, jener Ben Jonson, der ihn in einem
Preisgedicht »gentle Shakespeare« nannte und ihm
dennoch nicht glauben wollte, daß Böhmen am Meer
liegt, habe ihn im Jahre 1616 ermordet, und zwar beim

unmäßigen Trinken? Dagegen wissen wir genau: Er vermachte, laut Testament, seiner Frau sein zweitbestes Bett. Weniger genau dieses: Er wurde am 23. April 1564, wie gewöhnliche Sterbliche, geboren und schrieb siebenundzwanzig oder achtundzwanzig, vielleicht auch nur einundzwanzig Theaterstücke. Er lernte bei Marlowe, Nashe und Greene. Sein Leibchronist Holinshed und der Grieche Plutarch, lebende und verstorbene Kollegen liehen ihm Stückvorlagen und komplette Szenen. Von Kyd nahm er den Stoff und von Montaigne die Gedanken. Zwar sind Falstaff und der Puritaner Malvolio Kinder seines Geistes, aber gezeugt, wie man sogenannte Originale zeugt, haben andere Väter. Denn ohne Marlowes ›Jude von Malta‹ gäbe es heute keinen ›Kaufmann von Venedig‹. Man nahm und gab. Diese Praxis sollte Schule machen: alle Stoffe sind frei; übliche Häuser mögen an ihren Besitzern kleben, aber der geistige Grundbesitz ist fortan vogelfrei; in diesem Sinne hatte unser Bertolt Brecht mit unserem William Shakespeare, neben der Befähigung zum Klassikerdasein, noch etwas gemeinsam: die grundsätzliche Laxheit in Fragen geistigen Eigentums. Dem Kritiker Kerr, der mehr auf geistigen Besitzstand pochte, hat Brecht es gesagt: »Natürlich basiert so ziemlich jede Blütezeit der Literatur auf der Kraft und Unschuld ihrer Plagiate.«

Aber stehlen ist nicht leicht, und »bearbeiten« fällt noch schwerer; dennoch hat Brecht an Marlowe und an Lenz eine leichte Hand bewiesen. Als ihm aber ›Die Tragödie des Coriolanus‹ zum Lehrstück ›Coriolan‹ geraten sollte, stand der Schutzgott aller Diebe geistigen Eigentums fern.

In meiner Shakespeare-Ausgabe heißt es im Vorwort: »Das Stück wird seines antidemokratischen

Charakters wegen selten aufgeführt.« Von dieser und der umgestülpten Tendenz soll heute die Rede sein: Die Vor- und Nachgeschichte der Tragödie des Coriolanus von Livius und Plutarch über Shakespeare bis zu Brecht und mir. – Die Vermessenheit hat das Wort!

Als Shakespeare neunzehn Jahre alt war, erschien zu London die englische Übersetzung des Plutarch. Diesem Römischen Heldenleben entnahm er die Fabel seiner Tragödie des Coriolanus. Da sich die Fehler der Übersetzung in seinem Stück eingenistet haben, wird nicht der griechische Text seine Lektüre gewesen sein. Wenige Jahre später zog er nach London, und das Römische Heldenleben zog mit.

Dieses ist die harte Fabel: In Rom wollen sich die Plebejer gegen die Patrizier erheben. Der Kornpreis und Cajus Marcius – der spätere Coriolanus – bedrücken sie. Da ein Krieg mit den benachbarten Volskern ausbricht, werden den Plebejern, um sie für den Kriegsdienst zu gewinnen, Volkstribunen zugestanden, die die Sache des Volkes vor dem Senat vertreten können. Im Verlauf des Krieges erweisen sich die Plebejer als feige und beutesüchtig und der Volksfeind Cajus Marcius als edler Held, der jeden Beuteanteil von sich weist. Seinem tollkühnen Mut verdanken die Römer die Eroberung der Stadt Corioli; dieser Stadt verdankt er seinen Ehrennamen: Coriolanus. Zurück in Rom feiern ihn die ihm ehemals feindlich gesonnenen Plebejer. Sogar zum Konsul wollen sie ihn, der sie immer noch verhöhnt und beschimpft, wählen; doch die Intrige der beiden Volkstribunen und der anschwellende Hochmut des Coriolanus verhindern die Wahl: Plebejer und Patrizier stehen sich abermals feindlich gegenüber. Des Coriolanus Beschimpfungen münden in Handgreiflichkeiten. Jetzt können ihn auch die Patrizier nicht mehr schützen: Vom Volk verbannt, verläßt er Rom, um zu den Feinden überzulaufen. Diese nehmen ihn, den siegesgewohnten Feind, als Helfer gegen das verhaßte Rom auf: Mit einem Volskerheer bedroht er die Vaterstadt. Keiner der ihm einst befreundeten Patrizier kann ihn zur Umkehr überreden, da verläßt seine Mutter die Stadt und begibt sich ins Volskerlager. Ihre Rede bewegt ihn umzukehren. Weil er die Vaterstadt, der Mutter wegen, nicht verrät, wird er zum Verräter an seinen Bundesgenossen: Er wird ermordet, doch seine Mörder, die Anführer der Volsker, achten seine Größe und gedenken seiner ehrenvoll.

In der Coriolanus-Sage werden Ereignisse der zu Ende gehenden Königszeit und solche bis zur Zeit der Gallierkriege zusammengefaßt, als ereigne sich alles etwa um das Jahr 500 vor unserer Zeitrechnung und als sei die Einsetzung der Volkstribunen, eine bei Livius als langsam belegte Entwicklung, spontan erfolgt. Nach Mommsen entspringt die Sage dem Wunsch zweier plebejischer Geschlechter, auf das Alter ihrer Ahnenreihe zu verweisen. Diesen Geschlechtern, den Volumniern und Veturiern, entstammen – abermals nach Livius – die Frau und die Mutter des Coriolanus. Shakespeare läßt davon nichts durchblicken; bei ihm stehen sich uralter Adel und gesichtslose Plebejer ohne verwandtschaftliche Verbindungen gegenüber.

Knapp und jeden Versuch lähmend, diese Tragödie ins Geschirr einer Tendenz spannen zu wollen, hat Heinrich Heine sich zum ›Coriolanus‹ geäußert: »Man sollte manchmal glauben, Shakespeare sei ein heutiger Dichter, der im heutigen London lebe und unter römischen Masken die jetzigen Tories und Radikalen schildern wolle.«

Ähnliche Spiegelungen aktueller Verhältnisse wird sich dieses Stück immer wieder gefallen lassen müssen, denn als es niedergeschrieben wurde, standen sich gegensätzliche Parteien wie die der Patrizier und Plebejer, wie die der Tories und Radikalen auf den Straßen Londons gegenüber. Neuerer, Sektierer und Empörer machten die Insel mit der Welt bekannt, denn schon mit dem Untergang der Armada hatte für England das siebzehnte Jahrhundert begonnen: die Ostindische Companie wurde gegründet; Expeditionen maßen Englands spätere Machtbereiche aus; während Shakespeares Zeitgenosse Cervantes aus seinen und Spaniens Niederlagen »Den Ritter von der traurigen Gestalt« entwickelte, setzte das elisabethanische Theater gigantische Eroberer in Szene: von Marlowes ›Tamerlan‹ bis zu Shakespeares ›Coriolanus‹.

Zwischen 1605 und 1608, während vier Jahren also, in denen Shakespeare seine Tragödie konzipierte und niederschrieb, drängten sich politische Ereignisse, die ihm Kenntnis gaben von dem, was wir heute Klassenkampf nennen: 1607 erhoben sich die Bauern, weil die Adligen den Gemeindeboden beschlagnahmt hatten; 1605 wurde die Pulververschwörung aufgedeckt: Papisten hatten das puritanische Parlament in die Luft sprengen wollen; seit 1606 nahm in London wieder einmal die Pest Ausmaße an; wir dürfen glauben, daß, während Shakespeare am ›Coriolanus‹ schrieb, alle Theater geschlossen waren.

Stücke, Bücher, ja selbst Gedichte, die das ängstliche Gemüt heute gerne »zeitlos« nennt, wurden, selbst wenn ihnen Rom als Ort der Handlung Kulissen lieh, in ihrer Zeit geschrieben, mit dem Blick aus dem Fenster, mit dem Ohr zur Straße gewandt. Zwar nennt schon Plutarch seinen Coriolanus unerzogen, weil vaterlos, aber das grobe, unflätige Mundwerk, den Reichtum farbiger Beschimpfungen, dem der Patrizier Menenius und die Heldenmutter Volumnia die zweite und dritte Stimme liefern, stiftete Shakespeares London; ja, zum bevorzugten Mittel, das Individuum Coriolanus zu zeichnen, erhebt er diese sich von Szene zu Szene steigernden Auswürfe eines überlebensgroßen Hochmutes. Und sobald man, mit Grund, vermutet, Shakespeare habe nach Modell gearbeitet, meldet sich die zwar unbelegte, aber einleuchtende These, Sir Walter Raleigh, jener herrische und als geadelter Seeräuber hochverdiente Patriot, habe stillhalten müssen, denn Raleigh, ein Freund von Ben Jonson (und warum nicht von Shakespeare), hatte ein Schicksal zu erleiden, das dem des Coriolanus nicht unähnlich war. Nachdem er den Spaniern eine Silberflotte abgenommen, auf Cadiz und den Azoren für die englische Königin gekämpft und weite Landstriche in Amerika – wie Coriolanus sein Corioli – erobert hatte, mußte er erleben, daß ihn der Pöbel in London, anläßlich seiner Verhaftung durch König Jakob im Jahre 1603, beinahe erschlagen hätte. Denn Raleigh, einst umjubelt, hatte sich unbeliebt gemacht; und dem Sieger Coriolanus gaben die Plebejer erst ihre Stimmen, dann entzogen sie ihm das Vertrauen. In der Tragödie wie in London spricht man von beider Helden Geringschätzung der armen Leute. Raleigh kontrollierte ein Weinmonopol; Coriolanus hatte die Hand auf allen Getreideschiffen, die von Sizilien kamen. Wenn in Rom der Volksfeind verhinderte, daß erbeutete Kornvorräte an die Hungernden verteilt wurden, leistete in London der Seeheld erbitterten Widerstand gegen einen Gesetzesentwurf des Parlamentes, demzufolge billiger Wein verkauft werden sollte. Beide

Helden wurden aus Volkes Gunst entlassen, als sie sich nicht mehr mit dem Kriegs- und Seeräuberhandwerk begnügten, sondern, auf Haudegen- und Piratenmanier, der eine auf dem Getreidemarkt, der andere in den Weinkellereien, die Preise bestimmen, das heißt hochhalten wollten.

Nun soll hier nicht gesagt werden, mit ›Die Tragödie des Coriolanus‹ habe man ein handfestes Schlüsselstück vor sich, doch spielt die Zeit der aufkommenden Puritaner und untergehenden, noch vor kurzem geadelten Glücksritter in diesem Stück seinen Schattenpart: Wenn zum soundsovielten Male die Puritaner versuchten, das Globetheater, als Brutstätte der Sünde und Pest, zu schließen, mag die Reihung der Schimpfworte, mit denen Direktor Burbage die fanatischen Kleinbürger bedachte, ähnlich blumig gewesen sein wie, nach Shakespeare, zu Rom, wenn die Plebejer dem Coriolanus bescheidenes Wesen und demokratische Sitten abverlangten. Mag die, historisch gesehen, reaktionäre Tendenz dieses Stückes sich abgeschliffen haben, damals wirkte sie vordergründig und hat eine Aufführung verhindert; denn nicht zuletzt im Sinne seines Theaters warnt der Autor den König und die Adligen vor dem Aufkommen der Handwerker und kleinen Leute, also der Puritaner und des Parlamentes, das zu drei Vierteln mit Puritanern besetzt war. Zweimal hat die Geschichte gegen Shakespeares Stück gesprochen: Livius sagt, es wurde sechsunddreißig Jahre nach der Wahl der ersten Volkstribunen deren Zahl auf zehn erhöht: Das Volkstribunat, Roms große und bis heute gültige Errungenschaft, hatte sich durchgesetzt, und in England hat vierzig Jahre nach der Niederschrift des ›Coriolanus‹ der Lordprotektor Cromwell die Entwicklung bestimmt. Shakespeares

Theater wurde schon vorher geschlossen. Geblieben ist, neben vielem, dieses Stück Ärgernis, in dem Roms Plebejer wie Londons Handwerker feige Ratten und dumme Hunde, römische Patrizier wie englische Adlige makellose Herren und edle Helden sind.

Diese Gegensätze und das kalte Licht, in dem sie ausgetragen werden, versperren der Tragödie des Coriolanus bis heute den Weg auf die Bühne. Zwar fehlt es dem Stück nicht an Poesie – »Zorn ist mein Nachtmahl ...«, spricht Volumnia –, aber diese Poesie schreitet in frostigem Rausch daher. Hochmut, Vermessenheit, verletzter Stolz, Intrige, aus Haß geboren, und immer wieder rasch sich verdoppelnder Zorn speisen sie. Ein milder Ton kann nicht aufkommen, da Shakespeare dem zwangsläufigen Geschehen keine Liebenden, selbst sanften Wahnsinn nicht, in Frauen- oder Narrengestalt, in den Weg stellt. Keine Geistererscheinung, weder ein Hexentreffen noch eine märchenhafte Exposition – wie im ›Lear‹ – erlauben der Sprache Aufschwung vom Irdischen weg. Auf der Erde wird nichts als gestanden oder gerauft. Der Himmel ist undurchlässig. Die Götter sind fern und nehmen nicht Anteil. Und auch der Kolossalfigur Coriolanus, ihm, der das Zeug zum Kriegsgott hätte, ist es nicht erlaubt, sich wägend abseits zu stellen und Anlauf zum raffenden und überhöhenden Monolog zu nehmen. Immer ist er von den Plebejern oder deren Tribunen, von Anhängern oder Feinden und, in seinen einsamsten Momenten noch, von seiner Familie eingeengt; denn schwingt sich sein Hochmut zu Lästerungen auf, die sich, störte ihn niemand, zum Monolog auswachsen könnten, fällt ihm sogleich ein Volkstribun ins Wort, oder der Freund Menenius will ihn besänftigen: »Kommt! kommt! Ihr wart zu rauh, etwas zu rauh.«

Nicht etwa die allzu beliebige Vieldeutigkeit des Helden hat diesem Stück von Anfang an im Wege gestanden; vielmehr ist es seine brutale Eindeutigkeit, die ihn zwischen Plebejer und Patrizier stellt und ihn weder vor proletarischem noch vor konservativem Publikum einen Schimmer von Beifall und Sympathie gewinnen läßt. Was einem Scheusal wie dem dritten Richard immerhin gelingt, uns glauben zu machen, ihn treibe der Dämon, ja, uns das Gruseln zu lehren und somit Genuß zu verschaffen, leistet der irdische, dabei unintellektuelle Coriolanus in keiner Szene. Und selbst seine wenigen Tugenden, etwa das Schamgefühl und Unvermögen, vor den Plebejern seine Wunden und Narben zu zeigen, oder seine mit Uneigennutz gepaarte Tapferkeit, kommen nicht auf gegen sein zwanghaftes Bedürfnis, wo immer er auf Plebejer stößt, seine Wahrheit zu verkünden: Hohn, Verachtung und Haß. Richard vermag, wenn es gilt, listig zu sein, in gegensätzliche Rollen zu schlüpfen; Coriolanus ist ein Held, der nur so und nicht anders sein kann. Wenn ihn der Patrizier Menenius und seine Mutter Volumnia überreden, gegen seine Einsicht, listig, das heißt taktisch zu handeln, schlagen diese Versuche angesichts der verhaßten Plebejer und jeweils nach dem ersten Wortwechsel mit den Volkstribunen ins Gegenteil, in erneute Provokation um. Nur ein einziges Mal, da er alle Macht in der Hand hat und mit dem Volskerheer vor Rom steht, gibt er nach und scheitert folgerichtig: Die drei Frauen, darunter Volumnia, stehen als Monumentalgruppe dem unerbittlichen Koloß gegenüber. Volumnia spricht, rührt ihn mehr, als daß sie ihn überzeugt: Es wird aus dem beinahe Kriegsgott ein gehorsamer Sohn, der die Vaterstadt schont, Haß und Rache verdampfen läßt, also wider seine Natur handelt und verloren ist; denn Coriolanus ist auch im Niedergang unrettbar der, der er ist. Zwar nachgiebig der Mutter gegenüber, steht er doch bis zum Ende unverbesserlich seinen Part durch, und keine Partei kann ihn uminterpretieren, also für sich gewinnen, weil er nicht vieldeutig ist, mehr noch, weil sich das Personal dieses Stückes, Patrizier, Plebejer und Volsker, um ihn schart, ihn spiegelt und seine Eindeutigkeit vervielfacht. Deshalb soll hier anhand der ›Coriolan‹-Bearbeitung gezeigt werden, warum Brechts Versuch, dieses Stück für sich und das Theater am Schiffbauerdamm zu retten, scheitern mußte. Und auch Jan Kotts Versuch, dieses Stück, weil es, dank seiner Unverdaulichkeit, modern ist, modern zu deuten, also sein Fatum den Klassenkampf zu nennen, gibt ihm zwar, wenn wir mehr auf Livius als auf Plutarch bauen, historisch recht, aber den elisabethanischen Shakespeare, der noch seiner Quelle Plutarch den letzten Geruch des Klassenkampfes nimmt, mißdeutet er: Coriolanus steht, so sehr er sich den Patriziern zurechnet, zwischen beiden Klassen; eher könnten Volkstribunen und Konsuln sich einigen – und sie einigten sich späterhin auch –, als daß die kolossale Ausnahme mit dem Senat ins klare käme.

Nie habe ich die Tragödie des Coriolanus auf der Bühne sehen dürfen; und fast möchte ich mit der Summe aller namhaften Intendanten wetten, daß unsere subventionierten Theater, landauf landab und solange dieses Shakespearejahr dauern wird, nicht Zeit und Appetit finden werden, diesen immergrünen, also sauren Apfel auf den Spielplan zu bringen. Allein im Staatsbereich unserer zweiten Shakespearegesellschaft, im Theater am Schiffbauerdamm, hat man mit den Proben begonnen, und ich bin neugierig, ob das

Berliner Ensemble die unvollendete Brecht-Bearbei-
tung, die Sturm-und-Drang-Übersetzung des Lenz,
den überlieferten, von Dorothea Tieck übersetzten
Shakespeare-Text oder ein Konglomerat aller drei Bü-
cher als Grundlage wählen wird. Doch gleichgültig,
auf welcher Rodelbahn man sich mutig zeigen will,
entscheidend bleibt die Frage: Wie haltet ihr es mit
den Volkstribunen? Wie sieht die erste Szene aus, der
Plebejeraufstand? Und, sind erst einmal die Gleise ge-
stellt: Endet das Stück als Tragödie mit obligatem
Trauermarsch anläßlich der Ermordung eines Gigan-
ten, Coriolanus geheißen, oder haben, nach Brechts
Willen, in einem Lehrstück die Tribunen das letzte
Wort? Denn jene bei Shakespeare von der ersten
Szene an wankelmütigen Empörer schult Brecht, be-
vor sie überhaupt auftreten, also vorgefaßt und nicht
im Verlauf der Handlung, zu handfesten Revolutionä-
ren um, die ihm mit seiner Schlußszene den Beweis er-
bringen sollen, daß die klassenbewußten Plebejer –
wie Livius andeutet – bei ihm ganz gewiß siegen wer-
den. Dem Schema dieser Tendenz folgend benehmen
sich seine Tribunen: Zeigt Shakespeare zwei verwech-
selbare Nullen, intrigant und feige, gibt Brecht zwei
listenreichen und fortschrittlichen Funktionären
mehr und mehr die Macht. Wenn Shakespeare seinen
Coriolanus einen hochverdienten Mann sein läßt,
den kleine Mängel, Stolz, der zum Hochmut wird, und
Standesbewußtsein auf dem Weg zum Dünkel, end-
lich und tragisch zu Fall bringen, grenzt Brecht seinen
Coriolan als zwar tüchtigen und im Kriegsfall ver-
wendbaren Spezialisten ein, der aber im Frieden
seine Kompetenzen überschreitet und deshalb vom
Volk und seinen gewählten Tribunen abgelöst wird.
Shakespeares Held scheitert zuerst an der eigenen

Leidenschaft und dann, äußerlich, am kleinlichen Sinn der Plebejer; Brechts Coriolan wird weggeräumt, weil er sich reaktionär verhält und die Zeichen der Zeit, nämlich den Frühling der jungen Republik Rom, nicht begreift. Während Shakespeare alles unternahm, die tragisch düstere Größe seines Helden herauszustreichen und folgerichtig die Plebejer als mickrige Kleinbürger, die beiden Volkstribunen als mittelmäßige Intriganten zeichnete und selbst dem Patrizier Menenius Agrippa die bei Livius und Plutarch bezeugte Aura des Weisen und Plebejerfreundes im selben Maße nahm, wie er ihn mit der Schlaumeier-Komik eines Polonius ausstattete, bestand Brechts selbstgestellte Aufgabe von der ersten Szene an darin, den Plebejern Klassenbewußtsein und den Tribunen Überzeugungskraft mitzuteilen. Doch woher nehmen, wenn, neben dem Original, die historischen Quellen und die Realität vor der eigenen Haustür geizen? Ja, wäre ein einziger Volkstribun des Coriolanus gewichtiger Gegenspieler gewesen – und Plutarch liefert den Hinweis, daß einer der Tribunen, Sicinius, der »energischste« gewesen sei –, dann hätte das Stück ›Sicinius und Coriolan‹ heißen können; doch schon zu Shakespeares Zeiten hatte sich herumgesprochen, daß Funktionäre mit Vorliebe zu zweit auftreten und ihre Anliegen zu zweit und auswechselbar vortragen. Dabei hatte der Senat den Plebejern fünf Tribunen zugestanden, und Shakespeare spricht auch am Rande von fünfen; Coriolanus jedoch vermag sich nur an die Namen zweier zu erinnern:

»Aus eigner Wahl. Der ein ist Junius Brutus,
    Sicinius und – was weiß ich – Tod und Pest!«
Bei Brecht fehlt der Hinweis auf fünf gewählte Tribunen, er deutet die Mehrzahl nur an:

>>Zwei Tribunen
Um ihre Pöbelweisheit zu vertreten.
Einer ist Junius Brutus, dann Sicinius
Und wer weiß noch...<<
Dafür warnt sein Coriolan:
>>Jetzt werden sie
Noch frecher, und bald droht die Brut mit
Aufstand
Um jedes Pfund Oliven.<<
Während Shakespeare sagen läßt:
>>...Nächstens nun
Gewinnen sie noch mehr und fordern Größres
Mit Androhn der Empörung.<<
Bleiben wir bei den Brechtschen Oliven, beim Billig-
sten also, das die Plebejer zu fordern haben und das,
als Pfund gewogen, ausreichen könnte, den Pöbel
zum Aufstand zu reizen. Während Shakespeare, Plut-
arch folgend, die Unruhen und Forderungen mit dem
zu hohen Kornpreis und den Wucherzinsen begrün-
det und Korn wie Zinsen Gewicht gibt, wertet Brechts
Coriolan die im Original immerhin noch vertretbare
Forderung nach billigem Korn ab, indem er mit dem
Hinweis auf armselige Oliven die Forderungen der
Plebejer insgesamt lächerlich macht. Coriolanus be-
fürchtet, bald könne der Pöbel noch mehr gewinnen
und Größeres fordern; Coriolan ärgert sich bei der
Aussicht, es werde in Zukunft wegen jeder Nichtigkeit
zu Unruhen kommen. Er begreift also die tribunizi-
sche Macht nicht, sieht deren Vertreter als störende
Fliegen an und gibt ihnen, sobald sie zum ersten Mal
auftreten, entsprechende Titel:
>>...Gesichter
Wie von den Galgen abgeschnitten.<<
Bei Shakespeare spricht sich der kalte Hochmut des

Helden vorläufig nicht aus. Er schneidet die Volkstribunen und begrüßt nur die gleichzeitig auftretenden Senatoren mit jener Floskel »Die würd'gen Väter«, die Brecht dem Menenius in den Mund legt, um seinen Coriolan sogleich frozzeln zu lassen:

>»Und die neugebackenen
>Aufseher auch schon mit dabei.«

Nachdem in der folgenden Szene der Krieg mit den Volskern ausgemacht ist, fordert Coriolanus in beiden Fassungen die Plebejer auf, bei Shakespeare als »Hochadlige Rebellen«, bei Brecht als »Teure Freunde und Unruhstifter« angesprochen, ihm in den Krieg gegen die Volsker zu folgen. Jene, so höhnt er, hätten Korn die Menge, dort könnten sie, die »Ratten«, sich gründlich die Wamme vollschlagen. Während nun, im Original, Coriolanus und die Senatoren abgehen und die Bürger sich, laut Anweisung, davonzuschleichen haben, gehen bei Brecht »alle ab außer den Tribunen und Bürgern«, denn der Bearbeiter des Originalstoffes hat seine Plebejer unterwiesen, nicht dem Coriolan aufs Wort zu folgen und so die frischgewählten Tribunen zu blamieren. Erst nachdem der Tribun Brutus sie aufgefordert hat, sich in die Kriegslisten einzuschreiben und für ein gutes Rom als gute Krieger zu kämpfen – Brecht sieht hier die These des gerechten Krieges bestätigt –, nachdem ferner Brutus den Plebejern versprochen hat, während ihrer Abwesenheit »Um Korn, Olive, Pacht- und Zinserlaß ...« zu fechten, dürfen sie abgehen. Jetzt gleicht sich die Szene wieder in beiden Fassungen: Zurück bleiben die Tribunen, doch sprechen sie ungleichen Text. Bei Shakespeare stehen zwei bedepperte Toren herum, die sich darin übertreffen, des Coriolanus Mut und Hochmut abzuwägen, seine Taten und Untaten aufzuzählen. Dabei haben sie, nach des Autors Willen, der Poesie zu dienen. Sicinius sagt: »Den keuschen Mond auch würd er lästern.«

Bei Brecht halten zwei selbstbewußte Funktionäre die Position. Knapp und ohne Mond-Metaphern zu verwenden, stellt Sicinius fest, es sei dieser Mann gefährlicher für Rom als für die Volsker. Brutus jedoch, den zeitgebundenen Wert des Kriegsspezialisten erkennend und der eigenen Sache sicher, widerspricht:

> »Das glaub ich nicht. Solch eines Mannes
>
> Schwert
>
> Ist mehr, als seine Laster schaden, wert.«

Worauf beide abgehen: bei Brecht selbstbewußt, mit ungenanntem Ziel; bei Shakespeare funktionslos geworden, in Richtung Forum, in der Hoffnung, dort etwas Näheres zu erfahren, das einer eventuellen Intrige Futter sein könnte.

Im Original wie in der Bearbeitung zählt zu des Coriolanus Stärken die unbeschränkte Begabung, Schimpfworte kräftiger bis poetischer Natur aus sich herauszuschleudern. Es wäre nun reizvoll, einen Katalog zu verfassen, der Shakespeares Prägungen mit Brechts Neufassungen vergliche und daneben eine Liste zeitgenössischer politischer Schimpfworte lieferte vom »kalten Krieger« über den »Objektivist« bis zu den »Versöhnlern« und »Ultras«; hier findet sich jedoch allenfalls Raum, im Zusammenhang mit Schimpfworten, auf einen abschwächenden und, im Sinne der angestrebten Tendenz, verstärkenden Zusatz in der Brechtschen Fassung hinzuweisen.

Eine stehende Redensart des Coriolanus ist, sobald er auf Plebejer stößt, der Ausruf: »Hängt sie!« An einer Stelle jedoch, innerhalb einer umwerfenden Suada und nachdem er den kleinlichen, alles Große benörgelnden Sinn der Plebejer ausgemalt hat, gipfelt er nicht wie gewohnt im »Hängt sie!«, sondern schlägt ihnen, sich selbst übertreffend, vor: »Hängt euch!« Brecht hat diese himmelhohe Lästerung nicht übernehmen können, weil sie ihm die Plebejer in der Tat zu Würmern gemacht hätte. An Stelle setzt er ein »Nur hängen hilft da« – ohne Ausrufungszeichen, das, bei aller Unverbindlichkeit, den Seufzer eines unwirschen Militärs kommentieren mag, der, mit Hilfe des radikalen Aufknüpfens, kurzer Hand Ordnung schaffen möchte, aber diesen direkten Weg nicht gehen darf.

Innerhalb der Schlachtszenen des Volskerkrieges mag uns ein einziges Beispiel als Beleg genügen, wie Shakespeare arbeitete, wenn er eine Quelle anzapfte. Corioli ist bereits erobert. Die Beute soll verteilt werden. Plutarch berichtet, wie Marcius, dem Eroberer der Stadt, der zehnte Teil der Beute und ein aufgezäumtes Pferd angeboten werden. Doch unser Held ist auf materiellen Gewinn nicht aus. Zwar nimmt er, der Ehre wegen, das Pferd an, verzichtet jedoch auf die Kriegsbeute und trägt nun, nachdem er von den Römern solcher Hochherzigkeit wegen beklatscht worden ist, einen Wunsch vor: »›Nur um eine besondere Gunst‹, sagte er, ›bitte ich von Herzen. Ich hatte unter den Volskern einen lieben Gastfreund; es war ein angesehener, ruhig denkender Mann. Jetzt ist er in Gefangenschaft geraten, und Reichtum und Glück haben sich in Sklaverei gewandelt. Wenn er denn schon im Unglück steht, erspart ihm nur das eine, daß er verkauft wird.‹«

Es wird also, bei Plutarch, der Name des Gastfreundes nicht genannt; dennoch darf man erwarten, daß er gerettet wird. Welch einen dramatischen Reiz ver-

mag Shakespeare dieser hochherzigen Idylle abzuge-
winnen.

Cajus Marcius, frisch mit dem Ehrennamen Corio-
lanus bedacht, trägt seine Bitte vor:

>Ich wohnt einmal hier in Corioli
Bei einem armen Mann, er war mir freundlich;
Er rief mich an; ich sah ihn als Gefangnen;
Doch da hatt ich Aufidius im Gesicht,
Und Wut besiegte Mitleid. Gebt, ich bitte,
Frei meinen armen Wirt.«

Der Feldherr Cominius spricht:

>O schöne Bitte!
Wär er der Schlächter meines Sohns, er sollte
Frei sein, so wie der Wind. Entlaßt ihn, Titus.«

Nun will Titus hören, was auch Plutarch nicht nennt:

>Marcius, sein Nam'?«

Und Coriolanus schlägt sich, so nehme ich an, gegen
die Stirn:

>Bei Jupiter! Vergessen. –
Ich bin erschöpft. – Ja – mein Gedächtnis
schwindet.
Ist hier nicht Wein?«

Den bekommt er auf Geheiß des Cominius sogleich,
auch werden seine Wunden verbunden; vom namen-
losen Wirt, der freigegeben werden soll, ist nicht mehr
die Rede.

Brecht hat die Schlachtszenen vier bis zehn, die er
zu einer einzigen, der dritten Szene, raffen wollte,
nicht mehr bearbeiten können; andernfalls wäre es
aufschlußreich zu erfahren, ob er den armen Vols-
ker gestrichen oder welchem er geholfen hätte, dem
des Plutarch oder dem doppelt elenden des Shake-
speare.

Doch halten wir uns an die vorliegenden Texte. Die erste Szene des zweiten Aufzuges bestätigt, beim Vergleich beider Fassungen, Brechts Vorhaben, das Original – und sei es unter Verzicht auf die blühendsten Dialogpassagen – zu einem Tendenzstück umzuformen, in welchem sich Coriolan mehr und mehr zum Kriegsspezialisten vergröbert, der weise Narr Menenius zum reaktionären Kasperle wird und beide Volkstribunen sich zu Klassenkämpfern wenn nicht erster, dann zweiter Güte mausern.

Wenn der Menenius des Originals die Tribunen als zwei närrische alte Männer abfertigt, die »...nach der armen Schelmen Mützen und Kratzfüßen ehrgeizig« sind, wittert der Menenius der Bearbeitung in ihnen ein weit gefährlicheres Duo. Er sieht sie »als ein paar eingebildeter, gewalttätiger, vaterlandsloser Gesellen...« Und dieses letzte, gewiß mit Bedacht gewählte Adjektiv hat als plakative Verkürzung der ersten Szene des zweiten Aufzuges zu stehen; denn Shakespeare prunkt hier erneut mit einer ausladenden Exposition und versteckt die Nachricht vom Sieg bei Corioli, die den Volkstribunen, so günstig sie für Rom ist, fürchterlich sein muß, im zänkischen Gespräch dreier alter Männer, von denen einer, Menenius, sich als »ein lustiger Patrizier« bekennt, »der einen Becher heißen Weins liebt«, während den Volkstribunen nachgesagt wird, sie könnten in keinem Händel anderen Frieden stiften, als beide Parteien Schurken zu nennen. Indem er die Tätigkeit der Tribunen beim Gerichtstag beschreibt und ihnen eine parallel zum Verhör verlaufende derbkomische Kolik andichtet, deretwegen nach dem Nachttopf gebrüllt wird, zeigt sich, in welchem Maße Shakespeare Englands puritanische Friedensrichter als römische Volkstribunen und einen

Londoner, jüngst geadelten Witzbold und Saufkopf als Patrizier sprechen läßt.

Davon bleibt bei Brecht nicht viel und wohl auch zu wenig. Er hält sich, die Verarmung des Textes nicht achtend, ans Wesentliche, das heißt an das Gerüst der Exposition, und erlaubt seinen Tribunen, kühl und sachlich Vor- und Nachteil des Sieges bei Corioli zu erörtern. Der Auftritt des Menenius wird zur Aktion eines kleinen, wenn auch bissigen Kläffers degradiert. Nicht er, die Tribunen führen die Szene.

Als Beispiel, wie der Wille zur Tendenz die Details verschleißt und Poesie allenfalls als kunstgewerbliches Putzmittel duldet, führe ich folgenden Dialog an. Menenius fragt im Original:

>Sagt mir: Wen liebt der Wolf?«

Darauf der Volkstribun Sicinius:

>Das Lamm.«

Menenius ergänzt:

>Es zu verschlingen, wie die hungrigen Plebejer den edlen Marcius möchten.«

Hier sagt der Volkstribun Brutus:

>Nun, der ist wahrhaftig ein Lamm, das wie ein Bär blökt.«

Brecht gestattet seinem Brutus dieses Wortspiel nicht:

>Nun, das ist ein Lamm, das wie ein Bär brüllt.«

Die Komik des blökenden Bären wird durch den ernsten Hinweis ersetzt, wie gefährlich dieser Marcius Coriolan ist: rundherum brüllender Bär und niemals ein Bär, der gelegentlich schafsmäßig blökt.

Brecht hat uns mit seinem >Leben Eduards des Zweiten von England< nach Marlowe bewiesen, wie kraftvolle Bearbeitung ein abgestandenes Stück beleben, ja, als Original der Bühne rückerstatten kann. Dem Coriolanus hat er diesen Dienst nicht erweisen können. Seine Fassung hat der Tragödie das naive Gefälle genommen und an dessen Stelle einen fleißigen Mechanismus gesetzt, der zwar sein Soll erfüllt und die gewollte Tendenz geschmackvoll ästhetisiert; weil aber hier »Diebstahl geistigen Eigentums« im Sinne des elisabethanischen Theaters und auch im Sinne des frühen Brecht legalisiert werden soll, mag weiterhin belegt werden, wie, bei so schmaler Beute, der Griff nach dem fremden Stoff nicht lohnte.

In dem nun folgenden Auftritt – Volumnia, Virgilia und Valeria begegnen Menenius – läßt Brecht seine Tribunen abgehen, bevor die Gruppe die Szene füllt, und verschenkt ohne ersichtlichen Grund einen der absurdesten Dialoge, jenes Gespräch über die Wunden des Coriolanus, das den Auftritt des Helden bereits vorspiegelt und Gigantenmaße entwirft. Bei Shakespeare – und in Anwesenheit der beschämten Tribunen – fragt Menenius:

> »Wo ist er verwundet?«

Volumnia, die Mutter, antwortet:

> »In der Schulter und am linken Arm. Das wird große Narben geben, sie dem Volk zu zeigen, wenn er um seine Stelle sich bewirbt. Als Tarquin zurückgeschlagen wurde, bekam er sieben Wunden an seinem Leib.«

Menenius weiß genau, wo:

> »Eine im Nacken und zwei im Schenkel, es sind neun, soviel ich weiß.«

Volumnia überbietet den Alten:

> »Vor diesem letzten Feldzuge hatte er fünfundzwanzig Wunden.«

Menenius rechnet:

> »Nun sind es siebenundzwanzig, und jeder Riß war eines Feindes Grab.«

Jetzt künden Trompeten und Feldgeschrei Marcius Coriolanus an. Keine siebenundzwanzig Salutschüsse hätten seinen Auftritt vorbereiten können, wie es die mit den Fingern addierten Hiebe vermochten. Brecht hat auf diesen Reichtum an Narben verzichtet. Er läßt es nach verknapptem Dialog bei neun genug sein, nimmt also dem vorbereitenden Gespräch das Motiv, denn bei ihm wird sich ein Haudegen mit noch faßbarer Anzahl von Narben um die Konsulwürde bewerben müssen. Wenn Shakespeares wandelndes Narbenarsenal sich schämt, seine Markierungen des Stimmenfangs wegen zur Schau zu stellen, fühlen wir mit ihm; eine Anteilnahme, die Brecht nicht zulässig fand.

Doch lassen wir abermals die Tribunen vortreten, Coriolanus hat sich mit Anhang zum Kapitol begeben. Während des Originals alte Männer beginnen, ihre Intrige zu spinnen, zeigen sich die Volksvertreter der Bearbeitung als verfassungstreue Patrioten, denen die Intrige als Kampfmittel suspekt wäre. Shakespeares Brutus wird nicht müde, farbenprächtig den Pöbel Londons auf Roms Straßen zu beklagen; davon bleibt bei Brecht nur ein karges Wort des Sicinius:

»Welch ein Getue
Als hätt ein Gott sich auf die Welt gesenkt!
Im Umsehn, glaubt mir, wird er Konsul sein.«

Selbst die Brillen der Römer – eine unzeitgemäße Gabe des Shakespeare an die Plebejer – verschenkt der Bearbeiter und muß dann im Verlauf des allzu blaß gewordenen Auftritts dem Sicinius einige Farbe nachtragen lassen:

»Und horch, wie jetzt ein siegbesoffnes Rom
Vom Ruhm des Unbotsamen widerhallt...«

»Unbotsam« nennen die Brechtschen Tribunen den Coriolan, weil sie meinen, er habe seine Kompetenzen überschritten. Sicinius sagt: »Sein Auftrag war, die Volsker abzuschlagen – nicht mehr.« Sie verübeln ihm die überflüssige Eroberung und Verwüstung der Stadt Corioli. Brutus befürchtet, er habe ihnen, also dem Volk von Rom, die Volsker für Jahrzehnte auf den Hals gehetzt. Solcher Sorge fürs Vaterland sind Shakespeares Volkstribunen nicht fähig. Denen ist es schon recht, daß das Nachbarvolk nicht nur eins aufs Haupt bekam, sondern auch mehrere feste Plätze und einen beträchtlichen Teil seiner Provinz verlor. Ihnen reicht des Coriolanus hochmütige Lust, das Volk zu drükken, um eine Intrige zu knüpfen, die ihn zu Fall bringen soll und auch bringt. Brecht läßt dieses Motiv nicht fallen, aber er schmälert es, indem er des Coriolan Hochmut bündiger faßt, seine unbesonnene Wut überlegter vortragen läßt und den vulgären Volksverächter zum bewußten Volksfeind wandelt. Zudem führt Brecht ein Argument ein, das bei Shakespeare fehlt: Indem er die Tribunen streng nach Verfassung handeln läßt, fällt Coriolan einzig die Rolle des Militärs zu, der sich, wie immer er handelt, Rechte anmaßt. Die Bearbeitung stützt sich hier auf Livius. Brecht läßt sich und will uns über frühe römische Geschichte belehren. Er weist darauf hin, welch gefestigten Rang die Tribunen und die ihnen zugeteilten Ädilen hatten. Deshalb wird in der Bearbeitung der Rechtsbruch viel deutlicher als im Original, das Coriolanus weder zu Recht noch zu Unrecht scheitern lassen will, sondern das Schicksal blindlings walten läßt; des Helden zunehmender Stolz, die Intrige der Volkstribunen und jenes ihn zur Umkehr zwingende Wort der Mutter sind nur die Stolperdrähte, die der Tragödie das Gefälle verbürgen.

Rom. Senat. Kapitol. Tribunen und Ädilen. Lateini-
sche Namen. Plutarch als Quelle. Und trotzdem muß
die Frage gestellt werden: Ist die Tragödie des Corio-
lanus ein Historienstück, oder ist Rom nur ein bei-
spielhafter Ort, an dem wir mehr vom Niedergang der
elisabethanischen Epoche erfahren als von der Wand-
lung Roms vom Königsstaat zum republikanischen
Verfassungsstaat? Shakespeares Rom hält keiner hi-
storischen Überprüfung stand und sollte mit dieser
Elle auch nicht gemessen werden. Kein Livius stand
dem Autor zur Seite, und selbst seinen Chronisten
Plutarch, der dem Katalog römischer Tugenden noch
die Erfahrungen spätgriechischer Erziehung hinzu-
fügt, zwingt er in seine Gleise, läßt ihn halbausgebeu-
tet fallen, um ihn gelegentlich, wie nach Lust und
Laune, weiterhin auszuplündern. Dann mischt er den
Raub mit dem Ertrag anderer Streifzüge, streicht dem
Griechen die pädagogische Wärme aus dem Text und
setzt an Stelle das Schicksal und die ausweglose Natur.
Wenn Plutarch Niedergang und Verfall seiner Helden-
gestalt dahin begründet, es habe dem Halbwaisen der
Vater und mit jenem die erziehende Hand gefehlt,
schwelt bei Shakespeare durchs Stück hindurch der
penetrante und keinem Erziehungsversuch Platz ge-
währende Mutterkomplex. Siege werden erfochten,
Wunden gesammelt, gewiß auch fürs Vaterland, doch
zuerst wohl, um der Mutter die eroberte Stadt vor die
Füße zu legen, um der Mutter Narbensammlung zu
bereichern; denn sie, Volumnia, hält den Sohn wie
einen Geliebten, während die empfindsame Gattin
Virgilia, die weder Blut sehen noch des Helden Nar-
ben als Reichtum werten kann, mit der Rolle zufrie-
den sein muß, Mutter des kleinen Marcius spielen zu
dürfen, der allerdings als Heldensohn ganz der Aura

der Heldenmutter angehört und auch, wenn schon noch narbenlos, dem Vater nachschlägt.

Es spricht Volumnia:

»Er mag lieber Schwerter sehn und die Trommel hören, als auf seinen Schulmeister achtgeben.«

Worauf Valeria, die Freundin des Hauses, berichtet, in welchem Maße und wie allerliebst er dem Vater gleiche: dem glänzenden Schmetterling laufe er nach, lasse ihn wieder entfliegen, fange ihn abermals, gerate dabei, eines kleinen Sturzes wegen, in Zorn, was ihn veranlasse, böse mit den Zähnen zu knirschen und den Schmetterling zu zerfetzen.

Darauf die Heldenmutter Volumnia:

»Ganz seines Vaters Art.«

Und spöttisch die Freundin Valeria:

»Ei, wahrhaftig! Er ist ein edles Kind.«

Die sanfte Virgilia jedoch befindet:

»Ein kleiner Wildfang, Valeria.«

Hier wie in anderen Stücken verdoppelt Shakespeare seine Helden. Er unterstreicht im Kind des Vaters Züge, enthält sich aber, bis auf die Ironie der Valeria, des Kommentars und läßt den erzählten Schmetterlingsmord für sich sprechen. Brecht dagegen verzichtet nicht auf den wertenden Kommentar und verstärkt die Aussprüche der Volumnia und der Virgilia bis zum Tadel.

Aus dem »Ganz seines Vaters Art« wird »Einer von seines Vaters Wutanfällen!« Und Virgilias »Ein kleiner Wildfang...« soll nicht das Ohr der Freundin Valeria finden, sondern bietet als »Ein kleiner Schläger, Madame« der Schwiegermutter Paroli.

Es findet also in der Brecht-Bearbeitung Plutarchs pädagogische Motivierung ein Echo: Shakespeares Absicht, durch Doppelung des Helden dessen barbarische Größe zu steigern, wandelt sich bei Brecht zur belehrenden Methode: Indem am Sohn des Vaters Auswüchse belegt werden, zeichnet sich gleichzeitig der latente Konflikt zwischen Schwiegertochter und Schwiegermutter ab.

Wenn nicht Shakespeare: befindet sich Brecht nun, nach solch gründlichem Quellenstudium, auf dem Weg zum Historienstück? Gibt er, indem Plutarchs Pädagogik und des Livius republikanischer Sinn für Verfassung seinen Text stützen, ein genaueres Bild Roms nach der Vertreibung des Königs Tarquinius? Brecht betritt diesen Weg zaudernd und verläßt ihn bedenkenlos, sobald die seiner Bearbeitung auferlegte Tendenz es verlangt. Zudem vermag sich die elisabethanische, von Raleigh und Essex genährte Figur des Coriolanus im episch breiten und kaum dramatisch verdichteten Historienstoff des Livius nicht zu entfalten. Gewiß kann sich Brecht auf diesen Zeugen berufen, wenn er die vom Schicksal getriebene Kolossalfigur zum Kriegsspezialisten verkürzt, denn die römische Geschichte beweist, wie schnell und mühelos sich der Feldherr Cajus Marcius, genannt Coriolan, ersetzen ließ, aber Shakespeare gab seinem Helden Worte, die ein Kriegsspezialist nicht einmal vom Blatt lesen könnte. Wohl deshalb hat Brecht seinen Coriolan intellektualisiert, er hätte sonst den Originaltext mit allzu großem Verlust bearbeiten müssen. Wenn bei Shakespeare, beim Streit um die Kornvorräte in den Speichern, nur am Rande erwähnt wird, in Griechenland verteile man das Korn gelegentlich gratis unters Volk, nutzt Brecht den Griechen Plutarch und entfaltet den Dialog zwischen den Tribunen und Coriolan mit polemischer Schärfe.

Coriolan:

»Wer immer riet, das Korn der Vorratshäuser
Zu geben unentgeltlich, wie's vielleicht
In Griechenland gebräuchlich ist...«
Der Tribun Brutus unterbricht ihn:
»Allwo
Das Volk nicht nur auf dem Papier befragt wird!«
Hierauf weiß Brechts Coriolan eine Lösung, die heut-
zutage unserem Franz Josef Strauß einfallen könnte:
»In Griechenland! Warum dann geht ihr nicht
Nach Griechenland? Die Stadt heißt Rom.«
Noch weit unschlüssiger und zwischen Tendenz und
Historie schwankend, verhält sich der Bearbeiter der
Figur des Menenius Agrippa gegenüber. Diesen
schlauen Halbnarren können weder Livius noch Plut-
arch retten, weil nicht römische Geschichte und spät-
griechische Überlegenheit, sondern das pest- und
puritanerverseuchte London ihn witzig werden ließ.
Bei Livius ist er als gütiger und weiser Patrizier, den
die Plebejer verehren, eingeführt. Noch bevor es zum
Konflikt mit Coriolanus kommt, wird er als Konsul
genannt. Ein Sieg über die Aurunker wird ihm zuge-
sprochen. Und als die Plebejer, angeführt von einem
gewissen Sicinius, Rom verlassen und in der Nähe der
Stadt, auf dem heiligen Berg, ein Lager aufschlagen,
ist es Menenius Agrippa, der sie mit der Geschichte
von den Gliedern, die sich wider den Bauch empören,
zur Rückkehr überredet. Bei Livius heißt es: »Nach
der Versöhnung wurde verhandelt. Dabei erhielten
die Bürger das Zugeständnis, ihre eigene Obrigkeit
zu haben.« Nun erst, mit Volkstribunen versehen, sind
die Plebejer bereit, in den Krieg gegen die Volsker
zu ziehen. Hierbei kommt der junge Marcius zu
Kriegsruhm. Menenius jedoch, der in Shakespeares
Stück dem Coriolanus bis zum Ende der Tragödie zur

Seite steht, stirbt, nach Livius, bevor es zur Tragödie kommt.

Der vom Volk geliebte Patrizier »... hinterließ aber nicht genug Besitz, wovon er begraben werden konnte. Die Bürger bezahlten seine Bestattung, und jeder trug« – so sagt Livius – »sein Scherflein dazu bei.«

Auch bei Plutarch wird Menenius Agrippa nur im Zusammenhang mit dem Gleichnis vom Bauch und den aufrührerischen Gliedern erwähnt. Shakespeare ließ ihn jedoch weder sterben noch nach den ersten Szenen abtreten. Ihm taugte der alte Herr zum Begleiter und närrischen Spiegel seines Helden; und auch Brecht wollte nicht auf ihn verzichten. Ja, mehr noch als das Original entfernt sich die Bearbeitung vom historischen Beleg: Wenn der Londoner Menenius, dank seines Witzes, immerhin einige Sympathie bei den Plebejern findet, gibt es zwischen dem zum Reaktionär versimpelten Menenius und den Plebejern keine Verbindung mehr.

Brechts Vorhaben, Plutarchs Pädagogik und des Livius Verfassungstreue als Stützen seiner dialektischen Lehrhaftigkeit zu setzen, hat sich am eindeutigsten bei der Neufassung der Volumnia bewährt. Sie, die Heldenmutter, wird in den Texten beider Quellen als tugendhafte Römerin geführt, der Sitte, Gesetz und Vaterland mehr sind als der entratene Sohn. Shakespeare hat diese strenge Frauengestalt im gleichen Maße wie deren Sohn ins Überdimensionale gesteigert. Mehr noch: seine Lücken füllt sie aus, die fehlende List, das taktische Verhalten und die Zwecklüge sind ihr geläufig. Selbst als sie ihn zur Umkehr und Schonung der Vaterstadt zwingt, versucht sie, dem Sohn diplomatische Brücken zu schlagen. Zwischen Volskern und Römern soll er Frieden schließen,

um nicht als Verräter der einen wie der anderen
Sache, um als großer Friedensstifter in die Geschichte
eingehen zu können. Im übrigen hat Plutarch seine
Erzieherrolle ausgespielt, sobald Shakespeare Volumnia in die Schule nimmt. Ihre Flüche und Lästerungen –

»Die Pestilenz treff alle Zünfte Roms
Und die Gewerke Tod!«

– erreichen die Güte jener Schmähungen, mit denen
der Sohn die Plebejer eindeckt. Doch so ebenbürtig
Volumnia neben Coriolanus steht, dem Gesetz dieser
Tragödie folgend steht sie mit im Chor der Volkstribunen und Plebejer, der Patrizier und Volsker, also aller,
die des Coriolanus Untergang entweder vorbereiten
oder nicht verhindern können. List und Zwecklüge,
die sie dem Sohn anrät, sind ihr Anteil an seinem
Ende. Indem sie ihn zwingt, taktisch zu handeln,
bringt sie den Unverbesserlichen aus dem selbstherrlichen Text:

»Wie ein schlechter Spieler jetzt
Vergaß ich meine Roll und bin verwirrt...«

Volsker und Plebejer hat er von sich abgeschüttelt; die
Volkstribunen waren ihm lächerlich; doch ihr Monolog – und nur Volumnia wird diese Waffe zugestanden – zerbricht seine Vorsätze, zerbricht ihn. Soeben
noch, beim Nahen der Frauen, ermahnt er sich:

»Nimmer
Soll, wie unflügge Brut, Instinkt mich führen;
Ich steh, als wär der Mensch sein eigner Schöpfer
Und kennte keinen Ursprung.«

Doch nun, da Volumnia sprach, faßt er ihre Hände:

»O! meine Mutter! Mutter! O!
Für Rom hast du heilsamen Sieg gewonnen;
Doch deinen Sohn – O glaub es, glaub es mir,

Ihm höchst gefahrvoll hast du den bezwungen,
Wohl tödlich selbst. Doch mag es nur geschehn!«
Bei Brecht spricht eine andere Volumnia. Nicht aus
freien Stücken allein, wie im Original, tritt sie vor die
Mauern der Stadt; im Auftrag der Patrizier und, nicht
zuletzt, der Tribunen steht sie im Lager der Volsker.
Während Shakespeares Volumnia den Sohn rühren
und mit einem letzten Vorschlag, taktisch zu handeln,
retten will, höre ich die Weigel den bearbeiteten Text
sprechen und Coriolan aburteilen:

>laß die kindische Rührung, wisse
Daß du auf ein sehr andres Rom marschierst
Als du verließest. Unersetzlich
Bist du nicht mehr, nur noch die tödliche
Gefahr für alle. Wart nicht auf den Rauch
Der Unterwerfung! Wenn du Rauch sehn wirst
Dann aus den Schmieden steigend, die jetzt
                                    Schwerter
Wider dich schmieden…«

Sie hat den Sohn abgeschrieben und verläßt sogleich
schroff mit den Frauen die Szene. Diese sittenstrenge
Kälte ist selbst bei Plutarch nicht bezeugt. Ihm folgt
Shakespeare, wenn er seinem Coriolanus erlaubt, im
nahen Feldherrnzelt mit den Frauen versöhnenden
und allerletzten Wein zu trinken.

Die nächste Szene zeigt in der Bearbeitung die Auf-
wertung jener Tribunen, die sich der Volumnia als
Sprachrohr bedienten, noch nackter. Während im Ori-
ginal der Patrizier Menenius und der Volkstribun Sici-
nius um den Ausgang der Frauenmission bangen, tritt
ein Bote auf, der dem erschrockenen Sicinius meldet,
er möge fliehen, das Volk habe seinen Mittribunen
Brutus ergriffen, schleife ihn durch die Straßen und
werde ihn den Tod zollweis empfinden lassen, wenn

die Frauen keinen Trost brächten. Dann erst tritt ein zweiter Bote auf und meldet den Abzug des Volskerheeres unter Coriolanus. Bei Brecht bleiben von dieser spannungsgedehnten Szene, die die Armseligkeit der Volkstribunen noch einmal aufzeigt, zwei lapidare und nur der Tendenz dienende Sätze. Der Bote tritt auf:

»Die Neuigkeit!
Die Volsker ziehen ab und Marcius mit!«

Der Tribun Brutus, den also das Volk nicht durch die Straßen schleifen will, der an Stelle des funktionslos gewordenen Patriziers Menenius neben Sicinius steht, spricht:

»Der Stein hat sich bewegt. Das Volk erhebt
Die Waffen, und die alte Erde bebt.«

Die letzte Szene des Originals und die vorletzte der Bearbeitung zeigen in beiden Fassungen auf öffentlichem Platz in Antium die Ermordung des Coriolanus durch die Volsker. Im Original entscheidet sich eine jahrelange und nicht zuletzt private Fehde zwischen zwei Patriziern: Aufidius und Coriolanus kämpften immer schon als ebenbürtige Gegner; und wenn Coriolanus nach der Vertreibung aus Rom durch die Plebejer zum Verbündeten des ehemaligen Feindes wird, spielt dieses persönliche wie lebensgefährliche Geschäft zweier Adliger eine Rolle von Gewicht. Deshalb erheben sich bis zum Schluß Stimmen, die Coriolanus als edel und ruhmbeladen preisen. Nachdem Aufidius und die Verschworenen ihn niedergestochen haben, breitet sich Trauer aus. Aufidius spricht die ehrenden Schlußworte der Tragödie:

»Meine Wut ist hin,
Mein Herz durchbohrt der Gram...«

Die Leiche des Coriolanus wird fortgetragen. Ein Trauermarsch ist die einzige Musik dieser Tragödie.

Bei Brecht wird kalt und mechanisch jemand abgemurkst, der überflüssig ist und seine Rolle längst zu Ende gespielt hat. Keine Trauermusik. Kein ehrender Nachruf. Auch hat das Stück noch eine Szene zu bieten, in der die Tribunen das Schlußwort sprechen. Rom. Senat. Konsuln, Senatoren und Tribunen sind versammelt zu einer Sitzung. Ein Gesetz wird beschlossen, ein Antrag gestellt, und ein Bote bringt die Nachricht von der Ermordung des Cajus Marcius, vormals Coriolan. Menenius will nun den Antrag einbringen, es möge der Name des einst großen, dann unglücklichen Helden am Kapitol verewigt werden. Diesen Antrag wischt der Tribun Brutus vom Tisch:

> »Antrag:
> Daß der Senat fortfahre mit der Sichtung
> Der täglichen Geschäfte.«

Ein namenloser Konsul rafft sich auf:

> »Eine Frage:
> Die Marcier bitten, daß, nach der Verordnung
> Numa Pompilius' für die Hinterbliebenen
> Von Vätern, Söhnen, Brüdern, doch den Frauen
> Erlaubt werd öffentliches Tragen
> Von Trauer für zehn Monde.«

Plutarch berichtet, daß dieser Bitte stattgegeben wurde; Livius bestätigt weder den Tod des Coriolan noch eine Trauerzeit, sondern beruft sich auf Fabius, der berichtet habe, Coriolan sei noch sehr alt geworden; Brecht hingegen verläßt hier Shakespeare, Plutarch und seinen Gewährsmann Livius. Ganz auf sich und das Vorhaben seiner Bearbeitung gestützt, läßt er den Tribun Brutus den Antrag auf Trauerzeit mit einem letzten Wort zensurieren: »Abgeschlagen.«

Es gibt einen merkwürdigen Viererdialog unter dem Titel: ›Studium des ersten Auftritts in Shakespeares ‚Coriolan‘‹. Brecht hat hier die Vorbesprechungen mit seinen Assistenten nachzuzeichnen versucht. Stellenweise liest sich das Ergebnis unfreiwillig komisch, da – auf vier Rollen verteilt – immer nur Brecht spricht, oder es wird ihm zu Munde geredet.

Zum Beispiel fragt W.: »Können wir den Shakespeare ändern?« Ziemlich weise antwortet Brecht als B.: »Ich denke, wir können Shakespeare ändern, wenn wir ihn ändern können.«

Dennoch, und so gestelzt liest sich das nachgemalte Gespräch liest, läßt sich ihm entnehmen, was Brecht mit der Bearbeitung des Coriolan vorhatte. In Sachen der Plebejer fragt er: »Gewinnen sie den Krieg gegen den Marcius?« und läßt sich von dem Buchstaben R. die Antwort servieren: »Bei uns sicher.«

Der Ertrag dieses Vierergespräches wird am Ende zusammengefaßt. R. fragt: »Meinen Sie, daß all dies und das Weitere aus dem Stück herausgelesen werden kann?«

Brecht, von dem es heißt, er sei listig gewesen, antwortet: »Herausgelesen und hineingelesen.«

P. will wissen: »Ist es dieser Erkenntnis wegen, daß wir das Stück spielen wollen?«

Brecht vertraut auf seine Ästhetik: »Nicht nur. Wir möchten den Spaß haben und vermitteln, ein Stück durchleuchteter Geschichte zu behandeln. Und Dialektik zu erleben.«

Dieses Ziel wurde, wenn man bescheiden ist, erreicht. Es kann dem Publikum mit Hilfe der Bearbeitung ein Lehrstück gezeigt werden; innerhalb vorgesehener Grenzen darf sich das Publikum zum Mitdenken aufgefordert sehen; bei alledem wird der aufzeigende und zum Mitdenken auffordernde Zeigefinger einen relativ ästhetischen Fingerschutz tragen dürfen, damit die erlebte Dialektik und das Vergnügen an der Tragödie nicht in trockener Schulstubenluft verkümmern müssen; nur wird Coriolan nicht sagen dürfen, was Coriolanus durfte: Zu Rom, das ihn bannte, sprach er: »Ich banne Dich!«

Bertolt Brecht hat diese bis heute virulente Tragödie in den Jahren 1951 bis 1953 bearbeitet. In die Zeit der Bearbeitung fällt das fatale Datum: der siebzehnte Juni. Während sich Brecht, von Livius gestützt, den Kopf zerbrach, wie er Shakespeares nur mit Knüppeln bestückte Plebejer zu Beginn des Aufstandes schlagkräftiger bewaffnen könnte, erhoben sich, ungeprobt und unbewaffnet, die Bauarbeiter der Stalinallee, um gegen die erhöhten Normen zu protestieren wie dazumal die Plebejer gegen den unerschwinglichen Kornpreis. Hier findet sich der Anlaß zu einem Theaterstück, das heißen könnte: ›Die Plebejer proben den Aufstand‹. Ort der Handlung: eine Probebühne in Ostberlin. Jemand, der von seinen Assistenten und Schauspielern als »Chef« bezeichnet wird, probt ›Coriolanus‹, die erste Szene, den Plebejeraufstand, und möchte verhindern, daß diesem Aufstand etwas traurig Lächerliches und Vergebliches anhaftet.

Wir wissen, daß Bertolt Brecht, während der Aufstand in Ostberlin und jenen Provinzen lief, die die Staatsbezeichnung DDR zusammenfaßt, seine Probenarbeit nicht unterbrochen hat. Doch probte er nicht ›Coriolanus‹, sondern Strittmatters ›Katzgraben‹. Der Fall Brecht und der Fall Sir Walter Raleigh erlauben und erlaubten Fälschungen der Theatergeschichte und der englisch-römischen Geschichte zugunsten der jeweiligen Historienstücke.

Also: In die Probenarbeit der ›Coriolan‹-Inszenierung hinein mischen sich Nachrichten vom Aufstand auf der Stalinallee, vorgetragen zuerst von Bühnenarbeitern, dann von Bauarbeiterdelegationen, die den Chef und die Probe stören.

Wir wissen, daß Bertolt Brecht dem Aufstand vom siebzehnten Juni abwartend gegenüberstand. Sein Revolutionserlebnis war der Spartakusaufstand gewesen. Der junge Brecht schrieb ›Trommeln in der Nacht‹. Aufständische deutsche Arbeiter hießen bei ihm allezeit Kragler. In meinem Stück wollen die Bauarbeiter, die des Chefs Proben unterbrechen, von eben diesem Chef Unterstützung erbitten. Sie glauben, der berühmte Theatermann sei einerseits, belegt durch seine Stücke und seinen Habitus, dem Volk verbunden, andererseits könne man in ihm jemanden sehen, den die Regierung stütze und dulde, als Plakat für Kulturgut oder als etwas Narrenfreies.

Wir wissen, daß Bertolt Brechts schriftliche Äußerungen zum Aufstand der Arbeiter bis heute nicht in authentischer Fassung veröffentlicht worden sind. Seine Erben und sein Verlag hüten diese Texte.

In meinem Stück erbitten die Bauarbeiter von dem Chef des Theaters ein Schriftstück mit seiner gewichtigen Unterschrift. Ihren unbeholfenen Aufruf zum Generalstreik, den der amerikanische Sender RIAS weder bearbeiten noch senden wollte, soll er in Worte fassen, die sie, die Bauarbeiter, nicht finden konnten.

Uns ist bekannt, daß Bertolt Brecht aus dem Aufstand der Arbeiter hervorging, ohne ersichtlichen Schaden zu nehmen. Er zog sich nach Buckow zurück und schrieb Gedichte wie ›Der Radwechsel‹, ›Eisen‹ und ›Böser Morgen‹. Weiterhin spielte sein Ensemble, weiterhin war er Kulturgut und Plakat eines Staates, dem er, vom Paß her, nicht angehörte.

In meinem Stück weigert sich der Chef des Theaters nicht rundheraus, jenen Text zu schreiben, den die Arbeiter sich von ihm erhoffen. Er will ihn aufsetzen, sobald ihm die Maurer und Zimmerleute demonstriert haben, wie man sich zu Beginn des Aufstandes auf der Stalinallee verhalten hat; ihm kommt es darauf an, aus der Aktualität Nutzen zu ziehen für seine ›Coriolan‹-Inszenierung, für seinen Plebejeraufstand. Die Bauarbeiter sprechen von Ulbricht und Grotewohl; er spricht von den Volkstribunen Sicinius und Brutus. Die Arbeiter erläutern die Normenerhöhung; er betont, welche Rolle sizilianische Getreidelieferungen für Rom gespielt haben. Die Arbeiter zitieren ihn; er zitiert Shakespeare. Die Arbeiter berufen sich auf Marx; er beruft sich auf Livius. Die Arbeiter wollen ihn für den Aufstand gewinnen; er benutzt die Arbeiter für die Inszenierung des Plebejeraufstandes. Die Arbeiter sind unschlüssig und wissen nicht, wie sie sich weiterhin verhalten sollen; er, der Chef des Theaters, ist sich seiner Tendenz gewiß. Bei ihm siegen die Plebejer, während auf der Bühne des Theaterchefs, die den Aufstand der Bauarbeiter spiegelt, der Arbeiteraufstand zusammenbricht. In der Historie – denn der siebzehnte Juni ist historisch geworden – und auf meinem Theater lassen sowjetische Panzer den Aufstand zusammenbrechen. Während die Arbeiter des Theaterstückes den Einsatz der Panzer als Fatum werten, dem sie nicht oder allenfalls mit Steinen begegnen können, hält der Chef des Theaters einen Stegreifvortrag über das Thema, ob und wie sich Panzer auf der Bühne verwenden lassen. Was immer passiert, alles wird ihm zur Szene; Parolen, Sprechchöre, ob in

Zehner- oder Zwölferkolonnen marschiert wird, alles wird ihm zur ästhetischen Frage: eine ungetrübte Theaternatur. Der Spaß an der Tragödie. Coriolanus und Coriolan. Zwei Volkstribunen und zwei Assistenten des Berliner Ensembles. Das Schicksal blindlings und die Tendenz gesteuert. Getreidepreise und Normenerhöhung. Bauarbeiter- und Plebejeraufstände. Ein öffentlicher Platz zu Rom und der Sitz der Regierung Ecke Leipziger Straße. Livius, Plutarch und die Sendeprotokolle des Senders RIAS. Die Geschichte und ihre Bearbeitung. Das geistige Eigentum und seine Besitzer. Der nationale Feiertag und das Shakespearejahr: Dieses Stück will geschrieben werden.

Freundliche Bitte um bessere Feinde

Offener Brief an Peter Handke

Lieber Herr Handke,
nun haben Sie es geschafft. Ihre leichtfüßig zitierbare
Rede zum Thema ›Beschreibungs-Impotenz‹ hat
Ihnen zu einem Podest verholfen, dessen Höhe das
unausgesetzte Herabsagen Ihrer knappen Aussage-
sätze, die niemals Beschreibungssätze sind, erlaubt.
Jetzt erst, Monate nach Ihrem Sieg, während Sie ge-
wiß Ausschau halten nach neuen Feinden, will ich das
Dankeschönsagen nicht vergessen.

Denn in der Tat, Sie, lieber Herr Handke, haben ihr
den Rest gegeben: »Die Gruppe, die Gruppe ist tot!«
Und Gesamtdeutschland, soweit es am zähen Fleisch
des Kapitalhirsches und nun bald Zwanzigenders
Geschmack finden wollte, blies, kaum hatte die Grup-
pe 47 in Princeton/USA ausgetagt beziehungsweise
dank Ihres Blattschusses den letzten Schnaufer getan,
zum vielstimmigen Halali, worauf, ehe die literarische
Leiche kalt war, das große und zeilenschindende Fled-
dern begann.

Nicht so Robert Neumann. Er, bekannt als Meister
der fremden Feder, erinnerte sich, daß die Galle aller
Tinte Ursprung ist, gab Essig dazu, schönte mit Sacha-
rin und parodierte auf seine wohlbekannte Art kon-
krete Verleumdung und landesüblichen Neid. Ja, in
gewitzter Voraussicht schrieb er seine hintergründige
Verteidigungsschrift; bevor sie noch tagte, die immer
älter und müder werdende Gruppe.

Wie Sie, lieber Herr Handke, den Stil allbeliebter

Kriminalromane unnachsichtig skelettieren, gab Neumann dem Stil berufsmäßiger Untersteller die typisch argumentlosen Farben. So gefiel es ihm, mit sicherem Strich den bejahrten Trick aller Verleumder, geradeaus zu behaupten, unübersehbar aufzudecken. Behauptete Ungeheuerlichkeiten sind wohl das Leitmotiv dieser modernen Parodie. Bewundernswert, wie es Neumann gelang, die mehr Ihnen gemäße klassische Schmährede auszusparen und bloßes Schimpfen als Inhalt zu bieten. Der Moralist Neumann hat sich verdient gemacht. Denn als Kenner von Landessitte und Sprachgebrauch verstand er es, knapp, aber treffend den konservierten Slang furchtfördernder Zeiten, des Nürnberger Streichers Stürmerdeutsch – »Würstchen« etwa und »feuchter Fleck« –, in den Griff zu bekommen. Ja, das Diffamieren ist – Robert Neumann hat es, parodierend, bewiesen – immer noch eine Kunst. Falschmünzer, Wechselfälscher, Heiratsschwindler – um nur die klassischen Berufssparten zu nennen – müssen sich mit der Form vertraut machen; und also auch der Verleumder. Denn sein Gewerbe zahlt sich in Deutschland krisenfest aus. Mögen die Aktien und neuerdings auch die Renten bröckeln und purzeln, Anlagen in Verleumdung sind allezeit fetter Dividende gewiß. Doch endlich ist es mit Hilfe des parodierenden Meisters gelungen, der diffamierenden Wörter Blöße auf weißem Papier zu erkennen. Am »Fall« Walter Höllerer demonstriert unser Entlarver eine der bewährtesten Verleumderpraktiken: Unterstellt wird nicht etwa die Tatsache, nur die Möglichkeit – W. H. könne, da er mit der Ford-Foundation zu tun habe, auf wachsende Konten hinweisen; und schon hängt die Verleumdung schwerelos in der Luft. Wie könnte W. H. das Gegenteil beweisen? Ja, selbst wenn er die Bankauszüge der letzten zehn Jahre in aller Öffentlichkeit ausbreitete, immer bliebe – was Robert Neumann aufzeigen wollte – etwas hängen.

Ich weiß nicht, lieber Herr Handke, ob Ihnen diese Leistung, wie mir, Respekt abfordert. Womöglich hätten Sie, dem die Kühnheit gratis mitgegeben worden ist, mit Hilfe Ihrer doppelbödigen Aussagesätze, und aller Beschreibung fern, sogar die entlarvende Parodie entlarvt; wer aber als Knabe, wie ich, beim Onkel das offen zutage liegende ›Schwarze Korps‹ lüstern gelesen hat, bis es ihm heiß wurde, wer, wie ich, heut noch erschauert, wenn in des Volkskanzlers fränkischer und immer vorletzter Rede tausendjähriger Wortschatz Urstände feiert, wer ein gebranntes Kind ist, der sollte in Robert Neumanns Parodie die Stilanalyse erkennen und dankbar selbst dann sein, wenn – wie behauptet wird – die Parodie nicht Parodie, sondern blutiger Ernst gewesen sein sollte.

»Die Gruppe, die Gruppe ist tot!« Und Sie, lieber Herr Handke, sollen es gewesen sein, der gleich David mit der Steinschleuder den Riesen zu Fall gebracht hat. Schon hat sich die Öffentlichkeit Ihrer angeblichen Tat bemächtigt, unzähligen einfallsreichen Journalisten wurden Sie zum, wie es auf neudeutsch heißt, »Aufhänger« der Siebenundvierziger-Story, und Ihr Verleger, der schnelle Herr Unseld, feiert Ihr Heldentum in ›Börsenblatt‹-Anzeigen. Dabei war alles, wie wir beide wissen, ganz anders: Nicht die Gruppe 47, sich selbst wollten Sie öffentlich anklagen, als Sie die planen Beschreibungskünste Ihrer Kollegen zerdonnerten; es war nicht Ihr Ehrgeiz, »Aufhänger« rasch geschriebener Artikel zu werden, vielmehr befanden Sie sich konstant auf der Flucht vor Journalisten. Jedes Interview lehnten Sie standhaft ab.

Bescheiden wollten Sie hinter Ihrer Leistung zurückstehen.

Die Gruppe lebt wieder, wenn auch mühsam. Sie, lieber Herr Handke, und der Parodist Robert Neumann haben, jeder mit anderer Medizin, ihr Ableben verhindert. Und wenn sie wieder tagen sollte, dörflich oder transatlantisch, mögen ihr bessere Feinde erwachsen, sie hat es sich sauer verdient.

Das alles wünscht Ihnen und sich:

Ihr *Günter Grass*

Über meinen Lehrer Döblin

Rede zum 10. Todestag Döblins in der
Akademie der Künste Berlin

Ich habe ihn nie gesehen, und so stelle ich ihn mir vor: klein, nervös, sprunghaft, kurzsichtig und deshalb übernah an die Realität gerückt; ein stenographierender Visionär, dem der Andrang der Einfälle keine Zeit läßt, sorgfältige Perioden zu bauen. Von Buch zu Buch setzt er neu an, widerlegt sich und seine wechselnden Theorien. Manifeste, Aufsätze, Bücher, Gedanken treten einander auf die Hacken, ein unübersichtliches Gedränge: Wo ist der Autor?

Wenn wir heute von Alfred Döblin sprechen – sobald wir überhaupt von Döblin sprechen –, wird zumeist vom ›Alexanderplatz‹ gesprochen. Diese Versimplung eines Schriftstellers, den ich neben wie gegen Thomas Mann, neben wie gegen Bertolt Brecht stellen möchte, diese ausschließliche Kenntnisnahme des einen einzigen Werkes hat Gründe. Die Arbeit eines Thomas Mann, mehr noch als die Arbeit des Bertolt Brecht, fügte sich bewußt in den von den Autoren entworfenen und im Detail vollendeten Plan der Klassizität. Überschaubar und nicht ohne Hinweise auf die durch sie verlängerte Klassik fügten die genannten Schriftsteller Quader um Quader auf festumrissener Basis; und selbst wenn Brecht mit einem Stück wie ›Die Maßnahme‹ das Konzept umzuwerfen versuchte, gab er rasch genug auf, um späteren Interpreten die Einebnung dieser Ausbruchsphase zu erleichtern.

Die Sekundärliteratur über den einen wie über den anderen Autor sprengt Bücherregale. Bald wird uns Brecht, ähnlich wie Kafka, weginterpretiert sein. Solche Entführung in olympische Gefilde blieb Alfred Döblin erspart. Dieser antiklassische Schriftsteller hat nie eine Gemeinde gehabt, auch nicht eine Gemeinde der Feinde; die von Walter Muschg besorgte ausgewählte Ausgabe der Werke beim Walter-Verlag liegt wie Blei.

Generationen wuchsen »platterdings« mit Thomas Mann auf; das Wörtchen kafkaesk geht uns, sobald wir mit Behörden Schwierigkeiten haben, leicht vom Munde; unsere Brechtomanen sind an ihren Partizipialkonstruktionen zu erkennen; nur Alfred Döblin bewegt keine Kongresse, lockt selten den Fleiß unserer Germanisten, verführt wenig Leser. Selbst der berühmte ›Alexanderplatz‹ hat im heutigen Berlin keine Wiederkehr feiern können: Franz Biberkopf, sooft wir ihm in beliebigen Eckkneipen begegnen mögen, ist in Berlin-O geblieben, so verlockend dem gelegentlichen Verkäufer völkischer Zeitungen von damals heute der Vertrieb der ›Morgenpost‹ sein könnte.

Deshalb sei es dem Vortragenden erlaubt, Mann, Brecht und Kafka, bei aller schattenwerfenden und oft angeführten Größe, respektvoll beiseite zu lassen und als Schüler dem Lehrer dankbar zu sein: Denn ich verdanke Alfred Döblin viel, mehr noch, ich könnte mir meine Prosa ohne die futuristische Komponente seiner Arbeit vom ›Wang-lun‹ über den ›Wallenstein‹ und ›Berge Meere und Giganten‹ bis zum ›Alexanderplatz‹ nicht vorstellen; mit anderen Worten: Da Schriftsteller nie selbstherrlich sind, sondern ihr Herkommen haben, sei gesagt: Ich komme von jenem Döblin her, der, bevor er von Kierkegaard herkam, von Charles de Coster hergekommen war und, als er den ›Wallenstein‹ schrieb, sich zu dieser Herkunft bekannte.

Wie der ›Ulenspiegel‹ ist der ›Wallenstein‹ kein historischer Roman. Döblin sieht Geschichte als absurden Prozeß. Ihm will kein Hegelscher Weltgeist über die Schlachtfelder reiten. Seine Helden wider die Absurdität – sei es Franz Biberkopf im ›Alexanderplatz‹, sei es der Edward im ›Hamlet‹-Roman – haben das eine mit de Costers Tyll Claes gemeinsam: Kierkegaards »Redlichkeit«, die sich allerdings im ›Wallenstein‹, dem von de Coster unmittelbar beeinflußten Epos, kaum aufspüren läßt. Im ›Wallenstein‹-Roman wird der geschichtliche Ablauf visionär übersteigerter Absurdität kalt und wie ohne Autor aufgerissen, dann mehrmals zu Scherben geworfen.

Doch bevor wir vom Buch ›Wallenstein‹ sprechen, das eigentlich ›Ferdinand der andere‹ heißen müßte, soll versucht werden, dieses Buch zwischen Döblins Büchern zu finden.

In einem seiner letzten Aufsätze, ›Epilog‹, behandelt, ja, tut Döblin sein Werk ab. Wie mit linker Hand, nachlässig und ungeduldig, zählt er auf und nimmt gleichzeitig Abstand: Wichtig ist ihm allein das letzte Buch ›Hamlet oder Die lange Nacht nimmt ein Ende‹. Er ist Katholik geworden, mehr noch, mit der Unbedingtheit des konvertierten Katholiken ist ihm das eigene Werk nichts als eitel. Schon abgewendet, blickt er zurück: »Unser verruchter Geist kann nicht still sein … Satan geht zwischen uns.« Ihm, dem Phantasten der Vernunft, dem kühlen wie unbeteiligten Beobachter getriebener Massen und widersprüchlicher Realität, dem Registrator gleichzeitiger, sich bremsender, einander auslöschender Bewegungen, ihm, dem utopischen Weltbaumeister, der die Enteisung Grönlands auf Breitwand malte, hatte der Glaube geschlagen; ich kann ihm nicht mehr folgen.

Da liest jemand, der Emigrant Döblin, in der Nationalbibliothek Kierkegaard und beginnt, unaufhaltsam zuerst Christ, dann Katholik zu werden. Ein anderer liest, was weiß ich, die Bibel und wird Marxist. Als Vierzehnjähriger las ich ›Schuld und Sühne‹, verstand nichts und verstand zu viel. Die üblichen Lesefrüchte? Wohl kaum. Mehr das Buch als Spätzünder: gelöst vom Autor, explodiert es im Kopf des Lesers; doch da wir annehmen können, daß Döblin immer den Zünder bereitgehalten hatte für den Fall, eines Tages, wie zufällig, auf der Suche nach Atlanten und Reisebeschreibungen und einsam, wie man nur in der Nationalbibliothek zu Paris einsam sein kann, auf den Zündstoff Kierkegaard zu stoßen, ist die oft über Jahrzehnte verzögerte Wirkung des Buches zumindest angedeutet. Denn wenig wissen wir von der Wirkung der Bücher. Noch weniger weiß der Autor, wohin sein Wort fallen wird.

Hier der Mann, der praktisch und weltlich dem Volk aufs Maul schaut, der, besonders im ›Alexanderplatz‹, die gesprochene Rede direkt und indirekt mit dem inneren Monolog konkurrieren läßt; dort der erfinderische Kopf eines Mannes, dessen Visionen und Utopien immer unterwegs sind, mystische Entrükkung zu suchen. Wo ist der Autor? Eine Vexierbildfrage. Sollen wir ihn in den Urwäldern eines Jesuitenstaates am Amazonas, sollen wir ihn auf dem Berliner Schlachthof oder hingeworfen vor einem Marienaltar suchen, dessen heidnischer Zuschnitt uns an Vaneska, die Königin-Mutter seines utopischen Troubador-Reiches nach der Enteisung Grönlands, erinnert?

Soviel ist gewiß: Döblin wußte, daß ein Buch mehr sein muß als der Autor, daß der Autor nur Mittel zum Zweck eines Buches ist und daß ein Autor Verstecke pflegen muß, die er verläßt, um sein Manifest zu sprechen, die er aufsucht, um hinter dem Buch Zuflucht zu finden.

So beginnt Döblins Epilog: »Es liegt ein Haufen Bücher da – ›da‹ ist ein falscher Ausdruck, es muß heißen: er liegt vor, ist geschrieben innerhalb von fünf Jahrzehnten, aber nicht da.«

Nach frühexpressionistischen Erzählungen, die später in dem Band ›Die Ermordung einer Butterblume‹ gesammelt werden, veröffentlicht er 1915 seinen ersten Roman ›Die drei Sprünge des Wang-lun‹ und ist sogleich unmittelbar da, wenn auch ohne augenblicklichen Erfolg.

Wang-lun, der Führer der Schwachen und Wehrlosen, wird, indem er das Schwachsein zur Ideologie erheben will, schuldig. Die Greuel der Schwachen und Gammler der Mandschu-Zeit messen sich an den Greueln der Herrschenden; Wang-lun, der sanfte Berserker, scheitert und löscht sich aus. Doch so sehr diese These bester deutscher Kohlhaas- und Karl-Moor-Tradition entspricht, neu, wenn auch nicht ohne ornamentale Bindungen an den Jugendstil, ist die Sprache, neu in diesem Roman und bestürzend revolutionär sind die Darstellungen der Massenszenen: Menschen, in Bewegung geraten, stürmen Berge, werden zum beweglichen Berg, die Elemente stürmen mit. Mit ›Die drei Sprünge des Wang-lun‹ gab uns Döblin den ersten futuristischen Roman.

Die Expressionisten um Walden sehen fortan in ihm einen Abtrünnigen; aber auch den Schriftstellern unter den Futuristen – die futuristische Malerei schätzt er – erteilt Döblin in seinem offenen Brief an Marinetti eine Absage. Einer Meinung sei er, solange es heißt, näher heran an die Wirklichkeit; aber Marinetti reduziere die Wirklichkeit; die Technik, die bloße Maschinenwelt sei ihm Wirklichkeit. Döblin wendet sich gegen kategorische Erlasse, gegen die monomane Amputation der Syntax, gegen die Sucht, Prosa mit Bildern, Analysen, Gleichnissen zu stopfen, er, Marinetti, möge sich die Bilder verkneifen, das Bilderverkneifen sei das Problem des Prosaisten. Und wörtlich: ». . . ob mit, ob ohne Perioden ist mir gleich. Ich will nicht nur fünfzigmal ›trumb-trumb, tatetereta‹ etc. hören, die keine größere Sprachherrschaft erfordern . . . ich will um die eigentümliche atemlose Realität einer Schlacht nicht durch Theorien betrogen werden . . .«

Der leidenschaftliche Brief endet abrupt: »Pflegen Sie Ihren Futurismus. Ich pflege meinen Döblinismus!«

Ein Jahr später versucht sich der selbstbewußte Arzt gleichfalls in kategorischen Erlassen. Er legt sein ›Berliner Programm‹ vor. Hart geht er Romanautoren an, die mit Ausdauer die »Probleme ihrer inneren Unzulänglichkeit« bewegen. »Dichten ist nicht Nägelkauen und Zahnstochern, sondern eine öffentliche Angelegenheit!«

Döblin befindet: »Der Gegenstand des Romans ist die entseelte Realität. Der Leser in voller Unabhängigkeit einem gestalteten, gewordenen Ablauf gegenübergestellt; er mag urteilen, nicht der Autor.«

Döblin fordert, schließt aus, stellt Regeln auf: »Von Perioden, die das Nebeneinander des Komplexen wie das Hintereinander rasch zusammenzufassen erlauben, ist umfänglicher Gebrauch zu machen. Rapide

Abläufe, Durcheinander in bloßen Stichworten; wie überhaupt an allen Stellen die höchste Exaktheit in suggestiven Wendungen zu erreichen gesucht werden muß. Das Ganze darf nicht erscheinen wie gesprochen, sondern wie vorhanden.«

Im Jahre 1917, während Döblin schon über einem Manuskript sitzt, das einen Teil seiner Theorien bestätigen und allzu einengende Regeln sprengen soll, setzt er die apodiktische theoretische Arbeit fort. Immer noch ist der Ton ausschließlich. In dem Aufsatz ›Bemerkungen zum Roman‹ steckt der Autor, als wolle er sich gegen Versuchungen sichern, noch einmal die selbstgezogenen Grenzen ab: »Der Roman hat mit Handlung nichts zu tun; man weiß, daß im Beginn nicht einmal das Drama damit etwas zu tun hatte, und es ist fraglich, ob das Drama gut tat, sich so festzulegen. Vereinfachen, zurechtschlagen und -schneiden auf Handlung ist nicht Sache des Epikers. Im Roman heißt es schichten, häufen, wälzen, schieben; im Drama, dem jetzigen, auf die Handlung hin verarmten, handlungsverbohrten: ›voran!‹ Vorwärts ist niemals die Parole des Romans.«

Diesen Befund schreibt der Militärarzt Döblin mitten im Ersten Weltkrieg. Lazarette in Lothringen und im Elsaß fangen auf, was von Verdun zerstückelt zurückkommt. Während die Materialschlacht lehrt, was Fortschritt im Krieg heißt, versinkt der Arzt Döblin, sobald sich zwischen den Visiten Pausen ergeben, in den Materialien des Dreißigjährigen Krieges. Er, dem diese entlegene Zeitspanne anfangs nichts ist als eine Unzahl von Schlachten, deren Parteiungen verwirrend und kaum zu erinnern sind, beginnt, Chroniken, Dokumente, papierene Absonderungen der Geschichte zu schichten, häufen, wälzen, zu schieben.

Im ›Epilog‹ schreibt er dreißig Jahre später: »Ich planschte in Fakten. Ich war verliebt, begeistert von diesen Akten und Berichten. Am liebsten wollte ich sie roh verwenden.« Doch am Anfang, bevor er sich mit Hilfe von Dokumenten wegzaubert in ein anderes Jahrhundert oder wie im ›Wang-lun‹ in ein China, das er nur von Atlanten her kennt, vor diesem Wegtauchen steht der alles tragende Einfall, die funkenschlagende epische Vision.

Im Jahr davor hatte sich der Militärarzt Döblin seiner angegriffenen Gesundheit wegen nach Bad Kissingen in Kur begeben. Eine Zeitungsnotiz, die Anzeige eines Gustav-Adolf-Festspiels, wirkte als Auslöser. Da sitzt er, klein, unruhig, kurzsichtig, unter den Bäumen des Kurparks und sieht die Ostsee, sieht das unablässige Fahren der Koggen und Korvetten, sieht Gustav Adolf mit seiner Flotte von Schweden her aufkommen.

Rennende Schiffe, brusthebend geschwollene Segler, raheschlagend tauchen sie aus herabrieselndem Wasser, noch namenlos, noch ohne Herkunft. Schweden bleibt dunkel, ohne Ankunft und politische Bestimmung, ein bloßes Gleiten und Raumgewinnen, das einem erholungsuchenden Militärarzt in Bad Kissingen die gegenwärtige Realität Verdun verdrängt.

Diese Vision wird bald darauf benannt werden. Andromeda, Regenbogen, Storch, Delphin, Papagei, Schwarzer Hund heißen die Schiffe. Das Admiralschiff »Merkur« ist mit zweiunddreißig Kanonen bestückt. Aus Svealand und Gotland, aus dem seenreichen Finnland kommen die Männer: Bei Wolgast in Pommern gehen sie an Land.

Was dem Militärarzt Döblin als Bild durch die Kurgartenbäume schwamm, hat nun seinen Platz gefunden, ja, hat sich, gemessen am gesamten Vorhaben, reduziert. Eine Seite lang darf die übersetzende schwedische Flotte den Anfang des fünften Buches einläuten, aber das Motiv der großen, gleichzeitigen Bewegung teilt sich dennoch dem gesamten Epos mit. Der eine einzige, zielstrebige Ablauf, hier mit dem ersten Satz des Buches ›Schweden‹ angedeutet – »Über die Wogen der graugrünen Ostsee kam die starke Flotte der Schweden windgetrieben her, Koggen Gallionen Korvetten« –, wird in aller Breite von Beginn bis Ende des sechsteiligen Buches variiert.

Es beginnt mit dem Siegesmahl des Kaisers Ferdinand. Der Ablauf dieses Bacchanals, die Vielzahl der überbordenden, teils kulinarisch, teils allegorisch dekorierten Speisegänge, die Hierarchie der Gäste in spanischen Krausen, in ungarisch-grün verschnürten Wämsern, in französischen Westen, unter Purpur-Überwürfen, wird genutzt, um zwischendurch die böhmische und des armen landlosen Pfalzgrafen Friedrich Niederlage gleichfalls zu Tisch zu tragen: »Ein Abt biß seinem Kapaun das Bein ab, addierte, während es zerkrachte, das zurückgebliebene kurpfälzische Silbergeschirr, das ihm in Böhmen von frommen Wallonen überreicht war.« Und mit der Tafelmusik, kurz vor den Törtchen und Konfitüren, sehen die platzvoll gemästeten Kardinäle, Äbte, Generale und Fürsten das geschlagene Heer des». . . blondlockigen prächtigen Friedrich durch den Saal ziehen, reiten durch das Klingen, Tosen der Stimmen, Becher, Teller von dem herabhängenden Teppich des Chors herunter auf die beiden flammenden Kronleuchter zu, brausend gegen den wallenden Vorhang, den die Marschälle und Trabanten durchschritten: prächtig zerhiebene Pfälzerleichen, Rumpf ohne Kopf, Augen ohne Blicke, Karren, Karren voll Leichen, eselgezogen, von Pulverdunst und Gestank eingehüllt, in Kisten wie Baumäste gestaucht, kippend, wippend, hott, hott durch die Luft«.

So setzt Döblin die Akzente: Sieg, Niederlage, Staatsaktionen, was immer sich datenfixiert als Dreißigjähriger Krieg niedergeschlagen hat, ist ihm einen Nebensatz, oft nur die bewußte Aussparung wert. Ihm liegt am wirren Hin und Her der Winterquartiere suchenden Heere; ihm liegt an labyrinthischen, durch Kanzleien, Hofgärten und verschwiegene Galerien, in Beichtstühle verschleppten Hofintrigen. Von kaum bewegten Lippen liest er das Jesuitengeflüster ab; Rosenkränze und Absolutionen lösen Geschichte aus, deren Resultate er knapp am Ende vermerkt. Die verstrickten Zeremonien listiger Vorbereitung, in Wien oder bei Hof des Maximilian von Bayern gesponnen, wälzen sich, verzerrt und wie vor Hohlspiegel gestellt, mystisch gesteigert über Seiten, während das Ergebnis höfischer Anstrengungen, sei es die Absetzung Wallensteins, sei es die Weigerung des sächsischen Kurfürsten, Gustav Adolf und sein Heer durch kursächsisches Land passieren zu lassen, lediglich mitgeteilt wird, betont achtlos, weil es nun mal dazugehört; aber Geschichte, und das heißt die Vielzahl widersinniger und gleichzeitiger Abläufe, Geschichte, wie Döblin sie bloßstellen will, ist das nicht.

Der Dreißigjährige Krieg war und ist wohl immer noch Quelle wie Stimulans deutschsprachiger Literatur. Der Beginn des deutschen Romans läßt sich mit dem ›Simplicius Simplicissimus‹ datieren. Ähnlich wie später Döblin hat Grimmelshausen das große Schlachtgeschehen beiseite gelassen; ja, mehr als Döblin hat er die beschränkte Perspektive des tumben wie schlauen Überlebenden, der nicht mehr sehen kann als das jeweilige Winterquartier, als die sich über Wochen hinschleppende Belagerung, als die Lust am Furagieren, zur Erzählerperspektive überhaupt gemacht. Wallenstein kommt bei Grimmelshausen nicht vor.

Bertolt Brecht hat später diese Perspektive auf die Bühne transportiert und den bewußten Gegensatz zu Schillers ›Wallenstein‹-Trilogie gesucht, die fortwährend Staatsaktionen in Szene setzte.

So sehr es lockt, von Grimmelshausen bis Döblin, womöglich weiter bis Alexander Kluges ›Schlachtbeschreibung‹, die Zeugnisse deutscher Literatur und ihre jeweilige Perspektive im Hinblick auf den Dreißigjährigen Krieg und auf das »Unternehmen Barbarossa« zu vergleichen, es sei mir allenfalls erlaubt, Schillers ›Geschichte des Dreißigjährigen Kriegs‹ unserer Aufmerksamkeit zu empfehlen; denn wir dürfen in Döblin einen faktenversessenen Leser dieser Chronik vermuten. Offenkundig hat er den Fleiß des Klassikers ausgebeutet; Schillers historische Abhandlung war ihm Material. Mehr nicht? Einige Übereinstimmungen fallen auf, so Schillers Erkenntnis, daß Wallenstein dem Grafen Mansfeld den Grundsatz abgelernt habe, daß der Krieg den Krieg ernähren müsse, eine Erkenntnis übrigens, die bei Grimmelshausen praktiziert und bei Brecht zur Tendenz erhoben wird; doch Döblin gießt das Bild des sich selbst ernährenden Krieges über alle Seiten aus. Er zeigt uns Heere, die Plagen gleich übers Land fallen, kahlfressen, weiterziehen und ihre Schlachten wie nebenbei, zwischen Kahlfraß und Kahlfraß, schlagen.

Schiller war bemüht, uns den Dreißigjährigen Krieg überschaubar gegliedert darzustellen. Da ergibt sich eines aus dem anderen. Seine ordnende Hand knüpft Bezüge, will Sinn geben. Das alles zerschlägt Döblin mehrmals und bewußt zu Scherben, damit Wirklichkeit entsteht. Doch auch der Herzog von Friedland stellt sich, jeweils im Blick des einen und anderen, konträr dar.

Vereinfachend gesagt: Schillers aufgeklärter Idealismus betont im Wallensteinbild den Feldherrn und Staatsmann; Döblin entwirft uns einen von der Podagra geplagten Bankier. Immer wieder weist er darauf hin, daß Wallensteins Steigbügel, sobald er nicht umhin kann, ein Pferd zu besteigen, mit Watte, mit Seide umwickelt werden. Wallensteins Heer unterscheidet sich von den anderen Heeren grundsätzlich dadurch: Es ist ein Produkt eines Finanzgenies.

Es muß hier ununtersucht bleiben, inwieweit Döblins These Schillers Wallenstein historisch verbindlich korrigiert; auch sehe ich davon ab, Döblins visionären Entwurf mit den Erkenntnissen der heutigen Wallenstein-Forschung zu messen, zumal mir keine historische Arbeit bekannt ist, die von Döblin Kenntnis genommen, ihn widerlegt, bestätigt oder korrigiert hätte. Döblins Wallenstein ist, wie nebenbei, auch ein Feldherr, der sich gelegentlich gezwungen sieht, Schlachten zu schlagen, die er nicht hat verzögern, vermeiden können; in der Hauptsache aber ist Döblins Wallenstein der erste moderne Manager langfristiger Kriegsplanung, der erste Baumeister eines finanzmächtigen Kartells, das, vom Krieg gespeist, den Krieg speiste und bis heute nicht entflochten worden ist. Wallenstein verstand es, die verschiedensten Interessen wachzuhalten und – wie wir sehen werden – zu verbinden.

Vier Namen: Der Serbe Michna, der holländische Bankier de Witte, der Prager Judenrichter Bassewi und der berüchtigte Oberst von Wallenstein, sie beuten das geschlagene Böhmen aus. Michna, ein Metzgergeselle, plündert, geschützt von Wallensteins Truppen, die reichen Häuser der Böhmen. Bilder, Juwelen, Gold und Silber häufen sich im Prager Judenghetto.

Sie, die Ausgeschlossenen mit dem gelben Barett, mit dem gelben Stern, haben gelernt, zwischen Verfolgungen, den Reichtum ihrer Unterdrücker an sich zu ziehen, zu vergraben; beginnen können sie wenig damit, aber ihn stapeln und an das zerstörte Jerusalem denken, sobald sie den Reichtum besichtigen; das dürfen die Prager Juden mit verquälter Lust, bis Wallenstein kommt.

Der Bankier de Witte schlägt vor, den Reichtum anzulegen. Man möge die böhmische Münze pachten. Ein Vorschlag, wie er zugibt, den ihm zwei seiner besten Klienten gemacht haben: der angesehene Judenrichter Bassewi, der schon oft den römischen Kaiser mit Geld gestützt hat, und ein Soldat, der trotz gewisser Tapferkeiten in Venedig, auch während der Schlacht bei Prag, in Böhmen anrüchig ist: der derzeitige Oberst und Kommandant der Stadt, Eusebio Albrecht von Wallenstein.

Der Kaiser braucht Geld, der Kaiser braucht immer viel Geld, man möge das vielversprechende Geschäft machen. Ein Konsortium bildet sich. Für sechs Millionen jährliche Pachtsumme fällt den vier Geschäftsleuten die Prager kaiserliche Münze zu. Bald sind es nur drei, die mit Hilfe der Münze den Umlauf des Geldes regulieren, denn Wallenstein setzt den serbischen Metzgergesellen Michna unter Druck und bald darauf in Haft. Er droht, ihn der Plünderei anzuklagen: Michna verstecke seinen Raub, Silber möge er liefern, es fehle der Münze am Material.

Und dann prägen sie, soviel sie wollen. Sie beschneiden das Geld, sie untermischen unedles Metall, bis sich das Silber nur noch erahnen läßt. Wallensteins kriegsstarke Fähnlein sichern Tag und Nacht die Münze. Sie dingen gemietete und freiwillige Ankäufer. Sie dringen in die Bauernhäuser ein, pressen die letzten Dukaten heraus. Banden bilden sich, kaiserliche Trompeter verkünden auf den Plätzen, alles Silber müsse abgeliefert werden an die Münze. Darauf verschwindet das Silber. Schon werden für einen alten Reichstaler vier neue Gulden geboten. Oft steht der größte Spekulant des Landes, von Wallenstein, »lang hohlbrüstig, mit schwarzem Knebelbart, eine kostbare Diamantkette am Hut« vor den Prägestöcken. Er sieht etwas. Die Zeit ist bald reif für ihn.

Nachdem der Münzvertrag abgelaufen war, versuchte der Kaiser, weiter zu münzen. Aber er fand nichts mehr vor, was sich zu Münzen hätte schlagen lassen. Bassewi und de Witte hatten sich zurückgezogen, bevor das aufgebrachte, verarmte Volk die Münze stürmte und dort nichts fand, außer leeren Prägestöcken.

Nur drei Monate lang durfte Wallensteins Schwindelwährung im Umlauf bleiben. Durch Dekret wurde der »lange« Gulden auf den sechsten Teil seines Wertes herabgesetzt. Der Staatsbankrott wurde erklärt. Die Truppen liefen davon. Und Wallenstein ersteigerte mit seinem rasch angeschwollenen Vermögen neue Güter und Ländereien: Friedland und Reichenberg, Welisch, Schuwigara und Gitschin.

Und all dieses, Reichtum und Ländereien, setzt Wallenstein auf eine Karte. Er bietet sich dem Kaiser an, will ihm das große Reichsheer gegen die Feinde von innen und außen aufstellen, damit er nicht abhängig sei von Maximilian von Bayern und dessen Heer unter Tilly, damit er eine Waffe habe gegen den einfallenden Christian von Dänemark.

Wie spiegelt das Diplomatengeflüster Wallensteins Großmut? – »Wißt, lieber Freund, ich habe es ganz heraus, woher der von Wallenstein so toll kaiserlich gesinnt ist. Er streckt uns das Geld für das Heer vor, das Heer aber soll ihm aus dem Reiche sein Geld wiederbringen mit Zins und Zinseszins...«

Die Armee als Kapitalanlage. Döblins rückblickende Vision läßt uns erschrecken: Lange bevor Krupp vor Verdun *sein* großes Geschäft machte, investierte Wallenstein sein Vermögen in Rüstungsgeschäfte. Krupp wie Wallenstein kauften sich je einen Kaiser. Und wir wollen immer noch nicht erkennen, daß Hitler sich nicht die Industrie, daß vielmehr die Industrie – Wallensteinsche Adepten – sich ihren Hitler kaufte. Nicht ohne Grund blickte der Militärarzt Döblin im Jahre 1917 von Verdun aus zurück. Krupp, wie alle, die nach einem Krupp verlangen, wie alle, die einen Krupp möglich machen, hat Vorfahren: Ein Metzgergeselle, ein Bankier, ein Judenrichter und ein Oberst bilden ein Konsortium und damit die materielle Voraussetzung für die anhaltende Dauer eines Krieges, der, mit Atempausen dazwischen, die wir Frieden nennen, bis heute anhält. Schillers Helden und ähnliche Pappenheimer sind allenfalls Spitzenwerte in einem Aktienpaket, dessen kletternder Kurs nur durch drohende Friedensverhandlungen zum Stolpern gebracht werden kann. Seitdem Döblin uns lehrte, Wallenstein als Meister der Hochfinanz zu begreifen, wissen wir, daß Abrüstungsverhandlungen nicht immer am begrenzten Willen der Verhandlungspartner, wohl aber oft genug an den Interessen einer

Industrie scheitern, die es verstanden hat, jedermanns wirtschaftliche Interessen zu vertreten: Abrüstung könnte uns in Schwierigkeiten bringen. Das System Wallenstein verlangt stehende Heere.

Dieser Bankier und eigentliche Gewinner der Schlacht am Weißen Berg zieht mit zwanzig Karossen nach Wien. Beklemmung, ja, Abscheu erwartet ihn und will doch sein Geld. Festlichkeiten wie Schauspiele und Judenverbrennungen sollen zu seiner Erbauung veranstaltet werden. Das Wort geht um: ».. . da komme einer von den neuen Alchimisten, die machen Gold aus böhmischem Blut.«

Im Haus eines Kaufherrn steigt er ab, in dem schon der eine Kompagnon aus Prag, der Judenrichter Bassewi, wohnt. Draußen staut sich das gemeine Volk. Die Rauchfangkehrer grölen Judenspottlieder. Einen Judenfürsten nennt man Wallenstein, denn bewußt will er das hochmütige Wien beleidigen; er, vom Kaiser geladen, kehrt bei einem Juden ein. Dieser Pakt Wallensteins mit den Juden, ein Motiv, das durch das gesamte sechsteilige Werk Akzente setzt, verdient unsere Aufmerksamkeit, weil Döblin hier die Ursachen des mittelalterlichen Antisemitismus, der christlicher Natur war, mit der vorweggenommenen Emanzipation der Juden im neunzehnten Jahrhundert konfrontiert und gleichzeitig den Beginn des Zionismus formuliert, seine kraftvolle Beharrlichkeit und seine ideologischen Gefahren.

Kurz bevor Wallenstein seine Monopolstellung einhandelt, sehen wir den Judenrichter Bassewi in der Prager Synagoge mit fünf alten Männern zu Rate sitzen. Sorgen hat der eine: Wenn man mit Wallenstein zusammengehe und so zu Ruhm und Ansehen gelange, werde es den Prager Juden ergehen wie den

Frankfurter Juden: vor die Stadtmauer werde man sie treiben; worauf der zweite alte Mann weiß: Das hat nur drei Jahre gedauert, dann kam der gleiche Trompeter, der sie ausgewiesen hatte, und blies zu ihrer Rückkehr. Bassewi weist darauf hin, daß die Katholischen alle Calvinisten und Reformierten aus Böhmen verjagt hätten, Platz sei jetzt da für die armen gedrängten Juden; man möge sich ausdehnen im Böhmischen. Der Einwand dagegen lautet: Selbst wenn sie uns hereinlassen ins Land, wir gehen nicht hin, wir siedeln nicht: »Was steht geschrieben vom Lande Böhmen? Wo steht etwas geschrieben vom Lande Böhmen? Nirgends. Werd' ich ein alter Narr sein, aus meinem Haus gehen, mich in Böhmen ansetzen.« Sein Nachbar darauf: »Und wie lange denkst du und deine Kinder hier in der Finsternis zu sitzen?«

Die uralte Antwort, die bis heute gilt, lautet: »Was werd' ich fragen? Ist doch alles klar für uns Juden. Wird es heißen, wir sollen wieder das Bündel schnüren, nach Jerusalem wandern, gelobt, gelobt sei unser Herr –, so werd' ich's tun.«

Bassewi strebt einen Kompromiß an. Man könne geduldig auf Jerusalem warten und trotzdem und neben den Christen mitten im Licht sitzen. Dem wird widersprochen: Wenn die Kinder Israels einmal im Licht sitzen, werden sie Jerusalem vergessen und sich schämen, beschnitten zu sein; Judäa werden sie verkaufen für ein kleines Dorf in Böhmen.

Der Judenrichter und die fünf alten Männer seufzen in der Synagoge. Die Lösung findet Bassewi: Man wolle dem Kaiser Geld geben und dafür einen kleinen Brief erhalten, damit die böhmischen Juden fortan Handel treiben dürfen auf dem Land, in den Dörfern, auf den Marktplätzen. So geschieht es. Aber das katholische Böhmen, das soeben noch mit scharfen Hunden, mit Brand und Folter seine Mitchristen verfolgt und vertrieben hat, empfindet den Freibrief für die Juden als Kränkung. Rasch wächst der Haß. Vorerst kann Wallenstein die böhmischen Juden schützen; vorerst bedarf der Bankier Wallenstein der Unterstützung aller Ausgestoßenen mit dem gelben Barett, mit dem gelben Stern. Deshalb trumpft er in Wien auf und erträgt es gelassen, Judenfürst genannt zu werden.

In den folgenden Tagen wird die Stadt Wien mit Geldgeschenken überschüttet. Wallensteins Depeschen durchlaufen die Wiener Kanzleien. Grob, unvermittelt knallt er den Würdenträgern, Beichtvätern und Gesandten die mehrstelligen Anweisungen seines Bankhalters de Witte auf den Tisch. Man lacht entsetzt, ja, peinlich berührt über die Höhe der Dotationen und streicht sie ein.

Nicht die Türken, kein Heer der protestantischen Stände und Kurfürsten, Wallensteins Geld zermürbt das kaiserliche Wien. Denn der Kaiser empfängt Wallenstein. Froh sind die Kammerherren, weil er alleine, ohne seinen Juden Bassewi kommt. Döblin spart die Begegnung zwischen dem Wucherer aus Prag und dem Kaiser aus. Ein kurzes Warten und Mantelablegen im Vorzimmer, ein filmischer Schnitt, Wallenstein kehrt zurück, läßt den Kaiser allein. Der verwundert sich und legt die Hand vor die Augen. Wer war bei ihm gewesen? Es ist ihm, als habe er diesen Kopf schon gesehen; es ist ihm, als sei er diesen »lautlos hellen kleinen Augen schon öfter begegnet«.

Dieses erste Treffen zwischen Wallenstein und Ferdinand rafft der Autor in einem Traumgesicht des Kaisers zusammen. Er verzichtet auf Dialoge, Verhandlungen, Finten und blendet auf zur Totale des Kaisers, wie er die Schnallenschuhe übereinanderlegt, die Armstütze sucht, die Hand vor die Augen hält, bis das Bild sich einstellt: Er reitet auf moosigem Waldboden, ein sanfter Wind bläst. »Es wird heller; es ist die Helligkeit, die der Mund junger Kätzlein hat, bleiches Rosa. Er bemerkte, daß er ein Gießen, Rinnen überhört hatte bis eben. Und dann lag es am Himmel, über der Erde, etwas Schwarzes, Breites, langsam Bewegliches. Das Pferd lief noch weiter. Er konnte den Rumpf nicht wenden, den Kopf nicht abdrehen, um dem Atem zu entgehen, der von oben gegen ihn anwehte... Menschliche behaarte Brust, die sich über ihn schob, Haare, die wie Wolken, Spinnweben über ihn flockten, menschliche Arme, denen er entgegenritt. Aber ein Wulst, fleischige glatte schlüpfrige Säulen und kalt wie die Haut eines Salamanders. Federnde Bewegungen machte es, mit Ruck, her und hin kam es dichter über ihn. Und unter immer neue Arme glitt er, er schnappte nach Luft, keuchte auf. Ein Tausendfuß, unter dessen Bauch er ritt. Tiefer mußte er sich krümmen auf dem wogenden rastlosen Pferderücken. Ein weiches Wallen des Bauches benahm ihm den Atem, es waren geblähte luftgefüllte schwappende Säcke; sein Bewußtsein schwand auf Sekunden. Seine Kehle suchte ein ›Äh, äh‹ auszusprechen, seine Ohren rangen nach Klang. Und der Schwanz des Unwesens schlug von oben herunter, herum von unten wie eine Peitsche, erst unter die Fußsohlen, daß es mit elektrischem Zucken ans Herz drang und stach, dann mit feinen Stacheln gegen die Nasenlöcher, tief tief ins Gehirn herauf tötend. Dann fuhr es gegen den Nabel von vorne her, wirbelte wie ein Drehbohrer, in den Magen, den Leib, den Rücken. Und jetzt dröhnte es auf einmal, ein volles Orgelwerk, sinnlos ungeheuer von der Tiefe in die Höhe tosend, bei einem gellen pfeifenden Ton verharrend, knirschend an- und aussetzend, wie ein Hund, den man an einen Pflock mit den Pfoten angebunden hat, der sich krampft, streckt, krampft, streckt, beißt, beißt. – Er war mit heiserem Gekreisch aufgewacht. Er nahm die Hand langsam von den Augen, besah sich seinen Handteller, als wenn etwas von dem Traum daran klebe, rieb ihn am Knie.«

Dieses Traumgesicht, diese Raffung aller Wallensteinschen Faszination und Bedrohung, verstärkt die Wirkung der Dekrete und Freibriefe, die der Kaiser dem Tausendfuß und Kartell-Baumeister ausgestellt hat. Einfach ist die Rechnung und allen Beteiligten bekannt: »Stellt Habsburg keine Armee auf, ist es voraussichtlich verloren, samt der ohnmächtigen Liga. Gewinnt die Liga allein, ist der Kaiser in einigen Jahren erdrückt von dem Bayern.«

Also wurde dem frischernannten Herzog von Friedland ein kaiserliches Dekret ausgestellt, wodurch er zum Kapo über alles Volk aus dem Reich und den Niederlanden ernannt wurde. Bassewi und de Witte arrangierten die Geldgeschäfte: Gegen ein Darlehen von neunhunderttausend rheinischen Gulden von sechs Prozent war dieses Ermächtigungsgesetz zu haben.

Was jetzt kommt, abrollt, ist nur noch die Folge der großen Finanzaktion. Breit ausgemalt, verwirrend in seiner Widersprüchlichkeit und doch folgerichtig in Wallensteins Kopf entworfen. Rasch werden die Regimenter aufgestellt: »Nehmt, was ihr kriegt!« – »Wenn man keinen Falken hat, muß man mit Raben beizen.« Gefährliches, beutelüsternes Volk rottet sich unter

Wallensteins Fahnen zusammen: Die Städte werden erpreßt, Kaution zu zahlen gegen drohende Einquartierung. Ein wachsendes Heer, dem der inzwischen begnadigte und frischgeadelte Metzgergeselle Michna das Getreide zu requirieren hat, überschwemmt das Land, beginnt, sich vom Krieg zu ernähren, rüstet sich – anfangs ein schlecht armierter, buntscheckiger Haufen – zur perfekten Kriegsmaschine. Wallensteins Rechnung geht auf.

Hier findet sich nicht Gelegenheit, Döblins Fresco bis ins Detail zu betrachten. Wenn dieses Buch auch ›Wallenstein‹ heißt, breiten Raum nehmen Maximilian und die Liga, der puritanische Kreuzfahrer Gustav Adolf, die sächsischen und kurpfälzischen, die französischen und die böhmischen Intrigen des Grafen Slawata ein. Und immer wieder Ferdinand, von dem es heißt, er vertraue Wallenstein, wie eine Frau ihrem Mann vertraue. Ein verfallener, blindlings hingerissener Kaiser, dessen Plan, ihn, den Besitzer der Macht, ihn, den personifizierten Willen, zu demütigen, mit der Verfallenheit wächst.

Döblins epischer Aufriß – denn einen geschlossenen, wohlausgewogenen Roman kann man den ›Wallenstein‹ nicht nennen – endet mit einer Szene, die alle historischen Fakten hinter sich läßt und nicht mehr Rücksicht nimmt auf den Dokumentenwust der Geschichte. Ins Fabelreich enthoben, flieht der Kaiser. Er entzieht sich dem Hof, dem Reich, der weltlichen Macht. Am Ende sehen wir ihn lallend, schon närrisch, aus seiner Verantwortung gerückt und anonym gleichgemacht mit Marodeuren herumziehen. Während Wallensteins Ermordung noch mit den Fakten vorformulierter Geschichtsabsonderungen inszeniert wird und sich dennoch nicht parallel zu Schillers Szenarium verhält – denn nicht der Verräter stirbt, vielmehr der Gläubiger, dem Kaiser und Reich verschuldet sind –, wird Ferdinand, der entflohene Kaiser, von einem koboldartigen Waldzwerg ermordet. Lust und Verzückung führen die Waffe. Vom Kaiser ist nichts mehr. In entmaterialisierte Heiterkeit und geschichtslose Unwirklichkeit mündet ein Buch, das schwer zu tragen hatte an dokumentarischen Abläufen und langsam sich wälzendem Fakten-Geröll. Ferdinand sucht und findet den Stillstand; er löst sich auf.

Doch dieses Kapitel, visionär wie die Auslösung des gesamten Komplexes, also die Überfahrt der schwedischen Flotte, greift schon über in Alfred Döblins nächsten epischen Entwurf: ›Ferdinands Tod‹ ist einerseits Abschluß des ›Wallenstein‹-Epos und andererseits Beginn des utopischen Abenteuerromans ›Berge Meere und Giganten‹. In seinen Bemerkungen zu diesem Buch schreibt Döblin: »Wie ich zu Kriegsende aus Elsaß-Lothringen den ›Wallenstein‹ ohne Schlußkapitel nach Hause brachte, fühlte, suchte ich in mir herum, wie ich ihn enden sollte. Am besten, dachte ich manchmal, gar nicht. Dann wurde ich damals, Anfang 1919 in Berlin, von dem Anblick einiger schwarzer Baumstämme auf der Straße tief betroffen. Er muß dahin, dachte ich, der Kaiser Ferdinand.«

Es lohnte die Untersuchung, inwieweit und wie oft das Bild von Baumstämmen, glatten, trockenen wie schwarzen, feuchten, schwitzenden Rinden, zwischen denen etwas geschieht, Döblins Werk beeinflußt hat oder wieweit sich der Autor dieser Fixierung bewußt gewesen ist. Wir erinnern uns: Im Kurpark sitzt der kurzsichtige Militärarzt und sieht zwischen Kurparkbäumen die schwedische Flotte schwimmen; wir erinnern uns: Zum ersten Mal begegnet Wallenstein dem Kaiser Ferdinand und löst ein Traumgesicht aus; zwischen Baumstämmen auf Moosboden reitet der Kaiser, über ihm der haarige atmende Bauch eines Tausendfüßlers; wir hören: Ein Waldzwerg ersticht im Walde den Kaiser. »Es war Regenwetter. Die Tropfen klatschten. Ferdinand lag auf zwei sehr hohen Ästen. Das dünne kühle Wasser floß über die hellen Augen. Der Kobold hatte kleine Zweige zu sich heruntergezogen, er saß vom Laub gedeckt. Schaukelte den Körper auf den großen Ästen, knurrend stirnrunzelnd.«

Auch im ›Alexanderplatz‹ endet das siebente Buch im Wald. Abermals ist der Wald Zeuge eines Mordes. Reinhold erwürgt Biberkopfs Mieze. Nach dem Mord setzt ein Sturm den Wald in Bewegung. Die Natur spielt mit. Doch während der ›Wallenstein‹-Roman den weltflüchtigen Kaiser in einen ortlos mythischen Wald führt, wird im ›Alexanderplatz‹ im Freienwalde bei Berlin, also genau lokalisiert und wie mit Hilfe eines nachträglichen Polizeiberichtes, gemordet.

Schon lockt es mich, dieses Waldmotiv, diese nassen schwitzenden Stämme in ›Berge Meere und Giganten‹ zu suchen. Die große Szene nach dem uralischen Krieg: Marduk, der Präfekt der märkischen Landschaft, sagt sich los von der Forschung, Technik, vom Fortschritt. Er, selber ein Forscher, setzt die wissenschaftliche Elite des Landes gefangen, treibt sie in einen von ihm gezüchteten Versuchswald; und dieser Wald beginnt zu wachsen; die Stämme schwellen, scheiden klebrige Säfte aus, nehmen den Wissenschaftlern Platz, Luft und Atem, saugen sie auf, verwandeln sie in Bäume, die gleichfalls Stamm in Stamm ineinander übergehen, bis am Ende ein Klumpen tropische Wucherung menschlichen Geist, Forscherdrang und Zerstörungswillen in sich aufgenommen hat.

Zwischen dem Tod im böhmisch-mythischen Wald und der Ermordung der Mieze im Freienwalde bei Berlin entwarf Döblin den utopischen Massenmord in einem utopischen Wald, wobei mir, dem Leser, kein Wald wirklicher aus dem Buch wuchs als die synthetische Zucht des Forschers Marduk, der aller Wissenschaft ein Ende setzen wollte, der, selber ein zerstörender Denker, das Denken als Ursache aller Zerstörung in Vegetation einschloß, nur sein Gedanke blieb außerhalb und setzte sich fort.

Doch ehe ich Sie zu utopischen Abenteuern verführe, ehe ich mich in ›Berge Meere und Giganten‹ verliere und den Turmalinschleiern wie der Enteisung Grönlands das Wort rede, ehe also die nach der Enteisung wuchernden Wälder tierisch in Bewegung geraten und Europa überschwemmen – »... an der Westgrenze Hamburgs an der See verwüsteten die anwandernden Untiere ganze Stadtteile. Die starken Sicherungen des Senats nutzten nichts, sie fielen nur zum Verhängnis der Stadtschaft aus. Durch die brennenden Würfe, die Strahlen wurden die Tiere zerrissen, ihre Teile aber, Flüssigkeit spritzend, schleppten sich verendend und andere aufsprießende Wesen mit sich schleppend in die Straßen und Anlagen. Die grausigsten Mißformen wurden da sichtbar. Verbackene Bäume, aus deren Wipfeln lange Menschenhaare herausragten, übergipfelt von Menschenköpfen, toten entsetzlichen häusergroßen Gesichtern von Männern und Frauen. Die Schwanzflossen eines Seetiers in eine Siedlung vor der Stadt fallend sammelten um sich Haufen toten Materials, Eggen Wagen Pflüge Bretter. In die wandernde sprießende dampfende

Masse gerieten Kartoffelfelder, laufende Hunde, Menschen. Das wallte wie ein Kuchen auf, quoll hoch, zappelte über die besäte Ebene, rollte sich wie eine Lavamasse verheerend langsam vorwärts. Und überall wuchsen aus der sich rundenden schlagenden Masse Stämme, stockhohe Blätter hervor« –, ehe ich also Marduks Versuchswald die Stadtschaften verheeren, sich auswachsen lasse – und kein Wort sagte ich über die Urwälder im Amazonas-Roman, kein Wort über die Richterfunktion des Waldes in der frühexpressionistischen Butterblumen-Erzählung –, ehe ich also bis zum Ende seines Lebensberichtes – Döblin verabschiedet sich als Apfelbaum – diesem Motiv nachgehe, will ich mich in die Schlußphase meiner Verbeugung vor meinem Lehrer retten: Wer sich mit ihm und seinen mythischen, realen wie utopischen Wäldern einläßt, läuft am Ende Gefahr, zwischen nassen, schwitzenden, wuchernden Bäumen den Ausweg zu versäumen, zwischen Büchern und Theorien, die einander aufheben und widerlegen wollen, den Autor zu verlieren.

Aber das wollte Döblin: hinter seine Bücher zurücktreten. Auf Anfrage einer Zeitung sagte er 1928: »Mir ist als Arzt der Dichter meines Namens nur sehr von weitem bekannt.« Eine autobiographische Skizze verrät uns, daß er im Jahre 1878 in Stettin geboren wurde. Und weiter: »Medizinstudium, eine Anzahl Jahre Irrenarzt, dann zur Inneren Medizin, jetzt im Berliner Osten spezialärztlich praktizierend.«

Stichworte begleiten die Suche nach dem Autor. Wie weit hat ihn der Vater geprägt, ein Stettiner Schneider, der mit vierzig Jahren die Frau samt fünf Kindern sitzenläßt und sich übers Meer davonmacht? Seinen Motiven nachgrübelnd, hat Döblin die Geschichte des flüchtigen Vaters mehrmals mit bissigem Spott variiert; doch seine Reiselust, sein Verlangen auszubrechen, tobte sich auf Landkarten, in Archiven aus. Preußische Strenge fesselte ihn an Berlin-O. So sehr ihn ein Ausflug nach Leipzig im April 1923 verlockte, den kleinen Ausbruch zu wagen, er mußte zurück in die Pflicht und überlieferte uns nur den Seufzer: »Ach, habt Ihr's gut in Leipzig. Ich muß wieder zu Ziethen und Scharnhorst.«

Also jemand, der sich beschieden hat: Die Technik findet er bei Siemens und Borsig, den Turbinen-Mythos liefern die hausgemachten Manifeste. Etwa ein Weltbaumeister mit festem Wohnsitz? Ein neuer Jean Paul zwischen Zettelkästen?

Immer noch auf der Suche nach dem Autor bleibt er klein, nervös, sprunghaft, kurzsichtig und ist dennoch ein Mann der Tagespolitik, der sich nicht scheut, direkt einzugreifen. Mitglied der USPD seit 1921, später Mitglied der SPD. Sein preußischer Zuschnitt befähigt ihn, einerseits mit Langmut den Parteikleinkram mitzubetreiben und später andererseits, als die Sozialdemokraten das »Schund- und Schmutz-Gesetz« mitverabschiedeten, die Partei zu verlassen, ohne sogleich verkünden zu müssen, er habe sich radikalisiert, Brücken hinter sich abgebrochen, die große Enttäuschung erlebt. Döblin wagte es, mit seinen Widersprüchen zu leben. Der bis heute fleißig geübte Modetanz des Sichdistanzierens war nicht seine Bewegungsart. In unzähligen Aufsätzen hat er der sozialen Demokratie das Wort geredet. So sehr er in Marx' Schriften die »klare, historische und ökonomische Durchdringung der Realität« bewunderte: Der Marxismus des zwanzigsten Jahrhunderts war für ihn nur noch die Lehre eines schroffen Zentralismus, die

Lehre der Wirtschaftsgläubigkeit und des Militarismus. Der Kassenarzt im Berliner Osten bekannte, er gehöre weder einer deutschen noch einer jüdischen Nation an; seine Nation sei die der Kinder und Irren.

Also ein Menschenfreund und Phantast? Ein produktiver Spinner? Ein aktiver Sozialdemokrat, der in seiner epischen Dichtung ›Manas‹ ein mystisches Indien besingt? Was war er noch? Ein wortreicher Kunstverächter und ein Mitglied der Preußischen Akademie der Künste; ein emanzipierter Jude und ein Kierkegaardscher Katholik; ein seßhafter Berliner und solange ein unsteter Landkartenreisender, bis mit Hitler die Kolbenheyer und Grimm die Macht ergriffen hatten, bis er vertrieben wurde und ihn die Emigration wider seinen Willen in Bewegung zu setzen verstand.

Als französischer Offizier kehrt er mit seinem letzten Roman heim und findet in der Bundesrepublik keinen Verleger. Erst 1956 erscheint in der DDR bei Rütten & Loening der ›Hamlet‹-Roman. Wie heißt die hausbackene Redensart im Land der Dichter und Denker: Zu Lebzeiten vergessen. Döblin lag nicht richtig. Er kam nicht an. Der progressiven Linken war er zu katholisch, den Katholiken zu anarchistisch, den Moralisten versagte er handfeste Thesen; fürs Nachtprogramm zu unelegant, war er dem Schulfunk zu vulgär; weder der ›Wallenstein‹ noch der ›Giganten‹-Roman ließen sich konsumieren; und der Emigrant Döblin wagte 1946 in ein Deutschland heimzukehren, das sich bald darauf dem Konsumieren verschrieb. Soweit die Marktlage: Der Wert Döblin wurde und wird nicht notiert. Einem seiner Nachfolger und Schüler fiel ein Stück Erbschaft als Ruhm zu, den in kleiner Münze zurückzuzahlen ich mich heute bemühte.

Indem ich mich auf den einzigen futuristischen Produktionsweg innerhalb des Döblinschen vielsträngigen und bis zum Schluß produktiven Arbeitssystems beschränkte, indem ich unsere Aufmerksamkeit auf den ›Wallenstein‹-Roman als Zeugnis futuristischer Romantechnik zu lenken versuchte, also den politischen essayistischen katholischen Döblin aussparte, indem ich aus dem Komplex ›Wallenstein‹ nur die Analyse des Feldherrn als Großbankier hervorhob, kann diese Reverenz, zehn Jahre nach dem Tod meines Lehrers, allenfalls dazu beitragen, Sie neugierig zu machen, Sie zu Döblin zu verführen, damit er gelesen werden möge. Er wird Sie beunruhigen; er wird Ihre Träume beschweren; Sie werden zu schlucken haben; er wird Ihnen nicht schmecken, unverdaulich ist er, auch unbekömmlich. Den Leser wird er ändern. Wer sich selbst genügt, sei vor Döblin gewarnt.

Genau hingucken
Zum Tod des Bildhauers Karl Hartung

Im Herbst des Jahres 1952 sah ich in Düsseldorf eine Ausstellung von Kleinplastiken des Bildhauers Karl Hartung: ruhige, zumeist liegende Formen, weibliche oder vegetative, die auf jeden Oberflächenreiz verzichteten; bis auf das endliche Maß geschliffen, beanspruchten sie Raum, zwangen sie den Beschauer zur Unruhe, boten sie rundum Ansicht. Ich war damals Schüler – denn Bildhauer und Maler studieren nicht – der Kunstakademie Düsseldorf, doch sah ich meinen Lehrer selten; dabei bedurfte ich eines Lehrers.

Ich schickte Zeichnungen und Fotos von Plastiken nach Berlin. Hartung, Professor an der Hochschule für Bildende Künste, sagte zu: Vom Januar 53 bis zum Sommer 56 arbeitete ich im Schüleratelier des Bildhauers Karl Hartung. Gleich am ersten Tag kaufte ich mir eine Bratpfanne, Zwiebeln und ein Pfund grüne Heringe. Im Atelier stand eine elektrische Kochplatte. Jemand sagte: »Da liegt Margarine.« Ich zeichnete die Heringe, bevor ich sie in die Pfanne legte. Als es über Ton, Gips und leicht faulige Tonlappen hinweg nach Fischküche zu riechen begann, betrat Karl Hartung das Atelier. Er begrüßte mich: »Kochen Sie oft?«

»Täglich.«

Wir tasteten uns ab nach Kochrezepten. Meine Heringzeichnung erfuhr Kritik: »Die haben keine Gräten. Wo Sie genau hinsehen sollten, haben Sie Ornamente erfunden. Ein Hering ist mehr, als Sie erfinden können. Natur – und doch bewußt.«

Diese vier Wörter – mehr Devise als Satz – waren das künstlerische Credo eines Arbeiters, der, überreich an Formen, Strukturen und visionären Entwürfen, der Erfinderin Natur gegenüber still wurde, hinschaute, wortkarg verzückt, als wäre er bereit gewesen, sein gesamtes Werk hinzugeben für die schöpferische Vielfalt einer Langustenschere, für einen vom Wasser mit Hilfe der Zeit geformten Stein, für den plastischen Reichtum der menschlichen Kniescheibe.

Karl Hartung konnte erstaunen. Am späten Vormittag betrat er, zur Korrektur, unser Atelier, grüßte knapp das Modell und starrte auf die Kniescheibe des Standbeines, als hätte er diese genau begrenzten Abläufe zum erstenmal gesehen. Was wir während Stunden mit dem Modellierholz bewegt hatten, nannte er knochenlose Oberflächenartistik; mit wenigen Schnitten der Schlinge legte er einen plastischen Ansatz frei, den wir, gleich darauf, fleißig wieder zupappten.

Hingucken, nicht auswendig fummeln.

Bei Karl Hartung lernte ich ein Volumen anlegen.

Er nahm mir den Spaß an vorschnellen Ergebnissen.

Maillol, sagte er, *pousser*!

Unsere Originalität durften wir einmotten, für später. Indem wir seine Zeitrechnung übernahmen – für die Herstellung eines Wirbelknochens wird ein Jahr Arbeitszeit benötigt –, wurden wir Epigonen seiner Langatmigkeit.

Das ist noch nicht fertig. Das sieht nur fertig aus.

Lieber etwas totarbeiten als eine Scheinlebendigkeit auf Podesten zur Schau stellen.

Langsam und gegen die leichte Hand arbeiten.

Das tat Karl Hartung mit einer unnachgiebigen Strenge, die alles Anekdotische, jede erzählende

Geste ausschloß und floskelhaftes Beiwerk vermied. Seine Skulpturen versagten sich die Gefälligkeit durchschimmernder Emotionen; da ihm Form Ausdruck genug war und ihm, dem Norddeutschen, alles Wolkige gleichviel vertraut wie verdächtig schmeckte, suchte und fand er Halt in kühler Distanz.

Das Material kalt halten.

Mit dem Stein denken.

Immer die einfachste, die Urform suchen.

Seine französische Schule und sein Mißtrauen dem Ornament gegenüber hinderten ihn, symbolträchtig zu werden; und sobald ihm seine eigenen Arbeiten fremd wurden, ihn als Symbole seines organischen Zeitmaßes überragten, zeichnete er sich davon: Ab Mitte der fünfziger Jahre entstanden großformatige Blätter, die von Figurinen-Gespinsten und skeletthaften Verknotungen überzogen waren; das Heckenbild als Vorform des späteren Großreliefs.

Dann wurde es stiller um Karl Hartung. Zu den gewohnten Widerständen kam die Krankheit. Jüngere Bildhauer hatten, wie eine Offenbarung, den Schweißapparat entdeckt: Endlich ging auch dieser Beruf fix von der Hand; das Hartungsche Zeitmaß geriet, vorerst, in Vergessenheit.

In der Bretagne, aus verspäteter Zeitung, höre ich vom Tod meines Lehrers. Muscheln und Langustinen kaufe ich ihm zu Ehren. Genau hingucken:

Dieser von allen Seiten einsehbare, langsame und genau begrenzte Ablauf: Natur – und doch bewußt.

Entschuldigung

Erklärung in der Sendung › Panorama‹, NDR

Es besteht Grund, sich bei einem deutschen Schrift-
steller zu entschuldigen.

Am 9. September dieses Jahres stellte die ›Berliner
Morgenpost‹ unter einer knalligen Schlagzeile Be-
hauptungen auf, die ich ihrer Infamie wegen nicht
wiederholen will. Es wurden dem bald achtzigjähri-
gen, in Ost und West geehrten Schriftsteller Arnold
Zweig Äußerungen in den Mund gelegt, die Arnold
Zweig als »faustdicke Lügen« der ›Berliner Morgen-
post‹, des Düsseldorfer ›Mittag‹ und des ›Hamburger
Abendblatt‹ bezeichnete; denn dreistimmig tönte die
Diffamierung, nachdem die Berliner ›nachtdepesche‹
mit einer falschen Meldung den Ton angegeben hatte.

Der Zweck aller Lügen war es, einen Konflikt zwi-
schen Arnold Zweig und der Deutschen Demokra-
tischen Republik, in der er nach freier Wahl lebt, zu
erfinden. Die Tatsache, daß sich die DDR, während
und nach der Nahostkrise, dem Staat Israel gegenüber
unvernünftig und ausschließlich machtpolitisch ver-
halten hat, sollte den Zwecklügen den Anschein von
Wahrheit geben. Ein Journalist, Heimann aus Haifa,
und der Israelische Schriftstellerverband wurden, um
die Falschmeldung seriös zu kleiden, als Zeugen und
Quellen der Information genannt.

Als nach Arnold Zweigs Dementi auch Heimann
und der Israelische Schriftstellerverband dementier-
ten, brachen die Lügen zusammen: Übrig blieb und
bleibt die Beleidigung eines großen deutschen Schrift-

stellers; übrig bleibt die abermals bestätigte Erkenntnis, daß es den Zeitungen des Springer-Konzerns in der Bundesrepublik und in Westberlin immer noch möglich ist, mit wahrhaft faschistischen Methoden Zweckmeldungen zu verbreiten, die zwar den politischen Vorstellungen des Herrn Springer und seiner dienstwilligen Journalisten entsprechen, den Betroffenen jedoch – diesmal Arnold Zweig – gefährlich schädigen könnten, gäbe es keine Gegenstimmen.

Die empörten Reaktionen vieler westdeutscher Tages- und Wochenzeitungen, der spontane Wille der Rundfunk- und Fernsehanstalten, die Wahrheit wiederherzustellen, läßt immerhin hoffen, daß die lange Zeit, in der die Springer-Presse wie ein verfassungswidriger Staat im Staat die demokratische Ordnung der Bundesrepublik verletzen konnte, demnächst vorbei sein wird.

Es wird Aufgabe des Deutschen Presserates, des Bundestages und des Bundesverfassungsgerichtes sein, gegen die zunehmende Schädigung der parlamentarischen Demokratie durch die Zeitungen des Springer-Konzerns einzuschreiten. Aber auch dem einzelnen Bürger in unserem Land fällt die Verantwortung zu, seinen Protest gegen die zweckdienliche Verleumdung des Schriftstellers Arnold Zweig anzumelden und – da ihm diese Entscheidung offensteht – seine Lesegewohnheiten als Zeitungsleser zu überprüfen. Wir haben die Zeitungen, die wir verdienen.

Als Rest bleibt wieder einmal die bittere Erkenntnis, daß die Teilung unseres Landes jeden Versuch erschwert, Arnold Zweig direkt unsere Verbundenheit mit seiner Person und seiner Arbeit mitzuteilen.

Keine der genannten Springer-Zeitungen hat sich bisher bei Arnold Zweig entschuldigt.

Da dieser um sich greifende Meinungsterror nicht durch die Bürger unseres Staates und also auch nicht durch mich verhindert wird, entschuldige ich mich – wie ich weiß, stellvertretend für viele –, indem ich Arnold Zweig bitte, trotz allem, die Bundesrepublik und Westberlin nicht mit den Springer-Zeitungen zu verwechseln.

Als ich ihm (als er mir) vor zehn Jahren zum ersten
Mal gegenübersaß, als unser Fingerhakeln sogleich,
wenn auch anfangs nur auf der Speisekarte begann –
er wollte für mich bestellen, ich legte Wert darauf,
meine Suppe selber auszuwählen –, als wir uns ab-
klopften, nach hohlen, empfindlichen, doppelbödi-
gen und weichen Stellen, kokettierte er mit der Null
hinter der Sechs, spielte er bei beängstigendem Appe-
tit und unverhohlener Lust aufs Dessert, noch wäh-
rend die Rinderbrust kleiner wurde, auf sein Greisen-
alter an und variierte er seine Todesmöglichkeiten auf
dem Klavier schön aufeinander abgestimmter Gallen-
blasennierenkrankheiten.

Mein erster dummer Verdacht rastete ein: Er will
dir den Appetit verderben. Mein zweiter Verdacht
rastete hörbar ein: Er will günstige Vertragsbedin-
gungen rausschinden. (Später sagte ich: Soviel und
soviel und soviel; er sagte: Na schön.) Und erst
beim dritten Hinhören – mittlerweile machte er mich
mit den Schwankungen seines Blutdruckes bekannt –
bemerkte ich: Er mag seinen Körper einschließ-
lich Gebrechen; er lebt gerne, ist neugierig und fürch-
tet den Tod, weil das absolute Ausblenden der Neu-
gierde seines Gaumens, seines Kleinhirns, seiner
Sinnes- und Tastorgane, ja, seiner Galle, Blase und sei-
ner Nieren nichts mehr zu bieten hätte. Deshalb der
stereotype Hinweis: »Vergessen Sie nicht, daß ich
sechzig bin. Schon morgen kann Schluß sein. Hier
gibt es manchmal ganz guten Käsekuchen. Wollen
wir?«

(Später, ab fünfundsechzig, habe ich ihm in meiner Gegenwart allenfalls das Bestellen eines Desserts erlaubt; auch durfte der Ober den Kaiserschmarren vorzeigen; die Hand meines Verlegers durfte den Duft bewegen, mehr nicht. Die fünfhundertdreißig Kalorien gingen zurück. Denn rücksichtsvoll war und bin ich: Nie habe ich in seiner Gegenwart Kaiserschmarren gegessen.)

So sieht er aus: gewichtig, in zumeist sportlich geschnittenen Maßanzügen. Nach kurzer Einschätzung des immer anwesenden, wenn auch wechselnden Publikums spielt er vor, was die Mehrheit erwartet: den dicken reichen Kapitalisten, wie er in bemüht schlechten Büchern steht. Und wer jemals unvorsichtig genug war, ihn als Spätkapitalist anzusprechen, den hat er aus reiner Rücksichtnahme – denn nichts schont er mehr als linke Vorurteile – gründlich beschissen. (Ich habe ihn immer als armen Mann behandelt.)

Ähnlich zurückhaltend verbirgt er seine Lesewut. Nie sah ich einen aus seiner Branche intensiver, heißhungriger und unvernünftiger lesen als ihn. Wie beim Essen, so bei der Lektüre: Mit noch voller Gabel bestellt er nach. Um die Fülle seines Wissens nicht dauernd und auf Anfragen unter Beweis stellen zu müssen, kokettiert er gerne mit seiner Vergeßlichkeit. (»Sie müssen entschuldigen – bei meinem Alter, und wenn es langsam zu Ende geht, läßt es da oben nach. Manchmal suche ich stundenlang nach einem genauen Wort, kann dann nicht einschlafen, beginne zu lesen, und morgens, naja...«)

(Eine Figur von solchem Ausmaß heckt, wo sie steht liegt sitzt, Anekdoten. Nicht alle stimmen. Hiermit widerrufe ich die von mir vor etwa acht Jahren in Umlauf gesetzte Behauptung, mein Verleger habe bei seinen Spaziergängen am linken Hosenbein einen Schrittzähler montiert.)

Seit zehn Jahren spielen wir mit wechselnden Partnern Skat. Er gewinnt immer, auch wenn er vorhat, mal andere gewinnen zu lassen. Andere Verleger gewinnen ihre Autoren, indem sie vielstellige Vorschüsse zahlen; mein Verleger gewinnt Autoren beim Skat. Man muß das sehen (und begreifen), wie er in kleiner, gepolsterter und gleichwohl zierlicher Hand die Karten fächert, wie er mit zwei blanken Zehnen ungeniert auf den Skat reizt, prompt die fehlenden Asse oder zwei Jungs findet (die blanken Zehnen drückt er geniert) und wie er schneidet. (Er sagt: schnibbelt – und nur wenn er »schnibbelt« sagt, merkt man, daß er ein Sachse ist.) Er freut sich, wenn er gewinnt. Kein Triumph, kein Hohn dem Verlierer, aber doch blanke Freude, daß ein so mieser Herz-Hand mit einundsechzig Augen ins Trockene gebracht werden konnte.

So gerne er ißt, seinen kulinarischen Kenntnissen habe ich nie vertrauen mögen; soviel er liest und so vergeßlich wie belesen er ist, lektorieren ließ ich meine Bücher zumeist von mürrischen und (wirklich) magenkranken Leuten; aber sein Skatspiel, sein epischer Überblick über Verbleib, Weggang und Ortsansässigkeit von zweiunddreißig Spielkarten, gab mir Vertrauen.

Buch um Buch legte ich ihm vor, und jedesmal, wenn ein neuer Vertrag unterzeichnet wurde (denn er hat keine Option, ich habe keine Option; wir fangen immer bei Null an), aßen wir reichlich, tranken wir gut, spielten wir Skat, bis die Spatzen gegen Morgen mitzureizen begannen.

Später, zwischen den Büchern und nicht genau datierbar, wurden wir Freunde. Wir sagten uns gegenseitig Sachen, die zwischen Himmel und Erde passieren, und baten einander, diese Sachen sofort wieder zu vergessen. Das taten wir.

Jetzt wird er siebzig. (Demnächst.) Seit zwei Jahren spielt er ein neues Stück: Rückzug aus dem Verlag. Obgleich dieses Stück spannend ist, zieht es sich in die Länge, ohne an Spannung zu verlieren. – Immer schon reiste er viel. Jetzt reist er weit weg, um Abstand vom Verlag zu nehmen; ich hingegen habe den Verdacht: Er reist in die Türkei, um Anlauf zu gewinnen. Zu Hause stapeln sich Verträge, die unterschrieben werden müßten. Seine Kronprinzen (auf deutsch: Juniorpartner) ringen die Hände. Er ist unersetzbar, unersetzbar, das ist er. Wo ist er? Wann kommt er? Was sollen wir machen? Dürfen wir ohne ihn? Wartet, Freunde. Natürlich kommt er. Wo soll er denn hin mit seinen Projekten, mit seiner Neugierde, mit seiner Lust, was Neues, was Beinahe-Neues anzufangen?

Nur Theater? Oder vorerst noch Theater? Auch in ge-
scheiten Köpfen, desgleichen in solchen, in denen es
kunstsinnig und ästhetisch verfeinert zugeht, kann
der Irrsinn Volten schlagen, kann Dummheit Quartier
beziehen. Hier muß die Rede sein von einem Pro-
grammheft, in dem zwei leere Seiten eine Abschuß-
liste aussparen.

Vor wenigen Tagen noch bemühten sich viele in
Schleswig-Holstein darum, der christdemokratischen
Rufmordkampagne gegen Jochen Steffen die Wir-
kung zu nehmen. Siegfried Lenz und ich zogen von
Wahlkreis zu Wahlkreis. Überall fanden sich Bür-
ger, die gegen Springers Haßtiraden kühl Argumente
setzten, und in Neumünster stieß ich auf Münchens
Oberbürgermeister Hans-Jochen Vogel. Gemeinsam
versuchten wir, die Auswüchse der Demagogie zu be-
schneiden. Für Vogel war es selbstverständlich, sich
neben den verketzerten Jochen Steffen zu stellen, also
für einen Mann zu sprechen, der auf Springers Ab-
schußliste stand und steht.

Zurück aus Schleswig-Holstein, finde ich beschä-
mendes Material: Mein Schriftstellerkollege Heinar
Kipphardt, zur Zeit Dramaturg an den Kammerspie-
len München, ist unter die Hexenjäger gegangen.
Auch wenn er sich maßgeschneidert links gibt, scheint
er bei der »Aktion Widerstand« Beispielhaftes gefun-
den zu haben: Er arbeitet mit Abschußlisten, er reiht
in Paßfotoformat Bildchen neben Bildchen und sagt –
das sind sie. Die üble Mordparole der Rechtsradi-
kalen »Scheel und Brandt an die Wand!« findet in

Leuten Epigonen, denen üblicherweise Moral die Stimme salbt. (Soll man es linke Dummheit oder dumme Linkheit nennen? Nein: nur dumm und gemeingefährlich.)

Kipphardt benutzt Wolf Biermann und dessen Theaterparabel ›Der Dra-Dra‹. Biermann, in Ostberlin isoliert, als Sänger mit Auftrittsverbot belegt, wird sich gegen den Mißbrauch seines Stückes kaum wehren können. Biermann hat das alte Drachen- und Drachentötermotiv aus der Märchenkiste geholt, hat seinen Drachentöter auf eine drachenähnliche Institution, die stalinistische Bürokratie, gesetzt. Geschickten westlichen Regisseuren mag es möglich sein, den Drachen Stalinismus gegen den Drachen Kapitalismus auszutauschen. Es soll hier nicht untersucht werden, inwieweit die gewiß bühnenwirksame Simplizität des märchenhaften Parabelstückes geeignet ist, verwundbare Stellen komplizierter Machtgefüge bloßzulegen; doch gewiß hat der Ostberliner Autor als jemand, der seit Jahren auf der Abschußliste seiner heimischen Alt- und Neustalinisten steht, nicht vorgehabt, mit seinem Stück im Westen Abschußlisten zu inspirieren. – Kipphardt war so frei.

Im Programmheft sollte aufgereiht werden, wer in der Bundesrepublik Rang und Namen hat. Wirtschaftsbosse und Politiker, Zeitungsmacher und hochkarätige Steuerhinterzieher, der Bankier neben dem Kirchenfürsten. Viele der Angeführten sind meine politischen Gegner. Und einige dieser politischen Gegner, wie Axel Cäsar Springer, behandeln Gegner wie Feinde. Solcher Methode bedient sich nun, als dürfe solche Methode von rechts nach links übertragen werden, der Schriftsteller und Theaterdramaturg Kipphardt. Er beweist, daß sich linksradikale Attitüden zu extrem rechtem Verhalten spiegelverkehrt verstehen. (Unerheblich, ob in diesem Fall, ob in anderen Fällen Nationalsozialismus oder Stalinismus das Unterbewußtsein der Hexenjäger füttert.)

Jetzt erst, nachdem mich Kipphardt gezwungen hat, meine politischen, auf seiner Abschußliste geführten Gegner – ob sie Strauß, Springer oder Löwenthal heißen – gegen erbärmliche Niedertracht in Schutz zu nehmen, muß gesagt werden, daß außer Kardinal Döpfner und der Verlegerin Anneliese Friedmann, außer Karl Schiller auch Münchens Oberbürgermeister Hans-Jochen Vogel bei Kipphardt angezeigt ist. Denunzianten kennen keine Bedenken. Oder setzt das Vergnügen, gleich Jung-Siegfried die Drachenjagd zu betreiben, infantile Wünsche frei?

Wenn Kipphardt meint, das Programmheft der Münchner Kammerspiele sei eine Spielwiese, auf der an beliebig benannten Pappkameraden das Liquidieren geübt werden könne, wenn Kipphardt vermutet, der unerschrockene Wolf Biermann gäbe ihm mit seinem Stück ›Der Dra-Dra‹ den Freipaß, Lynchjustiz nach historischem Muster zu entfesseln, wenn Kipphardt ferner glaubt, die Freiheit der Kunst lasse sich je nach Bedarf als Alibi strapazieren, dann sei gesagt, daß er als Dramaturg ein Stückeverfälscher und als Schriftsteller ein Nachbar Ziesels geworden ist. Wer hier noch nach intellektuellen Qualitäten sucht, gerät in den schmalen Bereich, der zwischen Joseph Goebbels und Eduard von Schnitzler offengeblieben ist.

Genug der Ehre. Denn manch einer mag fragen: warum der Aufwand? Nur ein Programmheft. Es blieb beim Andruck. Der Intendant hat das Schlimmste verhindert. Was soll's? Ich bleibe beharrlich und fürchte auch keinen falschen Beifall. Es gilt, das politische Klima dieser Tage zu benennen und gleichzeitig zu begreifen, daß sich Ungeheuerlichkeiten durch Zellteilung vermehren. Seit Monaten haben CDU-Politiker, mit Hilfe rechtsradikaler Zeitungen und der Springer-Presse, den Bereich »Umwelt und Umweltschutz« bis ins Gemeingefährliche erweitert. Es wurde verfälscht und verteufelt. Es wurde dick gelogen und dünnflüssig dementiert. Mühsam erworbenes demokratisches Verhalten blieb außer acht. Bis zum Wahlsonntag stand das Kesseltreiben gegen Jochen Steffen auf dem Programm. Und als Springer seinen Rubin gefunden hatte, gab die ›Welt am Sonntag‹ den Trauzeugen ab.

Heinar Kipphardt muß wissen, in welche Gesellschaft er gerät, sobald ihm das Aufsetzen von Abschußlisten keine Bedenken bereitet. Die in Biermanns Parabelstück verankerte Aufforderung, den Drachen, wie immer er sich verkleiden mag, zu töten, ist Bühnenwirklichkeit. Das namentliche und bildkräftige Aufführen von Personen als abschußreife Drachen jedoch setzt schlimmste deutsche Tradition fort: Hetze, die zum Mord führen kann. Zu Recht hat sich der Intendant der Kammerspiele geweigert, die schon angedruckte Liste ins Programmheft aufzunehmen. Zwei leere Seiten sprachen für sich. Kipphardts Hexenjagd wurde abgeblasen – Springers Kesseltreiben geht weiter.

Vom Stillstand im Fortschritt
Variationen zu Albrecht Dürers Kupferstich ›Melencolia I‹

Rede zum Dürerjahr 1971 in Nürnberg

Als – meine Damen und Herren – an einem Sommer-
tag des Jahres 1969 das Weltraumschiff Apollo Elf aus
seiner elliptischen Bahn um den Mond die Mond-
fähre Eagle und in ihr die beiden Männer in ihren
enormen Anzügen, mit ihren Gastgeschenken aus-
schied, geschah wenig später etwas, wovon keine Zei-
tung berichten wollte. Auch das Fernsehen redete sich
auf »Bildstörung« heraus, als beide Astronauten –
kaum hatten sie die Plakette, das Fähnchen, die emp-
findlichen Instrumente gepflanzt – Urväterhausrat
auspackten: Edwin Aldrin stellte die Waage, die Sand-
uhr, die Glocke auf, bettete das magische Zahlen-
quadrat und spießte den geöffneten Zirkel, der einen
ordentlichen Schatten warf; Neil Armstrong zeich-
nete mit dem Finger im Handschuh groß und wie
für ewig die Initialen des Nürnberger Meisters: Zwi-
schen gespreizten Beinen nahm das A im Mondstaub
das D in Schutz. Das alles ereignete sich an einem
21. Juli im Meer der Ruhe. Bei uns daheim sprach man
von den Kriegserlebnissen des Weihbischofs Defreg-
ger. Die D-Mark sollte, sollte nicht aufgewertet wer-
den. Saturn schaute zu und hatte Freude an seinen
Kindern.

Als ich im März 1969 von der Stadt Nürnberg einge-
laden wurde, mich mit einem Vortrag am Dürerjahr
1971 zu beteiligen und im Veranstaltungsplanspiel
eines Festjahres aufzutreten, das sich, wie es der Zufall

wollte, nun – da es soweit ist – dem Leninjahr anschließt, befand ich mich in unübersichtlich politischem Gelände, weil beschäftigt mit Vorbereitungen für ins Haus stehende Bundestagswahlen: Vom 5. März bis zum 28. September war ich unterwegs auf Wahlreise und gleichwohl auf der Suche nach Stoff für meinen Dürervortrag.

Ein Sprachwechselbad. Einerseits durch die pausbäckigen Zielbeschwörungen des Fortschritts positiv gestimmt und in Bewegung gehalten, blieb ich andererseits dem Bleigehalt dieser Rede verhaftet, weil ich mich frühzeitig für Albrecht Dürers Kupferstich ›Melencolia I‹ aus dem Jahr 1514 entschieden hatte.

Meine Kriechspur zeichnete eine Gesellschaft, an deren Rändern sich Gruppen verzweifelt extrem zu verhalten begannen: resignativ oder euphorisch. Täglichen Ausbrüchen in die Utopie entsprachen Rückfälle in melancholische Klausur. Diesen Fluchtpunkten versuchte ich jene Spannung abzugewinnen, die den Menschen auferlegt zu sein scheint und – wider besseres Wissen – oft schicksalhaft genannt wird; Saturn heißt ihre antike Gottheit.

Er stand der Melancholie und der Utopie vor. Von seiner Doppelherrschaft soll hier die Rede sein. Wie Melancholie und Utopie einander ausschließen. Wie sie sich wechselseitig befruchten. Von der Strecke zwischen den Fluchtpunkten. Vom Ekel nach letzter, vor neuer Erkenntnis. Von Freud und Marx, die einem Dürer zum Doppelportrait hätten sitzen müssen. Vom Überdruß im Überfluß. Vom Stillstand im Fortschritt. Und von mir, dem Melancholie und Utopie Zahl und Adler der gleichen Münze sind.

Zuerst der Stich, wie ich ihn als Kunstpostkarte durch Schwaben und Niedersachsen, nach Biberach und Delmenhorst getragen habe: ein fledermausartiges Nachttier, wie der Hund im Bild saturnische Kreatur, hält das Firmenzeichen als Spruchband. Ein übertragbares Muster. Denn wie dieses stämmig geratene Mädchen, inmitten zu Trödel gewordenem Werkzeug, aller humanistischen Gelehrsamkeit schwermütigen Ausdruck gibt, erlaubt der gleiche fluguntaugliche Engel beliebig vulgäre Deutung. Wie bestellt und nicht abgeholt hockt die Kalte Mamsell. Überfressen und verstopft verzweifelt sie an herkömmlichen Abführmitteln. Ein überm Studieren blaustrümpfig gewordener Trauerkloß. Und was noch alles.

Dieser Zustand fördert Spott. Wer diesem Zustand entgegen will, nimmt oft den Witz zum Vehikel. Etwas Tieftrauriges ist zum Totlachen. Ein Glasauge wird erkannt, weil es so menschlich blickt. Der triste Clown. Die Komik des Scheiterns. Ein Zustand und seine Ventile. Für diesen Zustand gibt Sprache viel her: Die Schwarze Galle – im sechzehnten Jahrhundert auch Benennung der Tinte – leitet über zu: gallig vergällt gallebitter. Die deutschen wohl unübersetzbaren Worte Schwermut, Weltschmerz, Trübsal, Wehmut und Grübelei bieten sich an. Die rheinische Umschreibung »das arme Tier haben« findet sich wieder im »tierischen Ernst«, im »vertiert sein«. Jemand ist, guckt oder fühlt sich: sauertöpfig griesgrämig lebensmüd kotzelend. Stimmungen beim Laubrechen Alte-Briefe-Lesen Kammsäubern Stuhlgang. Schlägt sich als Kitsch nieder oder als Lyrik: lyrischer Kitsch. Auf Bahnhöfen, bei Nebel am Hafenkai, zwischen Barakken, wo etwas vernagelt ist, dahinwelkt, ablebt, stellt sie sich ein. Sie kaut Kummer, verzehrt sich, trägt schwer an sich, ist sich zur Last, unleidlich geworden. Alles ist schal, leer, errechenbar, mechanisch und transportiert in trostloser Gleichförmigkeit immer nur ein und dasselbe Produkt...

Also setze ich Dürers Melencolia in einer Konservenfabrik, Hühnerfarm, bei Siemens ans Fließband. Ihre rechte Hand, die soeben noch den Zirkel hielt, stanzt nun, unterstützt von der linken, die keinen Kopf mehr stützen darf, Weißblech, verpackt Eier, läßt Einzelteil zu Einzelteil finden. Melencolia trägt ein Kopftuch über Dauerwellen. Acht Stunden am Tag ist sie sich fremd, weil abhanden gekommen. Zwar tut sie was, aber was sie tut, tut nicht sie. Das Fließband handelt. Teilweise reagiert sie. Die Zeitabläufe ihrer Handreichungen sind nach Sekunden und Bruchteilen von Sekunden bemessen. Ich könnte ihr beide Hände, wie sie tätig sind, abtrennen, ihre Armstümpfe in die Dürersche Pose zurückbiegen. Ich könnte ein neues Produkt aufs Fließband setzen: zum Beispiel die naturgetreue ›Melencolia I‹ des Albrecht Dürer, gegossen als niedlichen Bleiguß. Ein Massenprodukt, das zum fünfhundertsten Geburtstag des Meisters seinen Markt fände. Sie, die Melencolia von heute, müßte am Fließband der vervielfältigten Melencolia von damals nur noch die Flügel einrasten, den winzigen Zirkel in den gelochten Griff drücken. Handreichungen als Zeitabläufe. Profit wird Mythos: unfaßbar. Diesen Arbeitsprozeß habe ich nicht erfunden, nur variiert.

Am Fließband findet die Melancholie genormter Arbeit ihren alltäglichen Ausdruck: ein tarifrechtlich geschützter Zustand. Keine sich selbst in Zweifel setzende Gelehrsamkeit mehr. Keine astrologisch unheilvolle Konstellation, kein verhängtes und unerforschtes Schicksal. Keine Strafarbeit für Urheber. Es sitzen ja keine Erfinder und tüftelnden Verbesserer der Fließbänder oder gar Aktionäre und Aufsichtsräte am Fließband; sondern Mädchen und Frauen hocken flügellos und acht Stunden lang wie ohne Geschlecht.

Die Melancholie ist ihren individuellen Ausnahmen entwachsen, Klassenvorrecht der Arbeitnehmer ist sie geworden: ein Massenzustand, der überall dort, wo Leistungsnormen als Ordnung vorherrschen, seine Ursache findet. Der Zeitabnehmer paßt auf. Eine stumme, im Produktionslärm verstummte Melancholie. Nur wer genau hinhört, hört, wie sich am Arbeitsplatz, überall dort, wo die Stückzahl regiert und Leistung Prinzip ist, partikelklein Wut speichert, Platz nimmt, noch keinen Auslauf findet, aber ihn sucht.

Wo ist eine Utopie, die dem Melancholie produzierenden Fließband Gegenwelt sein könnte? Ist mehr Freizeit bei zunehmender Automation ein schon wirklicher oder noch immer ein nur utopischer Zustand? Und wer wird nach welchen Ordnungsprinzipien Freizeit gestalten? Freizeit will geregelt sein. Freizeit hält sich Zeitabnehmer. Welches Fließband wird während der Freizeit laufen?

Wie Albrecht Dürer in seiner und der Humanisten »Melencolia« gleichzeitig die »Geometria« abbildete, so könnte im Bild unserer Tage die Touristik oder – gäbe es sie – die »Touristica« der Melancholie entsprechen. Ob von Neckermann oder Scharnow preiswert in Gruppen an sonnige Strände, zwischen Bildungsruinen, auf Markusplätze geschaufelt, überall, wo das Fließband »Sightseeing« bedient sein will, knipst »Touristica« als »Melencolia« ihre Filme ab, bis ihr plötzlich oder allmählich das Klickklack des Auslösers, die Mechanik des stupiden Belichtens und der Vorgeschmack auf die Lächerlichkeit der Ausbeute bewußt werden. Jetzt hockt sie zwischen Motiven. Erschöpft übersättigt verweigert sie Aufnahme. Verschwitzt be-

wohnt sie nur eigenen Dunst. Überdrüssig der Schön-
heiten im Querformat, angewidert von so viel nume-
rierter Geschichte, gelangweilt von einander den
Rang ablaufenden Kunststücken, ist ihr der Sinn gere-
gelter und gestalteter Freizeit flüchtig geworden. Wie
vormals Geometrica als Melencolia den Zirkel hielt,
hält Touristica ihren Fotoapparat und will, als Melen-
colia, den Film nicht mehr wechseln.

Wenn in der Arbeitswelt, am Fließband und seines-
gleichen die Melancholie als gesellschaftliches Verhal-
ten Wirklichkeit ist, wenn in touristisch gestalteter
Freizeitwelt die Melancholie einbricht und – obgleich
im Prospekt nicht vorgesehen – ihren Platz behauptet,
wenn Arbeit und Freizeit bald schon dem einen utopi-
schen Ordnungsprinzip, der absoluten Beschäftigung
unterstellt sein werden, dann werden sich Utopie und
Melancholie treffen und decken: eine konfliktlose
Zeit wird anbrechen, geschäftig beschäftigt – und
ohne Bewußtsein.

Bloße Spekulation? Beliebige Variation zum Thema
Melancholie? – Vernarrt in Gegenwart und täglich
von Stimmungen demi-politischer Trübung umspült,
fiel es mir schwer, jene Distanz zu gewinnen, die den
wissenschaftlichen Blick kühl und das Thema trocken
zu halten hat. Weil ich, verehrte Vertreter der Wissen-
schaft, so eng umstellt war von den Ausrufern einan-
der überhüpfender Utopien und täglich, ob in fränki-
sche oder emsländische Verhältnisse gebracht, der
Melancholie ins Stopfgarn geriet, fand sich wenig
Zeit, bei Aristoteles und Ficino, bei Burton und Shake-
speare, bei Kierkegaard und Schopenhauer, bei Ben-
jamin und Marcuse nachzuschlagen. Weder Panofsky
noch Saxl schoben mir Spickzettel zu. Erst später ver-
glich ich bei Wolf Lepenies und Arnold Gehlen, wie

sich linke Melancholie zur rechten verhält. Erst später konnte ich eigene Anschauung durch Lektüre bestätigen, in Frage stellen, erweitern. Meine Anschauung sagt: Dort, wo sie ausbricht stattfindet andauert, ist sich Melancholie ihrer selbst nicht bewußt.

Wo ich auch hinkam, verfielen die Begeisterten recht ungebildet der Resignation und scheiterten schon Schwermütige, ohne Rückbesinnung auf Hegel, an letzten Hochsprungversuchen. Ihrer selbst und also auch ihrer Herkunft-Verwandtschaft nicht sicher, drängelten die Mädchen Utopia und Melencolia vorm gleichen Mikrofon und stritten sich ums Vorrecht. Deshalb werde ich kaum – oder allenfalls beiseite gesprochen – vorhandene Literatur nach Zitaten flöhen. Vielmehr will ich erzählen, wie oft und in welcher Gestalt, wie nackt, wie verkleidet mir die Hauptdarsteller der Melancholie begegneten, im Weg standen, mich einzufärben begannen: Die Schwermut heißt nicht nur so, sie schlägt durch – kaum oder nur mit Utopie aufzuwägen.

Offen gesagt: Das Thema meines Vortrages und sein kunsthistorisch gewordener Gegenstand haben mir mein seit zwei Jahren wachsendes, schrumpfendes Manuskript unter dem Titel ›Aus dem Tagebuch einer Schnecke‹ schwergemacht; denn so beharrlich ich für meine Kinder – und wohl auch für anderer Leute Kinder – den Schneckenprozeß Fortschritt nachzeichnete und vermaß, so unkündbar blieb mir Dürers Motiv. Also versuchte ich, meinen und anderen Kindern den Stillstand im Fortschritt zu deuten. Die rasch trocknende Gleitspur. Ich spielte mit dem versammelten Trödel, tauschte ihn aus. Waage, Sanduhr und Glocke, Zahlenquadrat und Zirkel haben Entsprechungen gefunden. Wenn die Melencolia am

Fließband hockt, auf Fotosafari zur Salzsäule wird oder ein leeres Schneckenhaus reitet, dann mag sie auch im Rechenzentrum Platz finden und unter Einsteins Formel von heute sein.

Oft, unterwegs, während Stauungen auf der Autobahn, eingeschlossen von Abgasen in ruckenden Warteräumen, wie auf immer eingespurt und dem Schleichprozeß des Berufsverkehrs unterworfen, sah ich sie verbiestert am Steuer sitzen: Melencolia mit Führerschein. – Als Albrecht Dürer seine Melencolia in Kupfer stach, war er dreiundvierzig Jahre alt; so alt bin ich heute. Diese Rede steht am Ende einer Schneckenbilanz.

Ein Kupferstich mit Vorgeschichte. Noch der mittelalterlichen Allegorik und also den Stereotypen der Temperamentenlehre verhaftet, hat Dürer um 1502 als Titelblatt eines Buches die »Philosophia« in Holz geschnitten und auf vier Eckquartieren das cholerische, das sanguinische, das phlegmatische, das melancholische Temperament als die vier Winde dargestellt. »Boreas«, der kalte Nordwind, der alte erdschwere Mann, bläst dem Laubgewinde um die »Philosophia« Eiszapfen und zeugt für den Winter. Auch die vier Apostel auf zwei Tafelbildern haben ihre Charaktere abhängig von der Temperamentenlehre gefunden; sie war, wie Dürers theoretische Schriften belegen, gleichfalls Leitfaden des Portraitisten, verbindlich für seine Anatomie- und Proportionslehre. – Einzig das Blatt ›Melencolia I‹ ist von neuen, der Allegorik widersprechenden Einflüssen geprägt; auch wenn das Neue noch unsicher, mittelalterlichen Gewohnheiten verpflichtet und deshalb vermummt auftritt.

In den siebziger Jahren des fünfzehnten Jahrhunderts schreibt der italienische Philosoph Marsilio

Ficino an einen Freund: »Ich weiß in diesen Zeiten so zu sagen gar nicht, was ich will, vielleicht auch will ich gar nicht, was ich weiß, und will, was ich nicht weiß.«

Ficino führt diesen grundmelancholischen Zustand, dessen Kurzfassung sich wie eine Vorwegnahme der Schopenhauerschen Preisschrift ›Über die Freiheit des Willens‹ liest, auf seinen im Zeichen des Löwen bösartig rückwärts schreitenden Saturn zurück. Dennoch ist er bekümmert, als Humanist und Wissenschaftler immer noch planetengläubig zu sein und die Melancholie als saturnisches Verhängnis zu werten. Schließlich hält sich Ficino, auf Anraten des Freundes, an Aristoteles, der wohl als erster die Melancholie legitimiert und als Ursache hervorragender künstlerischer und wissenschaftlicher Leistungen ausgewiesen hat.

Nicht anders bei Dürer, der während seiner italienischen Reise oder durch seinen Freund Pirckheimer mit Ficinos Hauptwerk ›De vita triplici‹, einer Schrift über den saturnischen Menschen, bekannt gemacht wurde.

Zwar regiert noch Saturn, aber seine Herrschaft ist nicht mehr ausschließlich verhängnisvoll, sondern sichert den melancholischen Bereich als Ort der Kontemplation. Hieronymus im Gehäus, im Frühjahr des gleichen Jahres in Kupfer gestochen, war Anlaß zur Einübung: die windstille Studierstube, die Eremitage, die Klausur, die selbstgewählte und der lauten Wirklichkeit entrückte Einsamkeit, das Versuchsgelände der Utopie.

Somit wurde die Melancholie vieldeutig. Dem Volk in seiner Unwissenheit immer noch unabwendbares Verhängnis, gab sie den Wissenden die Aura der Erwählten. Schon zeichnet sich der Geniekult des achtzehnten Jahrhunderts ab; und gleichfalls wird die konservative Ausrede unserer Tage vorformuliert: Immer dann wird sie laut, wenn die Unveränderbarkeit der Verhältnisse statuiert und das Beharrungsvermögen als melancholisches Erbgut verteidigt werden. Melancholie als Vorrecht einer sich geistreiche Untätigkeit genehmigenden Elite und Hochmut als ihr konservativer Ausdruck.

Seit je bis heute wurde und wird das dräuende Eigengewicht des Bestehenden gegen den Fortschritt als verändernde Kraft ausgespielt. Denn wo immer Fortschritt an voreiliger Zielsetzung, utopischer Wirklichkeitsflucht oder an seinen Ansprüchen scheitert und sich nur noch lächerlich minimal mißt, triumphiert der vom »Immerschonvorhergewußthaben« geprägte Konservative. Seine melancholischen Gesten wollen sagen, daß sich nichts ändern läßt, daß menschliche Mühe vergeblich bleibt, daß ein unwägbares Schicksal waltet: menschliche Existenz als Verhängnis. Einzig Ordnung als allseits respektiertes System bietet Sicherheit. Sie festigt hierarchischen Aufbau und weltliche Macht. Sie gibt dem Bestehenden Dauer. Ernste Pflichterfüllung und ergebene Genügsamkeit sind ihr gemäß. Melancholie bleibt den Wissenden, der führenden Elite, den Inhabern der Macht vorbehalten.

Denn wie jede geschlossene Ordnung spricht auch die konservative der als unwissend klassifizierten Masse das Recht ab, melancholisch zu sein, das heißt, sich der Ordnung und ihren Übereinkünften zu verweigern. Macht ist gegeben. Zufriedenheit mit dem Bestehenden ist geboten. Melancholie erregt Verdacht, sobald sie nicht mehr Vorrecht einer Elite ist, sondern gesellschaftliches Verhalten zeichnet. Melan-

116

cholieverdacht als Vorstufe zum Melancholieverbot stützt sich seit je auf die Gleichstellung von Melancholie und Krankheit.

Der kranke Dürer. Der melancholische, weil kranke Dürer. In Bremens Kunsthalle findet sich eine lavierte Federzeichnung, die von Experten vor dem Kupferstich ›Melencolia‹ datiert wird. Man nimmt an, Dürer habe einem entfernt wohnenden Arzt mit Hilfe der Zeichnung behilflich sein wollen. Dürers Selbstportrait als Akt mit dem hinweisenden rechten Zeigefinger. Etwa dort, wo sich Galle, Leber und Milz befinden, bezeichnet ein gelber Fleck den Krankheitsherd. Handschriftlich fügt er hinzu: »Do der gelb fleck ist vnd mit dem finger drawff dewt so ist mir we.«

Wir wissen, daß Dürer noch vor seiner niederländischen Reise über geschwollene Milz geklagt hat. Bauernkalender nannten bis ins letzte Jahrhundert hinein Saturn einen sauren mürben Planeten, der Krankheit an Milz und Leber, Galle und Nieren verursacht. Indem diese inneren Organe unter Saturns Verantwortung fielen, waren sie der Melancholie ursächlich verbunden.

Hat etwa die kranke Milz Dürer zum Melancholiker gemacht? Ist der Schluß: Melancholie gleich Krankheit – immer noch schlüssig? Wenn Dürer krank und, als Humanist, ein Melancholiker gewesen ist, muß er dann, zwangsläufig, krank, weil melancholisch gewesen sein?

Seit dem fünften vorchristlichen Jahrhundert nennen die Ärzte das Wort und verwenden sie den Begriff. Seitdem sind Wort und Begriff vieldeutig geblieben. Wenngleich moderne Wissenschaft zwischen endogener und reaktiver Depression, zwischen Schizophrenie, Angstneurose und Paranoia unterscheidet, der Sammelbenennung Melancholie ist der Geruch, insgesamt für eine dem Irrsinn gleiche oder verwandte Krankheit zu stehen, nie genommen worden.

Bis ins achtzehnte Jahrhundert galt, der Temperamentenlehre entsprechend, die gestörte Mischung der vier Säfte als Ursache für die »Schwarze Galle« und diese als Herd der Melancholie.

So aufheiternd sich die Beschreibung mittelalterlicher Melancholiebehandlung liest, ich will Ihnen und mir dennoch die Aufzählung absurder Mixturen ersparen. Erst Paracelsus verläßt sich nicht mehr auf Abführmittel, sondern verschreibt – ein Pionier der Schocktherapie – Dragees, die übermäßiges Lachen hervorrufen, dem er, sobald das Gelächter seinen Höhepunkt erreicht, mit Dragees begegnet, die Traurigkeit fördern. Ferner wurde körperliche Bewegung empfohlen. Schon damals: frische Luft für Stubenhocker. Der Musik, besonders dem Lautenspiel, sagte man, wenn nicht heilende, dann lindernde Wirkung nach. Den Schwermütigen wurde abgeraten, blähenden Kohl zu essen. Zweitausend Jahre lang galt der treibende Nieswurzsud als Hausmittel gegen beschwerlichen Trübsinn und verdüsternde Schwermut. – Heute empfiehlt uns die Firma Geigy das rezeptpflichtige »Tofranil« zur Aufhellung depressiver Zustände. Werbend sprechen Prospekte von einem »Markstein in der Behandlung der Melancholie«.

Ich bin kein Arzt. Ich wage nicht zu beurteilen, ob – außer dem Erkenntnisekel des Humanisten – die schmerzende Milz Dürer verdüstert hat. Ich weiß nicht, wann Melancholie endogen genannt werden darf. Es ist mir unmöglich, gesellschaftliche Zustände, die sich am einzelnen wie bei Gruppen nachweisen lassen, krank zu nennen, nur weil das utopische Prinzip Gesundheit, gleich, ob es sich aufs »gesunde Volksempfinden« oder auf den »sozialistischen Menschen« beruft, innerhalb seiner Ordnungen absolutes Melancholieverbot erläßt.

Den depressiven Zuständen im Krankheitsbild des endogenen Melancholikers entsprechen euphorische Phasen; wie ja auch im Normalfall reaktiver Melancholie utopische Ideenflucht ihre Umkehr im Zustand der Verengung findet.

Die Depressionen vieler Studenten, denen gestern noch eine soziale Utopie Begeisterung eingab, sprechen sich nicht nur statistisch aus. Ein neues Vokabular hat sich der Melancholie und ihrer vorschnellen Diffamierung als Krankheit bemächtigt: Etwas ist frustrierend, jemand ist frustriert, Frustration greift um sich, erfaßt Gruppen, schließlich die gesamte Gesellschaft.

Vielleicht könnte hier die viel und widersprüchlich gedeutete, auf den Zeichentischen der Architekten und Städteplaner entworfene und schon seit Jahren ihr Dasein fristende »Grüne Witwe« ins Bild gebracht werden. Entrückt der Stadt, im Grüngürtel angesiedelt, versauert die Ehefrau ohne Beruf in ihrem Flachdachbungalow. Kaum Begriff geworden, schon ein Klischee. Leicht fällt es, sie mit den Produkten steriler Perfektion zu umgeben. Natürlich trägt sie am späten Vormittag Lockenwickler. Was bietet sich alles anstelle des Zirkels an? Ich entscheide mich für einen Gegenstand aus Hartgummi, wie ihn der Versandhandel ins Haus liefert. Denn das Masturbieren ist, seiner engeren Bedeutung enthoben, Ausdruck für alles geworden, das sich als sinnentleert, weil kontaktlos erwiesen hat. Wir haben Kommunikationsschwierigkeiten, leiden unter Egozentrik und narzißhaftem Verhalten, sind frustriert durch Umweltverlust und Informationsschwemme, wir stagnieren trotz kletternder Zuwachsrate.

Nicht »Geometria« als »Melencolia«, die schöne Frustrierte, auch »Grüne Witwe« genannt, hat Platz genommen. High-Fidelity: gespeicherte Schallplatten lassen Stille nicht aufkommen. Gleich wird sie ihr Librium-Schächtelchen öffnen oder sich irgendwas spritzen. Ist sie krank? Ich sage, sie verhält sich normal und ihrem Zustand, der ein gesellschaftlicher ist, entsprechend. Deshalb kann hier nicht die Rede sein von Neurosen. Mein Anlaß: Dürers Kupferstich bildet keine manisch-depressive, sondern den Zustand reaktiver Melancholie zur Zeit des Humanismus ab.

Nachdem zu Ende gedacht worden ist und seitdem sich Schwermut eingestellt, das Gedachte aufgehoben hat, grübelt ein zur Allegorie erhobener Engel blicklos aus verschattetem Gesicht. Zwar ist Mittelalter noch gegenständlich – Saturn bleibt anwesend und durch Getier und Gestein, auch im Schlüsselbund belegt –, aber Perspektive und geometrisches Werkzeug sprechen Gegenwart aus, wie sie sich in den Gelehrtenstuben der Humanisten als Neuzeit verstand. Keine grafische Kühnheit zeichnet dieses eher penible Blatt aus. Die ›Kleine Kupferstichpassion‹, das in Kupfer gestochene ›Marienleben‹ und eine Vielzahl von Handzeichnungen sagen mehr über den Zeichner Dürer als das Einzelblatt ›Melencolia‹. Dennoch trifft uns die anatomische Zustandsbeschreibung. Gestochen vierzehn Jahre nachdem die christliche Welt ihren Untergang erwartet hatte und sieben Jahre vor Luthers Auftritt in Worms, gilt sie uns – vor dem Kunstwerk – als Zeugnis einer bis heute wirksamen Übergangszeit.

Kurz bevor der Vorhang reißt. Zeit der großen Entwürfe und besinnungslosen Ekstase. Kopernikus und Kolumbus: Zeit der alle Übereinkünfte sprengenden Entdeckungen. Die Fugger und Thomas Münzer: soziale und also religiöse Spannung. Durch Haarrisse angedeutet, bereitet sich Spaltung vor. Glaube Gesellschaft Bewußtsein tragen den Riß schon in sich. Mittelalterliche, nach innen gekehrte Mystik wird sich entäußern und in sozialen Utopien ihre Entsprechung finden. Fallsucht und Überschwang rücken zusammen und überlappen sich. Gesellschaftsspiele mit Hieroglyphen. Der maximilianische Humanistenkreis: eine pomphafte Enttäuschung. Gegen schmale Bezahlung: des Kaisers allegorisch wucherndes Ehrenportal. Abseits freischwebend reibungslos: Vernunft und ihre Grenzen. Zwar wird zum ersten Mal nicht mehr im Kreisverkehr und scholastisch verschnörkelt gedacht, sondern in Richtung, nach vorne, fortschrittlich; doch gleichzeitig wird Stillstand im Fortschritt zur neuen, die Neuzeit prägenden Erfahrung: Bei Dürer wird sie zum Bild.

In sich und im Verhältnis zueinander verschobene Phasen. Fortgeschritten eingeholt. Untätig zwischen Werkzeug. Als habe sich die Geometrie vermessen. Als sei jüngste Erkenntnis nach ersten Gehversuchen im Zweifel versandet. Als habe Wissen sich aufgehoben. Als sei Schönheit nichtig. Als werde einzig Mythologie überdauern.

Saturn, weit ausholend und mit Kronos zu herrschen gewohnt, findet sich auch in der Neuzeit zurecht. Sein »Goldenes Zeitalter« will nicht enden. Als Gottheit nicht nur der bäuerlichen Erde und Saaten sind ihm Zahlen und Geometrie, die Kunst des Destillierens, im Steinbock die Philosophie und alle irdische Macht zugeordnet. Deshalb findet keine dumpfe, schwarz-gallige Schwermut im Kupferstich Ausdruck, sondern sich selbst begreifende, aus Erkenntnis gewachsene Melancholie.

Inmitten starrer Ruhe werden der aufgestützte linke Arm und die stützende geballte Faust an der Wange zur Geste des Denkens nach so viel Vergeblichkeit. Sobald sich Leere auftut und Wörter in unbegrenzten Hallräumen ihren Sinn verlieren – verlangt der Kopf, gestützt zu werden, ballt sich die Faust ohnmächtig.

Kein neues Motiv: Apostel und Evangelisten, Gottvater nach der Erschaffung der Welt, Herkules, nachdem seine Arbeit getan ist, auch Kronos und Saturn stützten, ins Bild gebracht, schon immer den Kopf; doch Dürer hat zentraler als auf allen Vorbildern, die ihm bekannt gewesen sein mögen, den gespannten Arm in der Beuge, die geballte Faust dargestellt. Hell und in aktivem Gegensatz grenzt sie das traditionell verschattete Gesicht ab, dessen auf nichts gerichteter Blick der kraftlos rechten Hand entspricht, wie sie den Zirkel hält.

Keine vage Stimmung herrscht vor. So disparat sich die mythologischen Relikte des Altertums mit dem Werkzeug der Neuzeit mischen und jenes Übermaß Unordnung schaffen, das – wie Ordnung im Übermaß – Melancholie aufkommen läßt, die nüchtern bilanzierende Komposition und seine im Detail stilllebenhafte Beweisführung schließen Zufall und dunkles Verhängnis aus: Bei Dürer sind es Symptome fragwürdig gewordener Wissenschaftlichkeit, deren Summe Melancholie heißt.

Stillstand im Fortschritt. Das Zögern und Einhalten zwischen den Schritten. Denken über Gedachtes, bis nur noch der Zweifel gewiß ist. Erkenntnis, die Ekel bereitet. – Das trifft auch für uns zu.

Unsere Melancholie hockt zwischen Ideologien und verkümmerten Reformen: verarmt inmitten Beharrungsvermögen. Ermüdet und angewidert von schneckenhaft langwierigen Vorgängen, trübsinnig zwischen Terminen, stützt auch sie den Kopf gleich Dürers Melencolia, ballt auch sie die Faust, weil der Stillstand im Fortschritt zwittrig Fortschritt aus Stillstand zeugt und gebiert: Sogleich wird sie sich aufmachen, ein Stückwerk Reform reformieren, ein vorläufiges Ziel setzen, wichtige Termine abstimmen und – unter der Hand – eine lupenreine Utopie entwerfen, in deren verordnet heiterer Ordnung gestrenges Melancholieverbot herrscht.

Eine Schnulze behauptete einst: »Wir sind auf der Welt, um glücklich zu sein...« Solch tirilierende Sopranstimme wurde und wird gern gehört. Überall dort, wo sich Utopien als System verwirklicht haben – sei es von Staats wegen in der Sowjetunion, sei es im Werbefernsehen der USA –, wird Glücklichsein entweder auf Beschluß des Zentralkomitees befohlen oder als Konsumentenglück suggeriert. Das Happiness-Gebot im »American way of life« und das »Say-cheese-Lächeln« amerikanischer Glücksvorstellung sind nichts anderes als die verkrampfte Umkehrung puritanischer Sünde- und Verdammnis-Ideologie samt deren melancholischer Verdüsterung. Andererseits hat sich die Utopie Kommunismus dort, wo sie Wirklichkeit zu werden begann und Macht auszuüben lernte, unter den Zwang ihrer eigenen Glücksvorstellungen begeben. Seit Lenin werden im Kommunismus Strafen verhängt für Vergehen, die Skeptizismus und Nihilismus heißen. Neuerdings wird kritisches Verhalten von Intellektuellen bezeichnenderweise durch Einweisung in psychiatrische Anstalten bestraft: Die Melancholie als Schwester der Utopie steht im streng eingerichteten Gehäuse des kommunistischen Sozialismus unter Hausarrest.

Gesunde und gebärfreudige Frauen, fröhliche und sich reinlich haltende Jugend, heiter versonnene Greise, zwar ernste, aber doch tatenlustige Männer plakatieren eine Gesellschaft, die sich ihrer Wirklichkeit nicht bewußt werden darf. Unter der Tünche ideologischer Schönfärberei kümmert in Schwermut der sozialistische Alltag, beweist sich Bürokratie durch Leerlauf, sind die Gesten der Revolution nur noch bröckelnder Gips, verengt sich Sprache zur Phraseologie und kehrt sich – weil jede kritische Äußerung unter Strafe steht – melancholisches Verhalten nach innen: nicht mehr Stillstand im Fortschritt, schon fortgeschrittener Stillstand, demnächst versteinert.

Wer bereit ist, an Tausende Kommunisten zu denken, die unter Stalin in Verzweiflung und Resignation den Tod fanden, wer gleichfalls bereit ist, jenes Ausmaß Melancholie zu wägen, das nach der Okkupation der Tschechoslowakei zusätzlich auf allen kommunistischen Staaten lastet, dem wird eine weitere Variante der Dürerschen Vorlage notwendig sein.

Ich tausche den saturnischen Engel mit seinen Versatzstücken gegen eine vielzitierte Sozialistin aus. Anstelle des an sich irre gewordenen Zirkels hält sie Hammer und Sichel. Zu ihren Füßen sind die Ausstellungsstücke der Revolution versammelt: Lenins nach vorne weisender Finger, die Pickelhaubenmützen der Bolschewiki, in Modellgröße der Kreuzer Aurora, Trotzkis Kneifer, Karl Marx als Büste. Möge das Kommunistische Manifest – Titelblatt der Erstausgabe – für das Zahlenquadrat stehen. Möge anstelle des geometrischen Körpers ein Schema Hegelscher Dialektik Platz finden. Möge den unlustigen Hund der Weltgeist in Kleppergestalt verdrängen.

Auch die vielzitierte Sozialistin stützt den Kopf mit geballter Faust. Zwar blickt sie aus verschattetem Gesicht, aber wo sie hinblickt, öffnet sich nichts. Wohin hat sich ihr spontaner Sozialismus verflüchtigt? Unter altmodisch großem Hut ist sie von heute. Sie wurde vor hundert Jahren geboren. Das Dürerjahr und der Kupferstich ›Melencolia I‹ regen an, ein Foto der Rosa Luxemburg zu montieren und nach drei vier Varianten ein weiteres Blatt, die ›Melencolia V‹, aufzulegen.

Denn vierhundertfünfzig Jahre nach ihrem Entstehen hat die Melancholie des Humanismus auch dort Entsprechung gefunden, wo die Berufung auf Humanismus – als zynischer Widersinn – Regel geworden ist.

Eine ausbaufähige Variante. Wohin mit Kirow, wohin mit Bucharin? Leicht fiele es jetzt, einen Georg Lukács anstelle des schartigen Schwertes ins Bild zu rücken. Hochfahrend genug hat er Philosophen und Theoretiker, denen Schwermut und Resignation nichts Fremdes oder Verbotenes waren, in eine Behausung verwiesen, die er – wohl meinend, seines Wissens sicher zu sein – »Hotel Abgrund« nannte; doch sinnlos wäre es, alle mit Hegel an Schopenhauer vorbeieilenden Ignoranten aufzuzählen und ihnen als Quartier ein »Hotel Hybris« anzuweisen.

1514: der Tod der Mutter, ihr Sterbedatum im Zahlenquadrat. Seit Dürer ist der Melancholie kaum wieder so selbstverständlich ein Platz bezeichnet, ihre Notwendigkeit bewiesen worden. Die Renaissance wird gerne als eine Epoche gesehen, in der das Individuum entdeckt oder wiederentdeckt worden ist. Doch mit der Freisetzung des Individuums wurde gleichzeitig sein Recht auf Melancholie ausgesprochen. Dieses Recht blieb umstritten, ging Mal um Mal verloren und wird noch immer in Frage gestellt. Allenfalls wo sich Melancholie dämonisch gab, wurde sie dem Genie als professioneller Trick zugestanden. Wenn aus genialischer Verdüsterung die Barbarei ausgerufen und das Irrationale als Gigantenkraft freigesetzt wurde, durfte solche dem schöpferischen Wahnsinn zugerechnete Melancholie mit dem Beifall der Ästheten und allgemein mit fasziniertem Schauer rechnen. »Den großen Einsamen« stand Schwermut als Privileg zu; als gesellschaftliches Verhalten jedoch ist sie selten legal genannt worden.

Zumeist abfällig oder aus philosemitischem Mitleid wird dem Volk der Juden im Zustand der Zerstreuung – nicht jedoch den Bürgern Israels – die Melancholie als etwas Angeborenes oder, seit der Zerstörung Jerusalems, vom Schicksal Verhängtes zugesprochen: Als sei der millionenfache Tod in den Gaskammern nur die tragische Konsequenz der Zerstreuung gewesen.

Auschwitz wurde Museum, ›Die Unfähigkeit zu trauern‹ zum gerne zitierten Begriff. Der Gewöhnung an den Völkermord entsprach die vorschnelle Bereitschaft, die Verbrechen des Nationalsozialismus als momentane Verblendung, als irrationale Verfehlung, als etwas Unbegreifliches, deshalb Entschuldbares abzutun. Vielleicht hat das sprachlose Handeln eines Politikers, der dort, wo das Warschauer Ghetto gewesen ist, Last getragen hat und auf die Knie ging, der Erkenntnis ungeminderter Schuld späten Ausdruck gegeben. – Reue als gesellschaftlicher Zustand wäre dann die entsprechende Utopie; sie setzt Melancholie aus Erkenntnis voraus.

Auflösung und Zerrissenheit, Krieg und Chaos ahnend, verzweifelten die Humanisten an der Machtlosigkeit ihres Wissens und an der Unwissenheit weltlicher Macht. Ihrer Ohnmacht bewußt, nahmen sie Zuflucht in formal beherrschter Melancholie. Erst im folgenden Jahrhundert, solange der Dreißigjährige Krieg dauerte und nachwirkte, fand barocke Sprache zum Trauerspiel – Andreas Gryphius –, handelte barocke Lyrik vom Schmerz – Quirinus Kuhlmann –, wurde aus chaotischer Unordnung die Hoffnung zum Prinzip; ihr Ort hieß Jammertal, ihr Ziel Erlösung.

Hier soll nicht gesagt werden, Dürer habe – über die Kupferplatte gebeugt – solch Ausmaß Elend und Verdunkelung voraussehen können, voraussagen wollen. Nur soviel: Ähnlich wie wir heute, sah er die Grenzen seiner Zeit, sah er Neues ungeformt aufkommen, bedrückten ihn die Unzulänglichkeit und Ohnmacht des Denkens in Vorsorge.

Panofsky und Saxl schließen in ihrer Arbeit über Dürers ›Melencolia I‹ nicht aus, daß die im Kupferstich ans Haus gelehnte Leiter Hinweis sein könnte auf einen noch nicht zu Ende geführten Neubau. Die verlassene Baustelle. Der Rohbau. Während der Arbeit brach Zweifel aus. Nützliches Werkzeug, genaue Berechnungen, erwiesene Tüchtigkeit wurden hinfällig, nichtssagend, ihrer selbst überdrüssig. Nicht als Torso, nicht als gültiges Fragment, das zu errichtende Haus begriff sich, bevor es entstanden war, als Ruine.

Solch moderne Einsicht, die den heutigen Städtebau, seine utopischen Entwürfe und seine stockwerkhohe Melancholie vorwegnahm, wurde zu Beginn der Neuzeit gewonnen.

Sie ist in allen Disziplinen zu Haus. Eigene Erfahrung hat mich, während ich diese Rede skizzierte und gleichwohl unterwegs blieb, mit melancholischem Gruppenverhalten, mit schwermutgesättigten Biographien, mit den miefwarmen Hinterstübchen der Resignation bekannt gemacht. Die Vielbeschäftigten in der Tretmühle Vernunft. Auch mich überfiel oft genug, während ich sprach und während sich meine Rede selbsttätig vortrug, schwermachende Mutlosigkeit. Also schwieg ich, während ich sprach. Also gab ich auf, während ich noch Teilziele als erreichbar beschrieb. Also war ich – und viele gleich mir – schlecht entlohnt im Dienst der Aufklärung tätig und hockte dennoch unbewegt inmitten papierener Argumente, umstellt von sich widersprechenden Reformmodellen, angeödet vom Streit der Experten, unter einer Glasglocke: abwesend da.

Oder nachdem sich Sprache zerredet hat, in Sprechblasen abgefüllt wurde. Während sich Diskussionen hinzogen und Sprechchöre ihre utopischen Anrufungen in Doppelreim brachten, sobald mir die Fallhöhe revolutionärer Verstiegenheit Aufschluß gab über den Tiefpunkt vorauszuberechnender Resignation, in Stadthallen, Schulaulen und diversen Festsälen kam diese Rede zu Stichworten. Nirgendwo schreiender als im politischen Streit jener Tage übertönten sich die Propheten des Endzieles »Befriedetes Dasein« und die asketischen Zuchtmeister der »Großen Verweigerung«.

Man mag es einen soziologischen Treppenwitz nennen, wenn sich die Jünger beider Lehren – hier die utopische, welche Erlösung beschwört, dort die neumelancholische, welche Verweigerung anrät – auf immer den gleichen Herbert Marcuse berufen; ich neige dazu, solch Philosophieren im Widerspruch als Einheit zu akzeptieren. Auch wenn vorwiegend jugendliches Publikum Marcuses Angebot als ein doppeltes verstand – und jeder nahm, was ihm paßte –, hat dennoch zum ersten Mal ein Wissenschaftler die großen Einzelnen – Freud und Marx – ins Verhältnis gebracht, die Melancholie und die Utopie als einander entsprechend begriffen und bewegende Unruhe gestiftet, indem er aus seiner Dialektik der Verzweiflung die Einmütigkeit melancholischen und utopischen Verhaltens entwickelte: Die große Verweigerung führt zum befriedeten Dasein.

Solch resignative Utopie mußte, in ihrer Ähnlichkeit zu frühchristlichen und asketischen Heilvorstellungen, Zulauf von allen Seiten haben. Unsere Zeit begünstigt Sektenbildung. Kirchliche Jugendgruppen, Gemeinschaft suchende Einzelgänger, sich ihrer Privilegien kurzfristig schämende Söhne und Töchter abgesicherter Bürger, Pazifisten, Hippies, Rocker, Protestierende gegen den Krieg in Vietnam, gegen die Militärdiktatur in Griechenland, gegen die Okkupation der Tschechoslowakei, und die Vielzahl desorientierter Mitläufer nahmen sich aus Marcuses Lehre, was ihrem Einzel- oder Gruppenbedürfnis entsprach: viel »Große Weigerung« und ein Stückchen »Befriedetes Dasein« oder umgekehrt. Oft dienten Marcusesche Zutaten nur als Beiwerk dem Mitgebrachten, je nachdem ob es christlicher oder bürgerlich-antiautoritärer, sozialistischer oder pazifistischer, gruppendynamischer oder individuell ichbezogener Natur war.

Eine spontane, aus der Spontaneität lebende Bewegung, die vorerst geholfen hat, jene Gesellschaft zu verändern, die sie als unveränderbare entlarven und überwinden wollte. In Vergessenheit geriet – noch während es ausgerufen wurde – das »Befriedete Dasein«. Revolutionäre Verbalismen gingen in die Werbesprache jenes Konsumsystems ein, das durch Verweigerung und also Konsumverzicht getroffen werden sollte. Die Bewegung reduzierte sich. Einige Gruppen schlossen sich den Parteien an, andere versuchten sich in Sozialarbeit. Die radikale Minderheit spielte noch einmal alle Spaltungsmöglichkeiten des Sozialismus durch.

Ein gutes Jahr später, nachdem sich die Protest- und Verweigerungsbewegung resignativ-utopischen Ursprungs verlaufen hatte, reiste ich nach Stockholm, um dort mit Gewerkschaftlern über ein entwicklungspolitisches Projekt zu verhandeln, an dem sich die schwedischen, jugoslawischen und bundesdeutschen Gewerkschaften beteiligen sollten. Eine so einfache wie komplizierte Idee. Die Verhandlungen verliefen entsprechend.

Während einer Pause nutzte ich den sonnigen, vom Seewind durchpusteten Tag und suchte nach einer Parkbank. Als ich sie fand, bot mir schwedische Geschichte, versammelt mit schwedischer Gegenwart, eine Handvoll Möglichkeiten zum beliebigen Vergleich.

Unter enggestellter Baumgruppe, die gepflanzt worden war, um dem Denkmal Karls des Zwölften Hintergrund zu geben, saß um einen Imbiß-Pavillon locker gruppiert Schwedens Jugend. Mädchen, mit ihren Haaren beschäftigt. Seltsam in sich gekehrte Heilige. Flöte spielende Wikinger. Anhänger mir unbekannter Sekten, die neben dem indianischen Amulett das runenhafte Abzeichen der Antiatombewegung trugen.

Dazwischen touristische Muttis und Väter, die Karl den Zwölften in kühner Verkürzung und die gleichviel gelöste und wehmütig gestimmte Jugend als Sehenswürdigkeiten fotografierten, jede für sich; denn die Distanz und Erhöhung des zwölften Karl erlaubte nicht, Schwedens kriegerische Geschichte und einen Ausschnitt schwedisch-friedlicher Gegenwart in ein Bild zu zwingen.

Ich notierte, was ich sah, was mir überdies einfiel und was sich, unabhängig von enger Fotooptik, als Zusammenhang und Widerspruch begreifen ließ: Die behutsamen Schritte der Barfüßigen über Kies. Die Eisenketten um den Granitsockel des Denkmals. Die Schabbesskäppchen, indianischen Stirnbinden und Ponchos. Den Wind in nordischen Haaren und die verwehte, zur Meditation überredende Flötenmusik. Den verschlafenen Solotanz eines dicklichen Mädchens.

Ich schrieb auf und skizzierte: Wie Karl der Zwölfte an überlängtem Arm mit der Hand nach Osten weist. Die nicht beeindruckten Möwen. Entrückten Verkehr, sein Geräusch. Den sozial kreisenden Joint. Gesten der verspielten und der abflauenden Liebe im Licht unter Bäumen. Dahinter die ochsenblutrote Kirche. Jemand im langen weißen Hemd, der durch runde Brillengläser Wunder sieht und eine weiße Ziege bei sich führt.

Auch einzelne Worte: Poltawa. Orangensaft. Verkleidung. Pusteblumen. Frederikshall. Freilufttrauer. Narziß. Shampoon.

Ich sah: In einer Luftblase, entrückt, Macht und Ohnmacht. Die Erwartung eines gegenstandslosen Messias. Mao-Büchlein und ältere Breviere. Dürers komplexe Versammlung bei schönem Wetter.

Und ich begriff den Grund für gleichzeitige Heiterkeit: Saturn hat seine Kinder aus der Geschichte entlassen.

Denn auch dieses, die Geschichtslosigkeit zu Füßen eines Denkmals – in Stockholm gesehen, an anderen Orten wiedergefunden –, ist melancholischer Ausdruck utopischer Wirklichkeitsflucht. Wann war die Schlacht bei Narva? Um was ging es im Nordischen Krieg? Was tat Karl der Zwölfte in der Türkei? Keine Daten mehr. Keine Abläufe. Folgenlose Historie.

Käme Melencolia nach Stockholmer Modell ins Bild, wäre Geschichte mit ihren Absonderungen nicht mehr präsent. Umgeben vom gestapelten Konsumangebot, umstellt vom Überfluß in Dosen, Einwegflaschen und Frischhaltebeuteln, säße sie auf einer Tiefkühltruhe: Ekel und Überdruß gäben ihr Ausdruck. In ihrer rechten, jeder Tätigkeit entsagenden Hand hielte sie einen Büchsenöffner.

Das Angebot ohne Nachfrage. Landschaft, deren Horizont Butterberge und Schweineberge, Halden fabrikneuer Autos und bildloser Fernsehgeräte zeichnen.

Der Zwang zur Überproduktion und die aus Leistungsprinzip ins Utopische zu steigernde Zuwachsrate haben der Melancholie entsprechendes Verhalten eingeübt: nicht übersättigt, sondern Fraß und Überfraß verweigernd, mager, vielleicht dem Hunger noch letzte Lust abgewinnend, sitzt ein auch sonst jeder Kurzweil, der Liebe und ihren Wechselfällen, der Neugierde und auch der Mode entwöhntes Mädchen. Ihr Kleid ist kuttenartig geschnitten: Grobleinen. Nur noch Askese, als Aufhebung der Melancholie, kann ihr neue Utopie eingeben: ein durch Strenge und Zucht befriedetes Dasein.

Aber solch Dasein kennen wir schon. Bekannt sind die Lasterkataloge der Puritaner, ihre alttestamentarische, ihre stalinistische Strenge. Bekannt ist das Glücklichsein als Verordnung. Bekannt ist die aburteilende Wirkung des Wortes »Defätismus«. Wie vormals in feudal-absolutistischen Ordnungen das Bürgertum in seiner Alternativlosigkeit stagnierte und aus Langeweile weltflüchtig wurde, so lastet Alternativlosigkeit auf sozialistischen Einheitsstaaten und Gesellschaften; sie produziert Resignation Enthaltung Verweigerung.

Ich sprach vom zwanghaften Konsumverhalten in westlich kapitalistischen Ordnungen und seinen Folgen: Ekel und Überdruß. Die auf Fotos fröhliche Jugend ideologisch gleichgeschalteter Staaten kennt anderen Überdruß. Er ist gewachsen am zu erfüllenden Soll revolutionärer Phraseologie, am gegängelten Willen, dem keine Entscheidung mehr offen ist, am verordneten Sozialismus, dem der Begriff Freiheit nur noch als Schnörkel für scholastische Spitzfindigkeiten taugt. Wie vormals Saturn seine Kinder prägte, so entließ die Revolution ihre: von Schwermut gezeichnet.

Zum Beispiel ein spätgewonnener Freund. Eigentlich eine heitere, aus Prinzip optimistische Natur, die sich unentwegt sächsisch-geschäftig gibt: immer reich an Projekten. Doch seine Biographie widerspricht dem Anschein. Nach langer gradliniger Datenfolge – jugendlicher Marxist, Kommunist, kommunistischer Emigrant, nach dem Krieg kommunistischer Landtagsabgeordneter in Hessen, danach Chefredakteur beim Deutschlandsender in Ostberlin – kommt es Anfang der fünfziger Jahre zum Bruch. Parallel zu den Schauprozessen in Budapest und Prag will auch die Deutsche Demokratische Republik ihren Schauprozeß haben. Leo Bauer wird – wie Rajk und andere, wie Slánsky und andere – angeklagt, Spionage und Hochverrat betrieben, mit dem amerikanischen Geheimdienst zusammengearbeitet zu haben. Teilgeständnisse werden mit Methoden erpreßt, die den Vergleich mit faschistischen herausfordern. Nach längerer Einzelhaft verurteilt und schließlich nach Sibirien deportiert, wird er Mitte der fünfziger Jahre vorzeitig entlassen: gesundheitlich ruiniert und unwiderruflich um den Glauben an den Kommunismus gebracht. Er lebt in der Bundesrepublik. Jemand, der den Spott der Besserwisser, die Nachsicht der Tadellosen und zur Zeit eine Sintflut Verleumdungen, die Mentalität Strauß aushalten muß.

Auch er kein Einzelfall. Eine Biographie neben Tausenden. Später wurde Leo Bauer, unter Verzicht auf Glauben, Sozialdemokrat. Das Mißtrauen der neugewonnenen Genossen, der Haß der verlorenen und die Niedertracht politischer Gegner haben ihn gezeichnet. Eigentlich müßte er aufgeben hinwerfen abtreten. Aber Willen, wie ihn nur vielfach Gebrochene, Totgesagte und aus eigener Kraft Schuldbewußte aufbringen, läßt ihn, wenn nicht richtig leben, so doch immerhin tätig sein. Nur wenn es spät wird, wenn alles gesagt ist, wenn die tägliche Kärrnerarbeit beendet zu sein scheint, versteinert mein Freund. Merkwürdig abwesend sitzt er im Kreis zwar auch ermüdeter, aber in ihrer Neugierde nach Informationen immer noch anwesender Händler mit politischen Details. Dann fällt von ihm ab, was seinen Willen läufig hält. Es ist, als höre er das Eigengeräusch der Zeit. Es ist, als habe er in der Leere Quartier bezogen. Sein Blick knüpft nirgendwo an. Sein Gesicht verschattet sich grau. Zwar weiß ich, es sind Saturns bevorzugte Organe, die Innereien Milz, Leber und Galle, deren sibirische Haft nicht aufgehoben ist, aber noch schwerer schlägt durch: das Wort »vergeblich« in Blei gefaßt. Ekel nach letzter, vor neuer Erkenntnis. Gerechtigkeit wird dem Sozialisten zweifelhaft, hinfällig und absurd – wie vormals den Humanisten die Geometrie.

Als Albrecht Dürer den Kupferstich ›Melencolia‹ entwarf, skizzierte er die hockende Schwermut nach seiner zänkischen Ehefrau Agnes. Auch die Kopie einer Skizze des schlafenden Hundes ist überkommen. In ihm begreife ich meinen Freund Leo Bauer, wenn er spät und nachdem auch die letzte der Utopien ihre Nachttischlampe gelöscht hat, der Melancholie ins Bild kriecht: schwermütig geworden nach so vielen Anläufen.

Aber wie kommt es, daß Leo Bauer weitermachen wird, bis es ihn hinhaut? Wie kommt es, daß so viele, denen ich unterwegs begegnete und die, wie ich, den Stillstand im Fortschritt kennen, immer wieder ansetzen, ihr Bleigewicht aufheben und den saturnisch lastenden Wackersteinen jenen Funken abschlagen, der uns utopische Lichter setzt?

Während ich für meine und anderer Leute Kinder ein Buch schrieb, in dem der Fortschritt nach Schnekkenmaß bemessen wird, beschrieb ich gleichzeitig, was das Gemüt schwer macht. Ich spreche für die Melancholie. Ich habe sie in Variationen von heute sein lassen, damit sie uns nicht mehr fremd und verdächtig, damit sie uns gegenständlich ist.

Nur wer den Stillstand im Fortschritt kennt und achtet, wer schon einmal, wer mehrmals aufgegeben hat, wer auf dem leeren Schneckenhaus gesessen und die Schattenseite der Utopie bewohnt hat, kann Fortschritt ermessen.

Und sei es als Fußnote zum Dürerjahr, ich muß darauf zurückkommen: Das mittelalterliche ›Narrenschiff‹ des Sebastian Brant, dem Albrecht Dürer während seiner Jahre in Basel gute siebzig Holzschnitte beigesteuert hatte, ist immer noch flott und segelt auch durch unsere an Untiefen und Heulbojen reichen Verhältnisse. Sooft die Mannschaft abmustert, es finden sich neue Narren: beschränkte und gelehrte, fortschrittliche, die den Moden nachhüpfen, reaktionäre, denen kein Unsinn altbacken genug sein kann, spiegelverkehrte und naive, die dem trickreichen Geschrei »Haltet den Dieb!« hörig sind, und solche, denen die »Lust am Untergang« Kitzel und Zeitvertreib ist.

Da wir an rechten Narren Überfluß haben und uns deren barzelsinnige Tollheit kaum noch lustig machen kann, sollen hier mit Bedacht linke Narren gemeint sein, denen das Wort radikal, sobald Denken beschwerlich wird, Ersatzdienste leisten muß. Zumeist beschränkt sich ihr Witz darauf, Steuerbord und Backbord zu verwechseln, sich auf linkem Kurs zu wähnen, obgleich sie nach rechts abtreiben. Doch selbst wenn sie stranden, werden sie ihren Schiffbruch als einen »linken« feiern: Närrischsein verpflichtet!

Als ich vor vier Wochen einigen zünftig linksgewickelten Narren, denen die Bühne der Münchner Kammerspiele offenbar zu wenig Auslauf geboten hatte, in einem Artikel an dieser Stelle nachweisen mußte, daß ihr Versuch, mit Abschußlisten eine Drachenjagd zu entfesseln, uralt rechtes Brauchtum ist, bekam das

Narrenschiff des Sebastian Brant (vielleicht, weil jedermann seinen Beitrag zum Dürerjahr leisten möchte) enormen Zulauf. Wer sich zur linken Schickeria zählt, musterte an. Wer bisher gehofft hatte, es gäbe nur Rechtsopportunisten, der konnte mitzählen: Namenslisten und forsche Solidaritätserklärungen sollten linkes Mitläufertum zur geballten Kraft bündeln. Man muß nur ungebrochen daran glauben, daß rechte Mittelchen linke Zwecke heiligen können, schon stimmt der Kurs: Ideologische Quacksalber werden auf Narrenschiffen Kapitän.

Um wieder aufs Trockene zu kommen: Ein Oberbürgermeister (Vogel) sollte als Drachen zwischen anderen Drachen auf einer Abschußliste in ein Programmheft der Münchner Kammerspiele gesetzt werden; die große »Drachentöterschau« des Autors (Biermann) sollte auch in rauher Wirklichkeit und nicht bloß auf der Bühne stattfinden. (Es muß ja nicht gleich Blut fließen. Ein bisserl diffamieren tut's auch schon. Hernach kann man sagen, alles sei nur symbolisch gemeint gewesen.)

Ein verantwortlicher Chefdramaturg (Kipphardt) ließ, als die Drachenjagd als Hexenjagd nicht stattfinden durfte, zwei leere Seiten ins Programmheft rükken, die nur beinahe leer waren, denn zu lesen stand: »Aus rechtlichen Gründen konnten die für diese Seiten vorgesehenen Bilder von Drachen aus Politik und Wirtschaft leider nicht abgedruckt werden.«

Der Oberbürgermeister wollte nicht als Drachen zwischen Drachen auf einer Abschußliste stehen. Überhaupt war er gegen gedruckte und gleichfalls gegen nur angedruckte Abschußlisten. Und auch ich war und bin der Meinung, daß zwei beinahe leere Seiten, auf denen zu lesen steht, daß sie »leider« leer bleiben müssen, immer noch Abschußlisten beinhalten. Die infame Absicht, altrechte Methoden als neulinke fortzusetzen, wurde nicht widerrufen. Zwei traditionsbewußte Abbruchunternehmer beim Händeschütteln. Wer nicht auf den Ohren sitzt, hört es: Zweistimmig wird der Rufmord eingeübt.

Als Franz Josef Strauß vor zwei Jahren mit dem Bamberger Tiervergleich seine Mentalität unter Beweis stellte, sprach ich dagegen an; Kipphardts Drachensammlung, frei nach Biermann, macht mich heute nicht stumm. Nun schreien sie: Der Ankläger warf den ersten Stein! Das Opfer (der Oberbürgermeister) ist schuld. Warum tut er nur so empfindlich? Man wird doch wohl noch eine kleine »Drachentöterschau« veranstalten dürfen. Schließlich leben wir in einer Demokratie (die, vorerst verbal, zerschlagen werden soll).

Ein Chefdramaturg wollte von jenem Oberbürgermeister, der soeben noch als menschlicher Drachen (Straußscher Tiervergleich) zum Abschuß freigegeben werden sollte, seinen Vertrag als Chefdramaturg verlängert bekommen. Der Oberbürgermeister jedoch war kein Narr. Man stelle sich vor: Jochen Vogel hat den selten gewordenen Mut, nicht umzufallen. Auch läßt er sich als Freiwild für Drachentöter keine Schonzeit einräumen. Er nimmt den Schreibtischtätern das Alibi, bevor Direkttäter als gläubige Narren straffällig werden können. Ein Politiker, der sich als verantwortlich begreift; ein rares Exemplar – mit der Lupe zu suchen. In eigener Sache: Heinar Kipphardt hat in seiner Antwort an mich seine Verantwortung als Chefdramaturg zu verkleinern versucht. Im übrigen bekennt er sich zur Praxis der Drachenauslese. Kein Wort der Entschuldigung: Die ungedruckten

Drachen bleiben für Kipphardt Drachen. Der mit Metaphern verkleisterte Aufruf zum Töten der Drachen wird nicht zurückgenommen.

Nun möge jeder – Narr oder Nichtnarr – in sich gehen und prüfen, ob er die Kappe ablegen oder aufsetzen will. Es geht nicht um die Münchner Kammerspiele. Oft erholen sich Theater schneller als sie abschlaffen. Es geht auch nicht um den Chefdramaturgen und den Oberbürgermeister. Beide lassen sich mehr oder weniger leicht ersetzen. Es geht um das Recht eines jeden, sein Haus von jener Mentalität freizuhalten, die keine Bedenken kennt und mittels Kimme und Korn im politischen Gegner ein Tier sieht.

Ich dramatisiere nicht. Ich sehe, wie Aufrufe zur Gewalttätigkeit und die Gewalttätigkeit gesellschaftsfähig zu werden beginnen. Auch warne ich nicht mehr: die Narren könnten überhand nehmen; vielmehr stelle ich fest: die Narren nehmen überhand. Neuerdings linksradikale Narren, die den rechtsradikalen Narren die Schelle gestohlen haben. Feige Narren. Einäugige Narren. Nicht mehr lustige, gefährliche Narren. Wer hilft mir, ihre Kappen zählen?

Heinrich Heine oder Glanz und Elend der europäischen Aufklärung

WILHELM GÖSSMANN: Sie sind bekannt als politischer Schriftsteller. Ich kann mir vorstellen, daß Sie eine besondere Beziehung zu Heine haben, gerade auch, weil er so oft verdächtigt und mißverstanden wurde.

GÜNTER GRASS: Heine ist immer einseitig interpretiert worden, entweder aus der Ecke seiner Lyrik heraus oder als der vorrangig politische Schriftsteller. Ich habe ihn nie so isoliert begriffen, für mich ist er jemand, der in der Tradition der europäischen Aufklärung steht und Glanz und Elend dieser Aufklärung verkörpert mit ihren Möglichkeiten, mit ihren Grenzen, auch mit der ihr innewohnenden Gefahr der Überprononcierung, dem Hang zur Polemik. Wenn wir auf der einen Seite von Heine großartige politische Reisebilder kennen, das engagierte, unmittelbare Gedicht, zum Beispiel zu den Weberaufständen 1844 in Schlesien, so gibt es auch die sehr ungute Polemik mit Platen, die eine Entwicklung anzeigt, die leider bis heute nicht aufgehört hat. Wenn Platen auf eine sehr dumme und vordergründige Art bestimmte Dinge an Heine kritisiert und dann den Hinweis zu Hilfe nimmt, daß er Jude sei, so antwortet Heine weit unter seinem Niveau, indem er den homosexuellen Platen hervorkehrt. Das hat leider in deutschen Bereichen Schule gemacht. Es gibt viele, die diese Praxis heute nachvollziehen, gleich, ob sie von links oder von rechts kommen, oft sich gar nicht bewußt sind, daß diese ungute Polemik, die damals schon sehr heftige Kritik innerhalb des aufklärerischen Bereichs gefunden hat, in der Neuzeit einen Anfang gesetzt hat.

W. G.: Sie würden auch Börne mit einbeziehen, Heines ›Börne‹-Buch?

G. G.: Das liegt auf einem höheren Niveau und zeigt allenfalls die Lust an der Polemik, die Heine gehabt hat, und auch, daß ihn solch eine Polemik produktiv gemacht hat, auch im guten Sinn des Wortes. Im Fall Platen ist das große Ziel der europäischen Aufklärung, dem Heine ja doch verbunden war, das Ziel der Toleranz, beiseite gelassen worden.

W. G.: Vielleicht darf ich eine etwas persönliche Frage stellen: Dieser Trommler im Buch ›Le Grand‹ ist ja ein Aufklärer. Ich möchte annehmen, daß Sie Schreib-Sympathien für diesen Trommler von Heine hatten und noch haben.

G. G.: Ja, ganz gewiß, nur wird immer wieder darauf hingewiesen, daß dies eine Art Vorbild für Oskar Matzerath gewesen sei, das stimmt nicht, allenfalls in dem Sinn, daß der Heinesche Trommler und mein Trommler beide aus der europäischen Tradition des pikaresken Romans kommen. Darin ist eine Verbindung zu sehen.

W. G.: Ich bin Ihnen sehr dankbar für diese motivgeschichtliche Auskunft. Eine andere Frage: Welches Gedicht gefällt Ihnen besonders gut? Oder haben Sie ein gespanntes Verhältnis zu seiner Lyrik?

G. G.: Es wechselt bei mir. Zur Zeit, ich erwähnte es vorhin schon, ist es das im kraftvollen Sinn pathetische Webergedicht, das mich beschäftigt, weil ich auf der IG-Metall-Gewerkschaftsschule Sprockhövel vor Betriebsräten und Bildungsobleuten einen Kurs abhalte über Literatur, die sich mit politischen, sozialen Zuständen in Deutschland befaßt hat. Als Hauptgegenstand dieses Kurses befasse ich mich mit Gerhart Hauptmann, ›Die Weber‹, und habe selbstverständlich alles herangezogen, was an Dokumenten zu erreichen ist für diese Zeit, vom Weberaufstand 1844 über die 48er Revolution und dann weitergehend die Zeit der Sozialistengesetze, Ende der Sozialistengesetze, dann die Uraufführung der ›Weber‹ in Berlin mit dem bekannten Skandal. Da hinein gehört auch, in die 44er Zeit, Heines Gedicht. Und das steht für mich auch in Korrespondenz zu Hauptmann.

W. G.: Durch diese Korrespondenz können Sie dann den etwas affirmativen Charakter dieses Gedichtes richtig einordnen.

G. G.: Hauptmann ist von dem Elend der Weber berührt, arbeitet historisch sehr genau, geht aus von politisch unbewußten Landproletariern und erreicht damit die stärkste Wirkung, weil die Weber in ihrem Elend gleichzeitig als die frömmsten und die treuesten Untertanen der Krone galten, weshalb man besonders entsetzt war, daß nun auch die frömmsten und treuesten einen Aufruhr wagten, der dann zusammengeschlagen wurde.

W. G.: Deswegen auch dieser alte Hilse.

G. G.: Zum Schluß der alte Hilse, der sich dem Aufstand verweigert und zu den Opfern des Aufstandes gehört. Der Widerstand liegt darin, daß Hauptmann, selbst wenn er es gewollt hat, kein Revolutionsdrama, sondern das Drama eines ohnmächtigen Aufstandes geschrieben hat und damit Empörung hervorrufen konnte. Heines ›Weber‹-Gedicht stieß zwar auf Protest, aber da man von Heine gar nichts anderes erwartete als diese Stellungnahme, ist die Überraschung offenbar nicht so groß gewesen. Heine benutzt die Weber. Er geht von diesem Umstand aus, übersetzt ihr Verhalten in eine Metapher, die Leichentuch-Metapher, und proklamiert also etwas, was es damals, jedenfalls was den Weberaufstand betrifft, nicht gegeben hat, ein revolutionäres Bewußtsein.

W. G.: Als Sie in Paris waren, haben Sie auch einmal das Grab Heines besucht, oder ist das für Sie zuviel Denkmalpflege?

G. G.: Nein, das habe ich mehrmals gemacht.

W. G.: Wie ist das so, Heine im Gedächtnis, wie vollzieht man ein solches Gedächtnis?

G. G.: Ich meine, ich sagte es vorhin schon: Für mich gehört Heine zur aufklärenden Literatur, und ich sehe ihn in Zusammenhängen. Einen habe ich eben aufgezeigt, den zum deutschen Naturalismus. Es ist ja kein Wunder, daß Hauptmann den jungen Büchner entdeckt hat, und da gibt es auch schon wieder die Beziehungen zu Heine.

Es gibt eine bestimmte aufmüpfige Literatur, die dem Verlangen deutscher Germanistik nach Harmonie zuwiderläuft, und ihr fühle ich mich insgesamt verbunden. Da ist Heine für mich keine Ausnahme. Nun, da es bei Ihnen in Düsseldorf darum geht, daß die Universität, was ich für richtig halte, nach ihm benannt wird – ich bin auch davon überzeugt, daß es eines Tages dazu kommen wird –, sollten die Leute, die sich für Heine zu Recht einsetzen oder besser noch: für Heine als einen Vertreter aufklärender Literatur einsetzen, nicht den Fehler der Konservativen machen und andererseits Heine wie einen Kirchenheiligen aufbauen. Denn Heine ist als großer Kritiker, der die Polemik liebte, natürlich auch Gegenstand der Kritik und, wenn es sein muß, auch Gegenstand der Polemik.

W. G.: Und sollte auch weiterhin Gegenstand der Polemik bleiben ...

G. G.: Natürlich, sonst gehen wir mit Heine um, wie man ja jetzt schon mit Brecht umgeht, und machen ihn zum Säulenheiligen. Nichts schlimmer als die Brechtianer und nichts schlimmer als eine Heine-Gemeinde, die mit ihm umgehen würde, wie es die Goethe-Gesellschaften mit Goethe getan haben. Vielleicht wäre man in Düsseldorf weitergekommen, wenn man den Professoren und Stadtvätern vorgeschlagen hätte, die Universität entweder nach Heine oder nach Grabbe zu benennen, und da man sich gewiß nicht für den genialen Säufer Grabbe entschieden hätte, hieße die Universität heute schon Heine-Universität.

W. G.: Wie sollte man nun Heine in der Schule behandeln? Das wäre doch ein Anfang, mit dem bestimmte Akzente gesetzt werden könnten.

G. G.: Wissen Sie, mit Heine und mit anderen Schriftstellern wird man in der Schule erst richtig umgehen, wenn wir die klassischen Fächer auflösen. Es ist also sinnlos, ein einzelnes Gedicht von Heine zu interpretieren, zum Beispiel das Webergedicht, wenn nicht gleichzeitig das andere klassische Fach – wenn das im Deutschunterricht passiert, ist das andere klassische Fach der Geschichtsunterricht – herangezogen wird. Sie können das eine nicht vom anderen lösen, und eine »bloß« ästhetische Interpretation des Webergedichts, um bei diesem Beispiel zu bleiben, führt zu einer einseitigen Sicht.

W. G.: Also, Sie fordern einen übergreifenden Deutschunterricht mit einer politischen Komponente.

G. G.: Heine ist ohne diese Komponente oft nicht zu begreifen. Er ist ohne diesen geschichtlichen Hintergrund, ohne Wissen auf diesem Gebiet gar nicht zu verstehen.

W. G.: Vielleicht könnte Heine sogar dazu dienen, daß wir einen vernünftigen politischen Deutschunterricht betreiben...

G. G.: Er wäre ein Anlaß mehr, das zu demonstrieren, aber das gleiche gilt natürlich auch für Büchner...

W. G.: Und das gleiche gilt auch für Günter Grass...

G. G.: Ja, wenn Sie so wollen. Zum Beispiel Hauptmann, von dem wir auch über Jahre eine sehr einseitige Interpretation erlebt haben, der Pseudo-Olympiker, die Vorzeigefigur der Republik, der Mann mit dem weißen Löwenhaupt. Aber dieser Hauptmann hat nun eben auch den ›Bahnwärter Thiel‹ und ›Die Weber‹ geschrieben, und da sehen wir auf einmal, was manch einer gar nicht vermutet, solche engen Verbindungen: Büchner – Heine – Hauptmann, so entsteht Literatur.

W. G.: Heine als Journalist. Karl Kraus hat ja Heine vorgeworfen, er hätte das feuilletonistische Zeitalter begründet. Was meinen Sie dazu, zur politischen Journalistik überhaupt?

G. G.: Er ist nun wirklich einer der Stammväter des politischen Feuilletons, des Reisebildes. Nun gut, da gibt es Vorfahren von England her. Heine ist zum Beispiel ohne Lichtenberg und Forster, also ohne die deutschen Frühaufklärer, nicht denkbar; auf die beruft er sich. Diese Tradition setzt sich bei Heine unter anderem fort. Das meinte ich vorhin mit dem Hinweis auf die Tradition europäischer Aufklärung und im engeren Rahmen der deutschen Aufklärung. Im

Verhältnis zur europäischen Aufklärung ist die deutsche immer eine unterentwickelte gewesen.

W. G.: Ist Ihnen das Romantische, die Rheinromantik Heines sympathisch?

G. G.: Ich kann mich mit ihr sehr wenig anfreunden. Es klappert mir auch zu sehr im Versmaß. Ich glaube auch, daß Heine zu bestimmten Zeiten, als er als politischer Autor nicht anerkannt wurde, aber den jungen Mädchen seiner Zeit die Verse ins Stammbuch-Album geschrieben hat, einer Zeitmode gefolgt ist und seinem Affen Zucker gegeben hat. Darunter leidet ein Teil seiner Verse noch heute.

W. G.: Und die späte Lyrik. Haben Sie einen Zugang dazu bekommen? Ich denke an die ›Matratzengruft‹, an das Jüdisch-Religiöse, das hier zum Vorschein kommt.

G. G.: Ja, da beginnt bei Heine ein Resignationsprozeß, der dann mit der Konversion endet. Ich glaube, wir haben kein Recht, darüber unseren Stab zu brechen. Der Mann ist sehr einsam gewesen, hat viel Veränderung angestrebt und nur wenig erlebt. Welchen Schluß er daraus gezogen hat, das hat sich in den letzten Gedichten niedergeschlagen, und das muß man so akzeptieren.

W. G.: Welches Buch von Heine würden Sie in Ihrem Reisekoffer mitnehmen?

G. G.: Eigentlich ein Fragment. Den ›Rabbi von Bacherach‹.

W. G.: Da zeigt sich Ihre Affinität zum Roman.

G. G.: Das ist ein Stoff, der mich reizen würde, ihn zu Ende zu schreiben, aber ich kann jetzt schon prophezeien – ich werde nie dazu kommen, weil dieser Text nicht ohne Grund Fragment geblieben ist. Er hat selbst noch als Fragment etwas Abgeschlossenes.

W. G.: Aber Sie können sich vorstellen, wie die Ge-
schichte weitergehen sollte. So ein aufgesetzter
Grass auf Heine, das wäre gar nicht...
G. G.: Lassen wir es bei dem Gedanken.

Sie konservieren sie gerne in Gesamtausgaben, in
Schullesebüchern. Sie sehen sie gerne entrückt und
ein bißchen verrückt, nicht ganz von dieser Welt. Sie
zitieren sie nach Bedarf und verschweigen den sperri-
gen Rest. Sie lieben sie unerbittlich, bis sie zur Denk-
malgröße schrumpfen und unkenntlich sind. Neuer-
dings wünschen sich die Deutschen ihre Dichter en-
gagiert, aber nicht allzusehr (nur andeutungsweise).

Ich sitze mit einem meiner Söhne (ziemlich spät)
vor der Mattscheibe und höre und sehe Biermann sin-
gen. Da er seit 1965 nicht im Saal und vor Publikum
singen darf, singt er in seiner Zimmerburg, deren
Wände mit Fotos, Bildern, mit freundlichen Erinne-
rungen gegen Einbrüche der Resignation gepanzert
zu sein scheinen. Ein westdeutsches Kamerateam ist
dabei und hält einfach drauf: Biermann gibt optisch
was her. Da ihm der DDR-Kanal vernagelt ist, flieht er
nach vorne, muß er die letzten, obendrein nur fiktiven
Brücken abbrechen; denn ein Sänger ohne Publikum
ist wie tot.

Der Kommunist Biermann singt traurige Lieder.
Das ist schon Vergehen genug, weil es Verrat an einer
Ideologie bedeutet, die sich von Staats wegen den Op-
timismus pausbäckig verordnet hat. Obgleich er pri-
vat und vereinzelt im Zimmer singt, tut Biermann, als
spiele er im überfüllten Saal; sogar die Galerie ist be-
setzt. Auch wenn ihn Partei und Staat isoliert haben,
sein Publikum ist ihm immer noch vorstellbar, das im
Osten, das im Westen.

Ohne Basis und Überbau. Weil sich die Partei den lästigen Biermann wie einen Stinkfuß abgehackt hat – und er singt, grölt und höhnt die Ballade von den abgehackten Füßen –, ist ihm wenig Gewißheit geblieben; selbst seinen Rest Hoffnung muß er, um ihn sich und anderen verständlich zu machen, angestrengt laut ausschreien: Biermann ist nur noch ein gläubiger Kommunist.

»Das ist doch keine Religion«, sagt mein Sohn. Doch Biermann hat sich in die strenge Form der Choräle geflüchtet, sein Lied ist Litanei. Auf seinem Gesicht (die Kamera läßt nichts aus) finden Passionsspiele statt: Enttäuschung und Bitternis schlagen in verzweifelt steile Verheißung um. Jetzt mimt er Haß und macht schmale Augen, doch die umkippende Stimme zeigt an, daß er den Haß keine Strophe lang durchhalten wird (und kann). So viel entschlossene Unsicherheit, so viel Wille zu überleben, so viel Spaß an knapper Pointe: Wenn er lacht, grient er. Ein kommunistischer Clown, dem die Melancholie und die Utopie zwei angrenzende Zimmer sind, die er rasch wechselt, gleichzeitig bewohnt: immer Ärger beim Überschreiten der Schwelle. Fortschritt ist ihm ein Stolpervorgang, den er tragikomisch und heiser nachspielt. Er scheut sich nicht, sentimental zu sein und dem Kitsch als Nebentrieb der Hoffnung rührende Blättchen zu zupfen. Er gewinnt der bierernsten Sache, dem Kommunismus, Späße ab, die ihn menschlicher machen, als das System es erlaubt.

Doch sie vertragen keinen Spaß. Deshalb wird er bespitzelt und mit Berufsverbot belegt. Deshalb meiden ihn die privilegierten Schriftsteller des Staates. (Wer etwa Hermann Kant gutgläubig zu den kritischen Autoren der DDR rechnet, sollte wissen, daß Biermanns Lied und rigorose Abrechnung ›Die hab' ich satt‹ auch jene Schriftsteller in der DDR meint, die restlos eingekauft sind und – wie Kant – Biermann fallengelassen haben.) »Jetzt übertreibt er aber«, sagt mein Sohn. »Muß er«, sag' ich, »leider muß er.«

Haben wir Grund im Westen, mit nacktem Finger auf die DDR zu weisen und Biermann (ungefragt) als Kronzeugen zu nutzen? Wer es vorher nicht gewußt hat, der sollte nach einer der jüngsten Bundestagsdebatten gewiß sein, daß nicht nur die Hinterbänkler der Unionsparteien, daß Strauß und Barzel, wenn sie nur dürften, mit Heinrich Böll und Martin Walser, mit mir und anderen Schriftstellern so umgehen würden, wie es der SED im Fall Biermann möglich war und ist. Die linientreuen Deutschen in Ost und West mögen ihre Schriftsteller nur, solange sie sich dunkel raunend oder positiv lebensbejahend als Dichter oder Lobredner verstehen; sobald sie deutlich werden und den Stalinismus im Kommunismus, den Nazismus in Springers Massenblättern bezeugen, wird Biermann isoliert und stumm gemacht, wird Heinrich Böll, weil er nicht stumm gemacht werden kann, so lange und so weit verzweigt der Hetze ausgesetzt, bis seine Nerven (so hofft man) versagen.

Kein Grund zur Panik und zur Exilsuche. Die Stalinisten in der DDR und die kalten Krieger innerhalb der Unionsparteien haben inzwischen den Kampf um die Entspannungspolitik verloren. Zwar sind sie noch mächtig, zwar ist es ihnen noch möglich, Biermann in seine vier Wände zu verbannen, Heinrich Böll mit Hilfe der Springer-Presse wie journalistisches Freiwild zu jagen, doch die Entwicklung wird in beiden deutschen Staaten über die Reaktion hinweggehen.

Ich kann mir Zeiten vorstellen – ohne sie besingen zu müssen –, in denen Wolf Biermann in Ost und West nicht nur sein Publikum, sondern auch sachliche Kritik findet, in denen Heinrich Böll, sobald er seinen moralischen Maßstab anlegt, nicht mehr durch plakative Solidarität beschützt werden muß. Die Deutschen werden ihre Dichter, bevor sie Denkmäler werden, lebend, und das heißt notfalls auch laut, ertragen lernen.

Todesarten

Du hast sie gesammelt:
Schränke voll,
deine Aussteuer.

In leichteren Zeiten, als das noch anging
und die Metapher auf ihren Freipaß pochte,
wäre dir (rettend) ein Hörspiel gelungen,
in dem jener typisch doppelbödige Trödler,
durch dich vergöttert, alle Todesarten verliehen
neue aufgekauft hätte.

Bedrängt von.
Keine kam dir zu nah.
So scheu warst du nicht.
Wichsende Knaben hatten den Vorhang gelöchert:
jeder sah alles, Seide und chemische Faser,
die jüngste Kollektion, bezügliche Zitate.

Todesarten: außer den windigen Kleidchen
diese probieren und diese;
die letzte paßte.

                              (Als Ingeborg Bachmann starb)

Auf der Durchreise Biermann

Sitz nochmal sicher,
sag nochmal ich:
nicht zu stopfender Schreihals.

War bei seiner Oma in Hamburg gewesen.
Hatte befristet ausreisen dürfen.
Kam, bevor die Frist ablief, in die westliche
                                    Niedstraße
auf ein Stündchen, ohne Guitarre mit Koffer.

Er sprach von sich, vom Sozialismus und sich.
Sang auch belehrend paar Strophen und fluchte leise
zwischen den Zeilenbrüchen.

Wie verletzbar zierlich er ist,
wenn ihn das Fernsehen nicht vergröbert
oder der Haß seiner namhaften Gegner ins Abseits
                                    treibt.

Ging dann – die Schuhe standen schon auswärts –
und ließ uns sitzen,
damit wir über ihn nachdenken mußten:
satt vom Verständnis für seine Unarten,
überlegen freundlich besorgt, er könne ausgewiesen
                                    zurückkommen
und unnütz sein hier.

(Ich schenkte ihm den grafischen Hai,
der meine Kippen aufs flache Land kotzt.)

Er begreift sich umfassender, des Menschen Kopf mißt größer als diese Weltenkugel. Er kann sich und uns aus beliebiger, der irdischen Schwerkraft abgelöster Entfernung denken und umdenken. Er schreibt sich anders vorweg, als er sich hinterdrein liest. Des Menschen Kopf ist monströs.

Daher diese Verstiegenheit. Deshalb weisen wir, was ja kein Tier (selbst der Vogel nicht) tut, über uns hinaus. So übersteigt uns der kopfgezeugte Fortschritt. Ganz außer uns schnuppern wir unser Glück und irren engherzig in weiträumigen Kopfsystemen; denn immer soll der Mensch mehr sein, als das geschnürte Bündel seiner Anlagen verspricht; immer fordert er sich, weil überfordert, Größeres ab; immer muß er über sich greifen und die bessere Welt außer der ihm gegebenen Zeit, vorweg seiner Gegenwart suchen.

Solange Menschen unterwegs sind – und sie sind länger auf Suche, als wir Zeugnis von ihrer Existenz haben –, versuchen sie, ihre Utopie einzuholen: Die kann idyllisch kleingeblümt totale Fürsorge wollen, aber auch Gottesstaat heißen. Während Jahrhunderten lag sie jenseits des Jammertals, dann wurde das Paradies auf Erden gesucht. Nein, mehrere Paradiese, denn eines reichte nicht, um soviel Vorstellung von Gerechtigkeit, Wunsch nach Freiheit, Glaubensstärke, Ordnungswillen, Sucht nach Sicherheit zu fassen. Genug war nie genug.

Also stellt er sich vor, der Mensch mit seinem großen, die Welt übertreffenden Kopf. Und was er sich vorstellt, wird für ihn Wirklichkeit, ist, weil vorstellbar, für ihn faßlich; ich sage: tatsächlicher als die eckigen Tatsachen, an denen er sich täglich sein Knie stößt. Er will wissen und weiß schon im voraus, was hinter den Sieben Bergen stattfindet. Auftrumpfend spricht er von der konkreten Utopie. In allem, selbst im Gemüseanbau sucht er die Perspektive. Und wie das Automobil im Vergleich zum Pferdewagen, so soll auch Cézanne im Vergleich mit Raffael Fortschritt bedeuten. Immer muß das, was ist, größer sein als das, was war; und Kommendes hat vollkommener zu sein als Gegenwärtiges und Gewesenes. Selbst die konservative Wendung: Es war früher besser und kann nur schlimmer kommen – ist bloß die Umkehrung monströsen Denkens außer der Gegenwart.

So kann er nicht Ruhe geben, der prometheische Kopf. Seine suchende, streunende, immer auf utopische Spur gesetzte Unruhe nennt er schöpferisch. Also entsteht Neues und Neues aus Neuem. Weil noch nicht selbstherrlich genug und Wolken kein Fundament geben, entstand und entsteht die längste Zeit über Neues und Größeres inmitten Natur, mit Hilfe gefesselter und kontrolliert entfesselter Natur oder schroff gegen die Natur gerichtet: die anorganische Synthetik und die schon gegenwärtige Utopie: Kernkraft durch Spaltung.

Neuerdings entsteht Neues (und Neues aus Neuem) auch außerhalb der erdgebundenen Natur: Satelliten, Weltraumstationen umkreisen uns, verlassen uns, suchen andere Planeten heim, kehren zurück und bringen Erkenntnis für Neues, das in zu großen Köpfen weiterhin Neues vorstellbar macht.

Zum Beispiel sind Ufos, weil denkbar, auch da und suchen nun uns heim: im Kino und in Wahrheit. Schon hat der neue Gottbegriff untertassenförmig Gestalt gewonnen. Heil oder Heimsuchung wird wieder von außen erwartet. An neuerlichen Erzengeln nach astraler Vorstellung wird gearbeitet. Es soll sich die Erlösung aus dem irdischen Jammertal weltraummäßig ereignen. Schwierigkeiten bereitet einzig die Utopie der Offenbarung Johannis, denn sie ist schwer zu überbieten; und überboten muß werden: um jeden Preis. Wollte ein heutiger Heinrich Schütz die jetztzeitige Sehnsucht nach Erlösung aus dem übervölkerten Jammertal in Motetten fassen, müßte sein Klangkörper noch entfleischter und sphärischer tönen als Schütz' Hungerchöre während der Zeit des Dreißigjährigen Krieges. Das muß doch zu schaffen sein. Endlich können wir es: den Äther singen lassen. Endlich besteht Aussicht, den Wettlauf mit allen in zu großen Köpfen ausgedachten Utopien zumindest bildlich zu gewinnen. Schon gibt es Filme, die unsere letzten und vorletzten Utopien eingeholt und kommerzialisiert haben. Also gehen wir in Familienstärke, paarweis oder als einzelne ins Kino, um unsere Zukunft zu besichtigen. Und wer nicht ins Kino will, weil Filme, auch utopische, in der Regel gekürzt sind, der schlage Bücher auf; denn noch können wir lesen, zwar immer mühsamer, weil unkonzentriert und zwischen Termine gespannt, zwar immer verschämter, weil der altmodischen und ganz zwecklos zeitraubenden Tätigkeit bewußt; aber noch sind die Bibliotheken offen, noch ist Lesen – wenn auch in diesen und jenen Grenzen – erlaubt, noch locken Bücher: besonders verstaubte.

›Berge Meere und Giganten‹ heißt Alfred Döblins großer und exaltierter, vergessener und neu zu entdeckender Roman, der 1924 erschien: ein utopischer Entwurf, unmittelbar nach dem chaotischen, wie eine nach rückwärts enteilende Utopie anmutenden ›Wallenstein‹-Roman geschrieben. Ein Buch, das sich nicht aus neuesten Technologien in Richtung Sciencefiction speist, sondern mögliche und womögliche Technik als gegeben nimmt und in seinen Hauptströmungen wie unter visionärem Überdruck geschrieben wurde: so tatsächlich und diffus zugleich sind seine Gedankenstürze, Bildketten und Entzündungen von Gefühlen, die bis in den Schwulst hineinfiebern und plötzlich erlöschen: von ausgedachter Tätigkeit überschwemmt.

In ›Berge Meere und Giganten‹ gibt es Stadtmenschen, die nicht in Landschaften, sondern in großräumigen Stadtschaften wohnen und deren seit Generationen untätige, weil von Arbeit freie, doch fürsorglich mit synthetischer Mekispeise versorgte Körper nicht nur kraft Vorstellung, sondern geradezu natürlich Riesenköpfe auf schmächtigen Körpern tragen. Zukunft? Döblin schreibt im Rückblick auf die Mitte des sechsundzwanzigsten Jahrhunderts: »Die Physiker und Chemiker emanzipierten sich vom Tier- und Pflanzenkörper. Man dachte längst mit Widerwillen und halbem Lachen an die Hungersnöte, die ein einziger dürrer Sommer über ganze Landstriche bringen konnte; diese absurde Abhängigkeit der Menschen von Hitze und Trockenheit. Diese Chemiker und Physiker haßten nichts so wie grüne Saatfelder, Wiesen, die burleske Ansammlung von Viehherden...« Bald danach wird uns im Imperfekt des Erzählers vorgreifender Bericht gegeben: »Die Menschen zogen sich in die Riesenstädte zurück. Sie kapselten sich in den Städten ein. Gaben den größten Teil der Erde frei. Der Boden ruhte aus...« Und weiter: »Das strenge leidenschaftliche Ringen der Arbeitenden konnte aufhören. Immer war seit da die westländische Bevölkerung, fast völlig von den Stadtschaften verschlungen, geteilt in die kleine Masse der Schaffenden und die Riesenmenge der Untätigen. Die Menschen der Gruppen wechselten nach Neigung und Bedarf. Mit Vergnügungen, Scheinarbeiten mußte man die Massen der Lungernden beschäftigen, deren Zahl stieg. Die einförmige Zucht verlor sich schnell. Eine wüste Vielförmigkeit entfaltete sich. Die Herrschenden hatten neben sich große Stäbe von Kundigen und Scheinparlamenten, die sich mit der Ablenkung der untätigen Massen befaßten.«

Kein Wunder, daß sich eine derart geschichtete Gesellschaft, die wir wohl schneller, samt schon vorhandenen Scheinparlamenten, haben werden, als Döblin vorausbedacht hat, immer Neues und nie Gedachtes ausdenken kann – und daß ihr Ausgedachtes tatsächlich wird: die überkontinentalen Großreiche, das westliche, das asiatische; der zwischen ihnen tobende und die Elemente manipulierende uralische Krieg; die großen männerfressenden Frauenbünde nach dem zeitweiligen Auslaufen der Städte; die Enteisung Grönlands und weitere wunderbare Schrecken, die alle, so oder so beschrieben, je nach Zufall variiert und, dank zu großer menschlicher Köpfe, ihre Zukunft haben werden – bis zur Seite 511 meiner Ausgabe von ›Berge Meere und Giganten‹, wo des Kopfes letzter zerstörender Aberwitz in die mütterliche Urmacht Venaska aufgeht, nachdem auch die Giganten besiegt sind: »Schwarz der Äther über ihnen, mit kleinen Sonnenbällen, funkelnden verschlackenden Sternhaufen. Brust an Brust lag die Schwärze mit den Menschen; Licht glomm aus ihnen.«

Und dieses verstiegene Buch, das der Menschen himmelstürmende Verstiegenheit zum Thema hat,

nahm ich mit, las ich vergleichsweise, hielt ich dage-
gen, als mich kürzlich eine Reise durch Asien und
Afrika brachte, wo überall alles gegenwärtig ist: die
vergangenen und die rückgewendeten, die bereits ein-
geholten, die versäumten und weitere Utopien, die
noch nicht auf dem Programm stehen.

Es ist ja nicht so, daß der utopische Satz ausschließ-
lich mit synthetischer Zukunftsspeise genährt wird;
womit ihn die Vergangenheit abspeiste, scheidet er in
Gegenwart aus, damit ihm sein Hunger zukünftig ge-
stillt werde. In Japan – meinem ersten Reiseziel – sah
ich eine von Döblins Stadtschaften, mit der vergli-
chen das Ruhrgebiet eine grüngesäumte Idylle ist:
den Großraum Kyoto–Osaka–Kobe. Der ließe sich
von den Hafenstädten bis zu der hochgelegenen alten
Kaiserstadt als eine von Hütten und Großbauten, Bau-
stellen, Abbruchruinen, in sich gestaffelten Industrie-
anlagen, bedrängten Tempeln und Tempelchen, künst-
lich grünen Sportplätzen, gestauchten Schrottballen,
insgesamt zersiedelte, dabei vergessene Reisfelder
einschließende, die Horizonte ereilende Fläche be-
schreiben. Alles geht ineinander über. Die winzigen,
traditionell stilisierten Steingärten in wanderndem In-
dustriemüll, dessen Ränder die Friedhöfe überlappen.
Dort wo der steingehauene Ahnenkult, das letzte biß-
chen Bilderbuch-Japan, noch ansehnlich ist, schützen
ihn tote Winkel der Bahngleise; sie führen in den
Großraum Tokio, der nicht weitab liegt: drei schnelle
Bahnstunden durch dichtbesiedeltes Gebiet, vorbei
an der Millionenstadt Nagoya, bis wieder verschach-
telte Reisterrassen und mit Plastikfolie verdeckte
Treibhausgärtnereien darauf bestehen, daß es noch
immer – und sei es auf engstem Raum – Reste Natur
gibt.

Bald werden die Großräume sich als Stadtschaften eingeholt haben. Landschaft wird nur noch als Ödland oder Naturpark zu halten sein. Und irgendwann – in westlichen Ansätzen schon heute, in Döblins Buch erst ab Seite 229 – wird das ›Auslaufen der Städte‹ beginnen. Doch wohin in Japan, wo keine Fläche brach liegt, das schon beim übernächsten Schritt ans Meer grenzt? All dieser Fleiß, diese Genügsamkeit, die zum Reis vom Fisch lebt, dieses komplexe Lächeln, diese verdrängte Sehnsucht nach Festland und Weite, diese jetzt schon entfesselte Fähigkeit, die Weltmärkte mit Kleingerät und Zubehör zu füttern – wo soll sie hin, die einst militärisch besiegte, nun friedfertig ihren Gewinn betreibende, noch immer, schon wieder asiatische Vormacht?

In Japans Kaufhäusern, die wie anderswo auch gedrängt voll sind, bewegen sich Japaner, die wie Japaner aussehen, zwischen langbeinigen Modepuppen, deren Kunststoffkörper rosigen Teint zeigen und – nach westlichem Schnitt gekleidet – die weiße Rasse verkörpern. So will man sein, keine Schlitzaugen mehr haben. Mit großen blauen Puppenaugen über alles Kleinwüchsige hinwegschauen. Wo sie herkommen, die Kühlen, die Blonden, die Hochgewachsenen, will man hin, wenn die Städte auslaufen. Denn daß sie auslaufen werden, ist sicher – und früher, als es bei Alfred Döblin steht.

Überdrüssig der Arbeitsbefreiung, angeekelt vom Müßiggang und der täglichen Mekispeise, nicht mehr willens, den zu großen Kopf auf schmächtigem Körper zu tragen, entlaufen die Massen den Städten. Sie ziehen als Horden, die kurzweilig siedeln und eine vergangene Utopie suchen. Dann laufen neue Stadtschaften, die asiatischen, die afrikanischen aus, deren

Massen sich mit den westlichen nomadisierenden Horden mischen und den versteppten Kontinent überschwemmen; wie ein Schwamm saugt Europa die überbordenden Völker.

Noch hält es Japans Menschen auf den Inseln, den überladenen Schiffen. Noch erdulden sie es, dicht bei dicht, gestapelt, geschichtet leben zu müssen, vergleichbar den Milliarden getrockneter Fische, die auf Japans Märkten, nach Art und Größe geordnet, an Stöckchen gereiht, sauber salzig in Kisten exportfähig liegen. Sie beuten die Meere aus, nicht nur die angrenzenden, auch fremde, entlegene. Fische, Muscheln, Algen, Tang, Seegras, Seegurken, arktischen Krill, was sich trocknen, pressen, schichten und reihen, als fischige Substanz eindicken, zu Fischmehl mahlen läßt, wird eingebracht und könnte, solange die Meere hergeben, die Welt nähren. Man müßte sie nur überall zulassen; sie kämen mit ihrer Technik, mit ihrem Fisch. Schon treiben sie Seegrasplantagen ins Meer. Schon führen sie in der Zuchtfischproduktion. Schon können sie aus Algenmasse tiefgrüne Gelatine blättrig gießen, nach Bedarf in Gebrauchsgrößen stanzen, in Folie einschweißen, auf Vorrat stapeln; bis ins Jahr 2000, um nur eine Zahl zu nennen.

Und zwischen den marktgerechten Meeresprodukten, die, wenn man sie auf die mangelleidende Welt bezöge und gleichzeitig den alles verwertenden Japanern die Meere und deren Ausbeutung überließe, endlich die totale Weltverköstigung zur Folge und eine weitere Utopie zum Gleichschritt gebracht hätten, sah ich in angrenzenden Läden Kleingeräte verschiedener Art bis runter zur Fingernagelgröße, Geräte, von deren Funktionsweisen ich nichts verstehe, die aber, weil billig herstellbar bei so niedrigen Löhnen, wie die Trockenalge die Welt versorgen könnten mit volksnahen Datenspeichergeräten, familienbezogenen Computern und anderem niedlichen Spielzeug, soweit die Märkte offen sind.

Dazwischen nichts. Hier das Massennaturprodukt, riecht fischig – dort die allerletzten technologischen Witze, riechen nach nichts. Dazwischen das Loch. Ein komplexes Vakuum. Denn zwischen Fisch und Elektronik hampeln sie an den restlichen Fäden nachhängender Tradition und im Gezwirn heutzeitiger Neurosen. Friedlich, bis auf den üblichen, auch anderswo üblichen, weltweiten Terror und Gegenterror. Dabei fleißig und pünktlich. Bei so viel gemeinsamer aggressiver Vergangenheit und verdrängnisgesättigter Gegenwart könnten die Deutschen und die Japaner einen Tauschhandel mit nationalen Klischees betreiben. Angeblich sind sie vergleichbar, auch wenn die Japaner angeblich körperlich anders beschaffen sind: Sie vertragen angeblich keine Milchprodukte. Angeblich haben sich beide Völker als reuige Sünder dergestalt demokratisiert, daß sie ihre Minderheiten, zumal Deutschland seitdem wie ohne Juden ist, nicht mehr verfolgen; denn auch in Japan sind die Eta – das heißt: die Schmutzigen – so gut wie geduldet.

Zwei bis drei Millionen mögen es sein. Auskünfte sind nur schwer zu erfragen und werden hinter der Hand geflüstert. Im Altertum nämlich aßen die Japaner Fleisch und vertrugen auch Milchprodukte. Als im sechsten Jahrhundert die Buddhisten kamen und das Töten unter Verbot stellten, bezog sich die neue Lehre nur einschränkend auf das Schlachtviehtöten; Fleischessen galt als schmutzig. Selbst Milchprodukte gewöhnte man sich ab. Seitdem werden die Schlächter, Fleischer, Gerber und Schuhmacher verabscheut.

Man nennt sie Eta. Es gibt sie in ganz Japan: versammelt in Dörfern, auch verstreut als einzelne, besonders häufig in und im Umland von Kyoto, Osaka und Hiroshima. Verfolgt werden sie nicht, aber benachteiligt sind sie alle. So sorgsam sie ihre Herkunft verstecken, einmal kommt es ans Licht, daß sie Eta sind. Also verlieren sie ihre berufliche, damit ihre gesellschaftliche Position, werden zu Absteigern zwischen Aufsteigern. Natürlich gibt es im modernen Japan, wie anderswo auch zum Schutze von Minderheiten, eine Emanzipationsbewegung. Im Parlament sitzen sozialistische und kommunistische Abgeordnete, die zur Eta-Klasse gehören, sich aber vorerst noch streiten, versteht sich: der Ideologie wegen.

Fast war ich froh, daß es auch in Japan, bei aller Ausgewogenheit bis zur Gleichförmigkeit, Minderheitenprobleme gibt; denn dadurch zeichnet sich diese Welt gegenwärtig noch aus, daß die sie bewohnende Menschheit, anders als Döblins zukünftige Massen, die alle Rassentrennung hinter sich gelassen haben, überall von Minderheiten gesprenkelt ist. In Japan sind es die schmutzigen Fleischfresser, denen Milchprodukte bekömmlich sind; in Indonesien müssen die tüchtigen, jeglichen Handel fördernden, aber auch den Wucherzins hochtreibenden Chinesen den Juden abgeben. Als 1966, nach dem Sturz Sukarnos, das fürchterliche Reinemachen begann, wurden, aus Furcht vor den Kommunisten und gedeckt durch den Vorwand der kommunistischen Gefahr, zwischen 200 000 und 400 000 Menschen getötet, darunter viele Tausende Chinesen, die sich des Kommunismus verdächtig machten, weil sie besonders geschäftstüchtig waren und gewinnträchtig ihr Kapital anlegten. Und in Ostafrika, wohin mich meine Reise zuletzt brachte, befinden sich die japanischen Eta und die indonesischen Chinesen als Inder in der Rolle des Juden. In Uganda hat Idi Amin gezeigt, wie man mit Minderheiten umgeht. Man braucht sie, damit sie, ordentlich gepreßt, die Wirtschaft in Gang halten; man tötet sie, weil sie als innerer Feind herhalten müssen; man läßt einen Teil überleben, weil man ohne inneren Feind nicht leben kann.

Schöne Dritte Welt! Indonesien ist ein reiches, grünes, üppiges, mit jährlich drei Reisernten gesegnetes, armes Land. Schon von den Holländern abgewirtschaftet, ist es nun von eigenständiger Korruption verseucht. Ein Drittel seines Reisbedarfes muß importiert werden, während die gleichfalls reisessenden Japaner, inmitten Industriemüll und ohne den Segen dreier Ernten, Reis überschüssig haben und exportieren.

Ventilatoren, Fahrräder, Motorräder, Filmbedarf, der gesamte technische Kleinkram, was sich der Mensch ausdenkt, um seine Bedürfnisse zu steigern: fast alles kommt aus Japan, Hongkong, Singapur, den drei dominierenden Stadtschaften, deren Versorgungszentren ins einundzwanzigste Jahrhundert ragen, während zu Füßen der einander spiegelnden Glasfronten die Slumgebiete auswuchern, das Mittelalter anhält und Furcht vor Dämonen von heute ist. Billigwaren, Schmuggelgut laufen über die einzig offenen Transportwege der Korruption. Und weil die in Indonesien landesübliche Bestechungspraxis aller Welt, von Siemens bis Unilever, Tür und Tor öffnet, dürfen die Japaner, weitab auf Borneo, die letzten Edelholzwälder fällen, und zwar so intensiv rationell, daß für hinterwäldlerische Träumereien wie Wiederaufforstung kein Scherflein bleibt. Schon drängen die

Japaner in die Java-See. Bald werden sie sich über den Dienstweg der Korruption zwischen den zwölftausend Inseln die Hochseefischereirechte gesichert haben; denn die indonesische Regierung ist so ausschließlich mit der Erhaltung ihrer Macht, der Absicherung ihrer Pfründe und dem Wachstum ihrer Schweizer Konten beschäftigt, daß keine Zeit bleibt, für die restlichen 120 Millionen Indonesier, von denen sich 80 Millionen dicht bei dicht auf Java vermehren, das Naheliegende zu tun: aus der armseligen Küstenfischerei eine Hochseefischerei zu entwickeln, die über Kühlketten – warum nicht mit Hilfe von Siemens – das Land mit Fisch versorgen könnte.

Doch Siemens hat schnellere Geschäfte im Sinn. Und die Hochseefischerei überläßt man den Japanern. Die verstehen sich darauf. Die sind nicht nur gut für Hunderttausende Motorräder und Millionen niedliche Taschenrechner, die wissen, daß alles vom Fisch und sonstigen Meeresprodukten abhängt: nämlich die Zukunft, das Überleben.

Denn noch sind wir nicht so weit wie Alfred Döblin in seinen zeitraffenden Gedankenstürzen. Noch gibt es keine Mekifabriken, die weltweit und gratis die Stadtschaften und deren Slumzonen mit synthetischer Speise versorgen. Oder man ist schon so weit, hält aber die folgenreiche Erfindung zurück, wie es, nach Döblin, die Industrie-Senate der englischen Stadtschaften taten. Den Erfinder Meki, einen weisen Zyniker, den nichts als sein Erfindungswesen belebte, kerkerten sie für zehn Jahre ein, bis er sich tötete: »London faßte, daß man sich in den alleinigen Besitz aller Geheimnisse der Synthese und aller Anlagen setzen mußte und daß man damit in den Besitz eines beispiellosen Machtmittels kam.«

Bei Döblin sind es europäische Großköpfe, die sich durch die Alleinvertretung der Mekispeise – dem Selbstmörder Meki werden später Denkmäler errichtet – die Vormacht sichern; ich meine eher, daß die Japaner auf diesem Gebiet führen werden. Sie sind so leise, so höflich beharrlich. Sie haben ihre Fähigkeit zum zerstörenden, selbstzerstörenden Kamikazeflug auf Friedensziele umgepolt. Sanft und nicht lärmig wie die großspurigen Amerikaner, bescheiden und nicht vom Hochmut großköpfiger Europäer besessen, werden sie ihre Neuerungen einschleusen; während sie noch die Märkte für Motorräder, Fotozubehör, Kleinstcomputer und getrockneten Fisch beherrschen, melden japanische Mekifabriken die ersten Marktanteile ihrer synthetischen Allerweltspeise. Noch ist der Umsatz gering, ein wenig lächerlich und skurril – darüber hat man doch in einer dicken Zukunftsschwarte, Döblin hieß der Autor, gelesen –, aber schon steigt die Nachfrage: bei den Verwöhnten aus Neugierde, bei der Masse aus Mangel.

Denn der nimmt zu. Alles andere mag stagnieren. Jeder Fortschritt mag sich als Rückschritt erweisen. Im europäischen Zuhause mögen sich nur noch Rentenberge türmen und Schulgebäude leer stehen, weil irgendwann zu wenig Kinderchen gezeugt wurden; Asien kennt keinen Pillenknick: überall Kinder, in den Slums, in den Dörfern. Schöne Kinder, heitere Kinder. Leise, unterernährte Kinder, die ganz wild darauf sind, wieder Kinder zu zeugen, weil Kinder dem Leben wimmelnden Sinn geben, weil selbst die Ärmsten das dürfen, sich fortundfortzeugen, weil viele Kinder die fehlende Sozialversicherung ersetzen, weil niemand von den inländischen Machtinhabern daran denkt, diese auf Kinderreichtum fußende Sozialversicherung der Armen – und das ist die Masse – durch ein gesellschaftliches System abzulösen. Denn das wäre Sozialismus. Und Sozialismus – das sagt auch Herr Filbinger weitab in Stuttgart – führt schnurstracks zum Kommunismus.

Deshalb – und nicht gottgewollt – findet tagtäglich, nun nicht mehr in Zeitlupe, der einzige Zuwachs unserer Gegenwart, die Bevölkerungsexplosion, statt und hat weiteren Zuwachs im Gefolge: Arbeitslosigkeit, Mangel, Unterernährung, Seuchen, Hunger. Und wären nicht die Japaner, die laut Döblin Engländer sind, bald in der Lage, die Menschheit, außer mit Volkscomputern und weltweiten Datenbankanlagen, zusätzlich mit synthetischer Mekispeise zu versorgen, müßten wir schier verzweifeln, weil gar nichts mehr läuft.

So reden Schriftsteller. Bei denen geht immer die Handlung weiter: Als die Mekifabriken mit Hilfe synthetischer Speise die große Sättigung sicherten, begann die Menschheit, weil immersatt in Untätigkeit gehalten, zu erlahmen und ihrer selbst überdrüssig zu werden. »Gefährliche Gleichgültigkeit, plötzlich aufgetaucht und alles zermorschend...«, notiert der Autor Döblin. »Prunk Spiele Gelage entfalteten wenig Wirkungen mehr. Modische schöne lebenspeitschende entzückenheischende Gegenstände, von den Maschinen erzeugt, standen vor den Menschen, die stumm die Lippe sinken ließen. Das wühlte herum in alten vergessenen Kostümen.«

Um dieser Erschlaffung und gefährlichen Rückwendung der Menschheit zu begegnen, entfesselten die industriebeherrschten Senate der westlichen Stadtschaften den uralischen Krieg. Als dessen Feuerwalzen sich gegenseitig, die westlichen und asiatischen Massen mitreißend, gefressen hatten, sollten mit beginnender

Friedenszeit wieder die alltäglichen Mekispeisen zukünftig sein. Da liefen die Stadtschaften aus. Man entzog sich den Beherrschern der nah- und fernwirkenden Apparate. Siedlerbewegungen verunsicherten den Erdkreis. Ackergeräte wurden ausgegraben. Schamanen, die sogenannten »Täuscher«, predigten: Zurück zur Natur. Also mußten sich die großen Köpfe abermals etwas Neues, eine Aufgabe für die Menschheit ausdenken. Man begann, die Enteisung Grönlands in Angriff zu nehmen: ein übermenschliches, die Natur in Rage bringendes Desaster; vollbracht ohne jede Atomkraft, die wir uns in zu großen Köpfen und jeder Utopie vorweg für gegenwärtige Desaster ausgedacht haben.

Keine Bange, irgendwas wird schon überleben; denn auch in ›Berge Meere und Giganten‹ wird überlebt: zwar reduziert und auf archaisches Maß gebracht, dafür mit wieder kleineren Köpfen. Überhaupt verläuft bei Döblin in Zukunft alles ganz anders. Kein Krieg der Sterne findet statt. Keine Astralleibchen der dritten Art suchen uns heim. Alles bleibt hübsch auf dem irdischen Teppich, der manchmal langsam, wie aus Vernunftgründen, dann ruckartig fortgezogen wird und die Menschheit ins Stolpern bringt. Auch die allerneuesten Technologien kommen nicht oder nur andeutungsweise vor, sie sind beliebig, wie mit linker Hand entworfen. Kein Detail wird ausgesponnen und fachkundig glaubwürdig gemacht. Selbst die Mekifabriken sind nur Behauptung. Im uralischen Krieg und bei anderen Konfliktlösungsversuchen klassischer Art ist eher beiläufig von fernwirkenden Strahlenwaffen, kurz Apparate genannt, die Rede. Die Enteisung Grönlands, das ganz große Spektakel, wird möglich durch Turmalinschleier, deren Kraft gespeichert wurde, als man, vorbereitend, die Vulkane Islands gesprengt und deren Kraft eingefangen hatte. Döblin behauptet das – und siehe: es wird tatsächlich; glaubwürdig wie die Tatsache, daß es in seiner zukünftigen Welt der ›Berge Meere und Giganten‹ keine Schriftsteller gibt.

Von Anfang an bleiben sie aus. Niemand schreibt da und läßt drucken. Da niemand liest, werden auch keine verbotenen Bücher beschlagnahmt. Nur ein einziges Mal, als die synthetische Mekispeise allgemeine Erschlaffung und gefährliche Rückbesinnung zur Folge hat, heißt es: »Deutsche hielten die schwere Bibel in der Hand, blätterten im Gesangbuch, sangen trübe im Wald.« Sonst keine Belege literarischer Art. Und weil bei aller Gewalt und Gegengewalt, Einzel- und Massenvernichtung kein einziger Schriftsteller verhaftet wird, müssen auch keine Schriftsteller gegen die Verhaftung oder Austreibung von Schriftstellern protestieren. In seiner Weitsicht hat Döblin seine Autorenexistenz, die Bücherverbrennung, sein Exil während der Nazizeit übersprungen: Wie ohne Zukunft ist sein Berufsstand.

Doch so weit sind wir nicht. Noch nicht. In Japan, Hongkong, Indonesien, Thailand, Indien, im afrikanischen Kenia, wohin ich überall kam und – wie verabredet – dem Terminplan der Goethe-Institute folgte, gibt es Schriftsteller, also Personen, die auf zögernde, altmodische, weil durch keine Technologie zu beschleunigende Weise Wörter machen, Sätze bilden und den verschiedenen, miteinander in Widerspruch befindlichen Wirklichkeiten zu einer neuen, fiktiven, also literarischen Wirklichkeit verhelfen und somit einem gefährlichen Beruf nachgehen; denn die außerliterarischen Wirklichkeiten und deren Verwalter begreifen sich in der Regel politisch, das heißt: ausschließlich. Sie wollen neben sich keine andere Wirklichkeit gelten lassen, auch keine fiktive. So kommt es, daß überall dort in der Welt, wo nur eine einzige Wirklichkeit gilt, Schriftsteller zum Schweigen gebracht werden, indem man ihre Bücher zensiert, verbietet, beschlagnahmt, sie außer Landes treibt oder verhaftet oder endgültig aus allen Wirklichkeiten nimmt.

Das widerfuhr in Indonesien vor mehr als zwölf Jahren dem Schriftsteller Pramoedya Ananta Toer, dessen Bücher von der engen Wirklichkeit landloser, von Zinswucher und Korruption bedrückter Bauern handeln. Grund genug für die Nachfolger Sukarnos, ihn als Kommunisten mit Tausenden anderer auf eine Insel, in ein Konzentrationslager zu sperren. Während zwölf Jahren fand kein Prozeß statt, traf keine Amnestie auf ihn zu. Keine Appelle und Bittgesuche wurden erhört. Die einzig um ihre Macht besorgten Militärs des Inselstaates Indonesien fürchten den Schriftsteller und sind mit ihrer Furcht nicht lächerlich einzelne, sondern befinden sich in Gesellschaft.

Wo ich herkomme – aus zweimal Deutschland –, wo ich hinkam – ob in Thailand oder Kenia –, man verstand es schon immer oder hat es rasch gelernt, mit Schriftstellern umzugehen. Reden wir nicht von der Deutschen Demokratischen Republik – das weiß jeder –, erkennen wir um so deutlicher, daß unser bundesdeutsches Schnüffelsystem eine Entwicklung fördert, die in Deutschland Tradition hat und den Staaten der Dritten Welt, kaum daß sie ihre Unabhängigkeit erkämpft haben, zur trüben Praxis geworden ist.

Seit Beginn dieses Jahres wird der Kikuyu-Schriftsteller Ngugi wa Thiong'o an unbekanntem Ort verhaftet gehalten. Gleichgültig ist es der regierenden Schicht in Nairobi, wenn sie sich bei solchem Gebrauch ihrer Macht in nichts von dem Machtmißbrauch in Südafrika und in der Tschechoslowakei, in Chile und in der Sowjetunion unterscheidet. Im Umgang mit Menschen, die außer oder neben der verordneten Wirklichkeit noch andere Wirklichkeiten sehen, erträumen, fordern oder gar, wie es Schriftsteller tun, beschreiben, haben sich die Ideologien angeglichen. Ihr Sicherheitsbedürfnis empfiehlt ihnen diese Angleichung. So verfeindet und einander ausschließend sich das kapitalistische und das kommunistische System geben mögen, wenn es um den Erhalt der inneren Sicherheit oder – in Sonntagssprache – um die Wahrung des inneren Friedens geht, sind sie sich einig beim Mißbrauch der Macht.

Weil ich Schriftsteller bin, macht sich mir diese teuflische Harmonie zuallererst am Schicksal von Schriftstellern deutlich; doch soll mitgesagt werden, daß Hunderttausende, die keine Schriftsteller sind, der gleichen ideologischen Übereinkunft ihre Vertreibung, ihre Haft, oft genug ihren Tod verdanken.

Doch Schriftsteller eignen sich besonders. Sie sind unheimlich, weil altmodisch genügsam. Mit nahezu nichts kommen sie aus: ein wenig Papier. Sie leben von Widersprüchen. Was sie sich ausdenken, bekommt Gestalt, macht sich selbständig, handelt, ohne haftbar zu sein. Das geht doch nicht. Das stört den Frieden, gefährdet die Sicherheit, fördert den Radikalismus, behindert den Fortschritt, stellt nur in Frage, wo wir doch Antworten brauchen: eindeutige, praktische, auf unsere Gegenwart bezogen, jawohl!

Deshalb kommen in ›Berge Meere und Giganten‹ keine Schriftsteller mehr vor. Bei Döblin ist die

Menschheit weiter. Die große, in unserer Jetztzeit entwickelte Übereinkunft der vorherrschenden Ideologien bedarf ihrer nicht, nicht mal als Schmuck, und hat sich schon lange der lästigen Fragesteller entledigt; oder es gibt sie doch noch, nur schreiben sie nicht mehr: träumende Randfiguren, die keinen Ausdruck suchen, sondern sich, ohne vermittelndes Medium, verbrauchen. Übrig bleibt nur noch gelebte, jenseits aller Korrekturbögen praktizierte Literatur; zum Beispiel der seltsame Jonathan.

Seine Mutter gehörte der neuen Führungsschicht, dem technologischen Adel, an. Obgleich nach dem Ende des uralischen Krieges in der Berliner Stadtschaft jegliches Forschen von den absolut herrschenden Konsuln Marke und Marduk verboten war, arbeitete sie insgeheim in einer Gruppe, die sich die Weiterentwicklung der synthetischen Speise durch beschleunigte Wachstumsprozesse zur Aufgabe gestellt hatte. Auch der Konsul Marduk hatte früher zu dieser Gruppe gehört, sich dann aber gelöst und die radikale Rückentwicklung befohlen: Sogar die altgewohnte Mekispeise wollte er abschaffen, nur fehlte es in der gänzlich zersiedelten, zwischen Oder und Elbe hingestreckten Stadtschaft an Ackerfläche und Weideland.

Im Verlauf einer Säuberungsaktion ließ Marduk einundzwanzig Wissenschaftler, darunter Jonathans Mutter, verhaften und in einen Versuchswald sperren, dessen Stämme und Gezweig dergestalt zu quellen und zu wuchern, Säfte auszuscheiden begannen, daß der Wald eins wurde mit den Körpern der Wissenschaftler. Eine sich immer neu verbindende, sozusagen synthetische Naturmasse ließ die Erfinder des Wachstumswunders ganz und gar aufgehen in ihrer Erfindung: »Das mammutische triefende krachende

Wachsen zerpreßte klemmte malmte manschte die Menschen, knackte die Brustkörbe, brach die Wirbel, schob die Schädelknochen zusammen, goß die weißen Gehirne über die Wurzeln. Die Stämme berührten sich…« Und weiter: »Den übergroßen Kopf drückte Marduk gegen das Fenster: ›Jetzt ist es vorbei. Ihr könnt nichts mehr.‹«

Übrig bleibt der Jüngling Jonathan als Liebling des machtversessenen Marduk und wechselnder Frauen, die auf herrische Art Frauenbünden vorstehen, Gegenströmungen zur Männerwelt, doch herrschsüchtig wie diese. Ein anhaltender, immer wieder aufwallender Geschlechterkampf, durch den leidend und sensibel, nie eindeutig dem einen oder anderen Lager verbunden, Jonathan taumelt. Als sensitive und doch ausdruckslose Potenz ist er die Inkarnation des nicht mehr schreibenden Schriftstellers: ein Spielball der Mächte, in deren Terrorarsenal die Schreckensmittel aller gegenwärtigen Systeme verschmolzen sind; gleich jenem synthetischen Versuchswald, der seine Erfinder einschmolz.

Wie in George Orwells utopischem Roman ›1984‹ sind in Döblins ›Berge Meere und Giganten‹ alle heute noch oberflächlich verfeindeten Ideologien übereingekommen. Wenn in Orwells oligarchischem Kollektivismus, als weltweitem Machtgefüge, faschistische und stalinistische Strukturen eins sind, also gemeinsam und nicht mehr kenntlich durch gegensätzliche Embleme, vielmehr als Synthese beider Machtgefüge die große, alles erfassende Datenbank betreiben, so ist diese Zukunftstendenz in Döblins Roman ähnlich tatsächlich. In beiden Büchern sind unsere heutigen Gesellschaftssysteme kapitalistischer und kommunistischer Art mit ihren klerikal-faschistischen oder halbkommunistischen Militärregimen als Unterordnungen, desgleichen Begriffe wie Demokratie, Liberalismus oder Arbeiterselbstverwaltung und demokratischer Sozialismus nicht mehr vorhanden, besser gesagt: nicht mehr kenntlich, weil eingeschmolzen in einen einzigen, totalen, alles kontrollierenden Machtwillen, dessen gestaute Aggressionen sich, ohne die heute noch gängigen ideologischen Begründungen, in kontinentalen Kriegen, regionalen Befriedungsaktionen und gelegentlich in Geschlechterkämpfen entladen.

Zwar reden wir noch immer vom Humanismus, zwar werden schier papageienhaft die Errungenschaften der europäischen Aufklärung, die Werte christlicher Ethik, das Recht des einzelnen und allgemein die Menschenrechte und das Recht auf Arbeit beschworen, aber die bei Döblin und später bei Orwell vorausbeschriebene Wirklichkeit als Zukunft hat schon begonnen; Aussicht besteht, die utopischen Zielfähnchen zeitiger zu erreichen, als sie gesteckt und datiert worden sind.

Ob in Asien oder Afrika, keines der etablierten oder sich durch beliebige Umstürze neu etablierenden Machtgefüge ließe sich eindeutig nach den überlieferten Ideologien bestimmen, vielmehr zeichnet sich überall jener oligarchische Kollektivismus ab, den Orwell für 1984 vorausgesagt hat, den Döblin seinen Stadtschaften als Macht- und Kontrollsystem verschrieben hat. Gleichgültig, ob sich in Indonesien oder Thailand die dort herrschenden Schichten als antikommunistisch und aus diesem Grund totalitär erweisen, gleichgültig, ob sich die Machthaber in Burma oder Kambodscha als sozialistisch definieren und aus Gründen des Antikapitalismus und Antiimperialismus ihre totale Herrschaft vollstrecken: Aller genannten Staaten zunehmende Gemeinsamkeit ist, daß sie, bei austauschbarer ideologischer Kostümierung und unbeschadet wechselnder Herrschaftsschichten, in einen weltweiten Kollektivismus hineinwachsen, dem die Industriestaaten beider Blocksysteme, frei nach Döblin und Orwell, den technologischen Überbau liefern: von der Datenbank bis zum spaltbaren Material.

Kein Wunder, wenn in so gegenwärtiger Zukunft die Schriftsteller als rührende Anachronismen, wie jener Jonathan, zwischen den Mächten schlingern: Zwar schreiben sie noch, zwar sind ihre Aufrufe und Proteste wie eh und je dem Pathos des Humanismus verpflichtet, zwar sperrt man sie hier und dort, ihre Gefährlichkeit überschätzend, ein, verbannt sie auf Inseln, treibt sie außer Landes oder will ihnen – wie Filbinger meinem Kollegen Hochhuth – durch Gerichtsbeschluß das Maul stopfen, zwar braucht man sie immer noch ein bißchen und fördert mit Preisen und Stipendien, was andernorts strafwürdig ist, zwar tut man allgemein so, als wolle man eine aussterbende Tierart noch eine Weile hegen, aber doch ist erkennbar und deutlicher als vage Ahnung, warum den Schriftstellern in Döblins zukünftiger Wirklichkeit kein Ausdruck mehr möglich ist; nur noch als Wesen hysterisch-gefühliger Art sind sie wie Jonathan da: mittellos übriggeblieben ohne Papier.

Doch selbst dergestalt reduziert, stören sie, irren sie befremdlich durch die Stadtschaften, wird ihre ausdruckslos gewordene, deshalb um so stärker gleißende Gefühlskraft als irritierend empfunden. Verspielte Zärtlichkeit, überbordendes Mitgefühl, Sehnen nach Vergangenem, das sich Zukunft erträumen möchte, altmodische Nächstenliebe geht von ihnen

aus. Inmitten unempfindlicher Machtgefüge bleiben
sie empfindsam. Kein Terror schreckt sie ab, sich mit-
zuteilen. Inmitten alles Elend dieser Welt fassender
Slumgebiete, in Dürreregionen, denen die staatsge-
wollte Korruption die letzten Mittel abpreßt, überall
dort, wo das Unrecht zum Himmel schweigt, sah ich
Jonathan tätig. Als Mann oder Frau. Er ist nicht ge-
schlechtlich. Er ist das tätige Gefühl, abseits von Nütz-
lichkeit und Erfolg – und wohl auch eine Spiegelung
jenes Dr. Döblin, der im Berliner Urban-Krankenhaus
den Armen beistand.

In Thailand ist es ein junger Arzt, der im nordwest-
lichen Distrikt Prathai, inmitten einer Dürre- und
Hungerprovinz, ein 10-Betten-Krankenhaus leitet.
Eine auf ersten Blick knäbische Person, achtundzwan-
zig Jahre alt, heiter: das landesübliche Lächeln. Ich
sah ihn konzentriert, als einziger Arzt für achtzigtau-
send Bewohner des Distrikts, seiner schier aussichtslo-
sen Aufgabe nachgehen. Seuchen, Tuberkulose, das
zu späte Verlangen nach Sterilisierung, Fehl- und Un-
terernährung und ihre Folgekrankheiten bestimmen
seinen Arbeitstag. Die Region wird von einigen rei-
chen Großgrundbesitzern beherrscht, denen in ihrem
Sold stehende bewaffnete Banden die letzten Wasser-
büffel der verarmten Bauern zutreiben. Die Polizei
deckt die Großgrundbesitzer. Der Arzt weiß das. Er ist
ohnmächtig. Er hat sich für die unterernährten Wurm-
kinder entschieden.

Sachlich, als wollte er nur die Angaben seiner regio-
nalen Statistik bestätigen, sagte er uns die Gründe –
einseitige Reisernährung, Fehlen der Vitamine B_1,
B_2, A, Proteinmangel –, zeigte er uns die Symptome:
fahle brüchige Haare, Augenkrankheiten, entzündete
Mundwinkel, Ausschlag, geblähte Bäuche. Wenn er

sich gegen den Bandenterror und die staatstragende Korruption stellen würde, müßte er die Kinder, die Kranken verlassen und in den Dschungel gehen, wo sich der Widerstand sammelt. Dieser Arzt will bleiben, solange man ihn läßt.

Früher waren hier Wälder, die im landesüblichen Raubbau abgeholzt wurden. Wir hören, daß seitdem der Regen auch in Monsunzeiten ausbleibt. Schwererkrankte kann der Arzt nicht transportieren, die Ambulanz fehlt. Stromausfall gehört zum Alltag. Sein lächerliches Monatsgehalt. Was bewegt diesen Arzt, in seinem Krankenhaus ohne Wasser auszuhalten? Er ist ein Einzelfall. In den Nachbardistrikten gibt es keinen Arzt, wie es diesen Arzt hier gibt. Er ist in Prathai geboren, hat in Bangkok studiert und ist nach Abschluß seines Studiums in seinen Distrikt zurückgekehrt. In Bangkok sitzen die Ärzte dicht bei dicht. Keiner von ihnen will aufs Land, in die Dürregebiete. Städtisch wollen sie bleiben, sich in Europa, Amerika eine Praxis erträumen.

Warum berichte ich von diesem einzelnen Arzt? Weil ich ihn, der in seine Provinz zurückging, gegen Tausende asiatische, afrikanische Ärzte stellen will, die in Europa und Amerika studiert haben, dort geblieben, nicht in ihre Provinzen zurückgekehrt sind: Ärzte auf dem Papier, ihren Ländern verlorengegangen. Asylsuchende nennen sich viele, dabei sind sie ihrer Aufgabe entlaufen. Dieser einzelne Arzt stellt sie alle in Frage. An seinem Verhalten ist ihre Verweigerung zu messen. Er sollte sie beschämen; aber ich fürchte, sie lachen ihn aus.

In Khlong Toei, dem Großslum in Bangkoks Hafenbezirk, sah ich eine junge Frau, die die Schwester des Arztes in Prathai sein könnte. Dort geboren und aufgewachsen, ist sie als Lehrerin dennoch im Slum geblieben. Sie unterrichtet unregistrierte Kinder, die, weil sie nicht registriert sind, in keine öffentliche Schule dürfen. Khlong Toei ist ein Bretterbudengewirr auf Pfählen, die in einem Morast stecken, der von Abfällen, Kot gespeist wird, während der Monsunzeit aufquillt und die Laufstege zwischen den Buden schluckt. Hier leben 60 000 Menschen, von denen 8 000 Kleinkinder sind. Die Hilfe der jungen Lehrerin reicht für knapp hundert Kinder. Ihnen teilt sie täglich je einen Becher verdünnte Sojamilch aus. Die Sojamilch hat Terre des Hommes gestiftet. Den Arzt in Prathai unterstützt Terre des Hommes mit Medikamenten.

Es sind die berühmten Tropfen auf den heißen Stein, die einzig noch zählen. In ihrer Vergeblichkeit kamen mir die Arbeit des Arztes und die Slumschule (samt Sojamilch) der Lehrerin realer und ehrlicher vor als viele großaufgezäumte Entwicklungsprojekte, deren Mittel zum Gutteil in Verwaltungsumläufen versickern und deren Vorzeigeergebnisse nur die Kluft zwischen der unentwickelten Region und der hochdotierten Sonderleistung vergrößern: heiße sie Stahlwerk, halbautomatische Düngemittelfabrik, Superklinik oder gar, wie in Djakarta, Lichtsatzdruckerei, die aber nicht, wie im Plan vorgesehen, Schulbücher druckt, sondern hauptsächlich Verpackungsmaterial bebildert. Natürlich muß das Papier importiert werden, denn ehe man sich der Mühsal unterzog, eine indonesische Papierproduktion zu fördern, tat man lieber den zweiten vor dem ersten Schritt und baute, stolz auf das neueste Know-how (und gestützt durch die steuerlich begünstigte Kapitalhilfe bundesdeutscher und holländischer Verlage), eine Druckerei ohne Sinn, die nun täglich, um rentabel zu bleiben,

Verpackung ausspuckt, die dem ohnehin armen Land die Produkte verteuert: Fehlplanung als Abschreibegeschäft.

Nein, Herr Klett und Gesellschafter! Dann lieber Terre des Hommes und die vielen Tropfen auf den heißen Stein. Diese kleine, durch private Spenden finanzierte, weder durch staatliche Mittel noch mit kirchlichen Beiträgen gestützte Hilfsorganisation hat sich besonders auf die Notlage von Kindern in Slumgebieten konzentriert. An denen mangelt es nicht. Denn zur einzigen realen Zuwachsrate unserer Gegenwart – das ungehemmte Sichauswachsen der Weltbevölkerung – gehört, neben den begleitenden Zuwachsraten Arbeitslosigkeit und Unterernährung, die Landflucht ausgebeuteter Bauern aus den Dürre- und Hungerprovinzen in die Slums.

Hier zeichnet sich Zukunft ab. Hier werden die Schauplätze für Döblins Massenkonflikte abgesteckt. Hier, in den Stadtschaften, stoßen nachbarlich hart auf hart Welten gegeneinander, zum Beispiel in Bombay.

Etwa 70 000 Menschen leben in der Janatha-Colony, die jetzt Cheetah-Camp heißt, einem der größten Slums im Großraum Bombay, von dessen sieben Millionen Einwohnern nach schwankender Schätzung zwischen zwei und drei Millionen Menschen in Slums wohnen. Direkt neben dem ehemaligen Gebiet der Janatha-Colony entstand das indische Atomforschungszentrum, dem Indien seine erste Atombombe verdankt. Den Atomforschern mißfiel die Slumnachbarschaft. Sie nannten die Slumbewohner: ein Sicherheitsrisiko. Also wurde im Mai 1976 die Janatha-Colony zwangsgeräumt und mit Bulldozern eingeebnet. Als neues Slumgebiet wurde den 70 000 ein offenes Landstück am Meer zugewiesen, das mit Beginn der Regenzeit überspült wird und versumpft. Während der ersten Monate starben einige hundert Kinder. Selbstmordfälle häuften sich. Indessen plante das Atomforschungszentrum den freigewordenen Raum als Freizeitgelände ein. Seitdem hügeln sich dort Golfplätze, kann man sich beim Tennisspiel entspannen, soll es nicht am Swimmingpool fehlen, macht den Atomforschern das Forschen wieder Spaß, fühlen sie sich sicher ganz unter sich: die neue Elite. Die Wissenden. Die Teil- und Teilchenwisser. Die mit den zu großen Köpfen, in denen ausgedacht wird, was über den Menschen und seinen Slumhorizont hinausweist. Auf sie kommt es an. Sie sind kostbar. Ihnen gehört die Zukunft.

In ›Berge Meere und Giganten‹ sind die Wissenschaftler als Elite identisch mit den alleinherrschenden Senaten der Stadtschaften. Sie haben die Parlamente abgeschafft oder zu Scheinparlamenten degradiert. Sie haben die Industrien im Rücken: den großen Schub. An ihnen sind die Maschinenstürmer gescheitert. Die Ergebnisse ihrer Forschungen – und nicht das dumpfe Bedürfnis der Massen – weisen die Richtung. Sie haben der mühseligen Landwirtschaft und dem Fronprinzip Vollbeschäftigung ein Ende bereitet, indem sie ihre Produktionsanlagen rationalisierten und den freiwerdenden Arbeitermassen mit synthetischer Nahrung das bißchen Existenz sicherten. Sie haben, nachdem der verordnete Müßiggang in Anarchie umzuschlagen drohte, der Menschheit den uralischen Krieg als Ausflucht eröffnet. Es waren Wissenschaftler, die nach dem Auslaufen der Städte die unruhig streunenden Siedlermassen an eine neue Zielsetzung fesselten: die Enteisung Grönlands. Und

als die Turmalinschleier Grönland bis zu seinen Krei-
dezeitschichtungen bloßgelegt und zum vegetativen
Kochen gebracht hatten, als sich aus dem alles ver-
schmelzenden Wachstum gigantische Urechsen und
straßenlange Flugdrachen lösten, Grönland verlie-
ßen, über die westlichen Stadtschaften herfielen und
die Massen in Schrecken versetzten, waren es wieder
Wissenschaftler, die Rat wußten, indem sie den
Kampf gegen die turmalingezeugten Untiere den so-
genannten Turmmenschen überließen: synthetische
Wesen gigantischer Art, in die, wie zu Vorzeiten in
Marduks alles verschmelzendem Versuchswald, Ge-
tier und Menschenleiber eingeschmolzen und durch
Turmalinbestrahlung ins Riesenwachstum gesteigert
wurden. Die verängstigten Massen jedoch, desglei-
chen die Laboratorien und Mekifabriken, wurden
von der Erdoberfläche weg in unterirdische Stadt-
schaften verlagert: »Als Stockwerk auf Stockwerk in
die Tonmassen gestoßen waren, immer größere Höh-
len aufgerissen, die Erdmassen, gesprengten Felsen
zwischen den oberirdischen Häuserreihen zu Schutt-
halden aufgestapelt, hatte niemand mehr ein Furcht-
gefühl. Sie flohen nicht vor den Urtieren. Sie waren
auf einer neuen gewaltigen Expedition. Die Senate
riefen: ›Von der Erde weg‹ und sie gruben sich won-
nig ein; das Wunder des menschlichen Könnens, das
die Grönlandfahrer erlebt hatten, erlebten sie jetzt
selbst.«

Weist Döblin abwegig in die Zukunft? Selbst wenn
die Enteisung Grönlands mit allen fabelhaften Folgen
nur als grandioses literarisches Schauerstück zu wer-
ten ist, bleibt die Verbringung der Menschen oder
eines Teiles der Menschheit unter die Erdoberfläche –
alternativ: riesige Konzentrationslager, die als Satelli-

ten die Erde umkreisen –, denkbar, weil möglich, oder möglich, weil denkbar. Das Ekelgefühl der indischen Atomforscher (und auch ihr Sicherheitsbedürfnis) war stark und plausibel genug, um die Räumung des Großslums in ihrer Nachbarschaft als folgerichtig erscheinen zu lassen. Das derzeitige Slumgebiet Cheetah-Camp liegt direkt neben dem Arsenal der indischen Kriegsmarine: Abermals stellt sich die Sicherheitsfrage. Wohin aber mit den Slums in Bombay, Calcutta, Hongkong, Djakarta, Bangkok, Nairobi, wenn ihre Verlegung und Teilsanierung nur immer größere Slums und gesteigerte Landflucht zur Folge hat? »In die Erde!« läßt Döblin die Senate der Stadtschaften rufen; »Ab in den Weltraum!« könnte übermorgen schon die Empfehlung einer internationalen Sanierungskommission heißen.

Losgelöst von städtischer Fürsorge sind die Slums ohnehin: nicht angeschlossen an die Müllabfuhr, an die Kanalisation, an das Schul- und Krankenhauswesen, an die städtische Wasserversorgung. Lästige Gliedmaßen, die man sich abschneidet, liegen läßt. Aber sie faulen, stinken, wachsen dennoch, verbinden sich, drohen die Städte einzuschmelzen – und kein Ort, sie loszuwerden; es sei denn, jener Schriftsteller, der zwischen vielen Büchern das Buch ›Berge Meere und Giganten‹ schrieb, hat tatsächlich in die Zukunft gewiesen.

Wir wissen nun, was sich zu große Köpfe ausgedacht haben, ausdenken können. Stillschweigend oder laut das Gegenteil beteuernd, ist akzeptiert worden, daß nach uns die Sintflut kommen mag. Zwar tasten die neuesten Erfindungen neugierig die Zukunft ab, aber in der Gegenwart holt uns das Mittelalter ein: Seuchen, Dämonenfurcht, diffuse Sehnsucht nach

Erlösung, religiöser Wahn nehmen zu. Nicht nur der Präsident der Vereinigten Staaten von Amerika ist himmlischen Weisungen verpflichtet. Noch im Februar dieses Jahres trafen sich in Zentralindien einige tausend Brahmanen, um den Göttern ein Opfer zu bringen: Lebensmittel im Wert von dreieinhalb Millionen Mark, Reis, Milch, Pflanzenfette, wurden, inmitten einer Hungerregion, verbrannt. In einem Interview sagte ein führender Brahmane: Es sei sinnlos, den gegenwärtigen Opfern von Wirbelstürmen zu helfen; vielmehr müsse man versuchen, durch große Opfer zukünftige Wirbelstürme zu verhüten. – Ein zeitgenössisches Stückchen, das bei Döblin stehen könnte.

So ging meine Reise zu Ende, während der Wettlauf der Utopien weiterhin stattfindet. Nachzutragen wäre noch, daß in den Kinos in Hongkong, Djakarta, Bangkok der Film ›Der Mörderwal‹ lief, daß in den japanischen Großhotels, selbst in den Aufzügen, einzig klassische Musik rieselt: Bach, Vivaldi, Purcell, daß überall – und bei den Ärmsten besonders bunt – das Leben, und sei es in Form von Hahnenkämpfen, gefeiert wird, daß es in Asien tatsächlich Dämonen gibt, daß in ganz Asien Deutschland nur im Wirtschaftsteil der Zeitungen oder in Verbindung mit dem Namen Beckenbauer vorkommt, daß auf diesem leisen überfüllten Kontinent die deutschen Touristen nicht lauter hallen als die französischen, holländischen und so weiter.

Zu Hause war jeder mit sich und seinen Kleinängsten beschäftigt. Offenbar sind die vielen zänkischen Nebenbemerkungen und aggressiven Gesten in Wort, Bild und Tat gegen den inneren Feind gerichtet. Wenn der Wahnsinn in Asien blumig ist, vernünftelt er in Europa. Dabei gibt es hier alles – und schön verpackt; nur viel Zukunft ist nicht zu haben. Da muß man schon suchen, sich Zeit nehmen, wieder von vorn beginnen, lesen. In meinem Kalender stand Alfred Döblins 100. Geburtstag bevor.

Mein lieber Hans Werner,
anfangs war es nur eine kleine Sonntagsidee, Dir zum
70. Geburtstag ein Gruppentreffen im Jahr 1647 zu
skizzieren, doch dann wuchs sich die Idee zu der Er-
zählung ›Das Treffen in Telgte‹ aus, an der ich nun ein
gutes halbes Jahr lang sitze; und immer noch nicht bin
ich am Ende.

Es macht mir Schreibspaß, Dich und uns alle, einen
verqueren barocken Haufen, während drei Tagen zwi-
schen Münster und Osnabrück zu versammeln. So
lange ist das gar nicht her: nur dreihundert Jahre –
von 1947 zurückgezählt. Außerdem wüßte ich für
Dich kein besseres Geschenk; denn Du hast uns da-
mals, als der Dreißigjährige Krieg schleppend zu
Ende ging, zusammengerufen.

Wenn Du willst, lese ich Dir (und uns) ein Stück-
chen draus vor, wenn wir uns in Saalgau treffen, um
Dich zu feiern.

Dein Freund *Günter*

*Rede zum 10. Jahrestag der Besetzung Prags auf
der Veranstaltung »Prager Frühling – Deutscher Herbst«*

»Urteile selbst«, sagte Olga, »übrigens klingt es sehr
einfach, man versteht nicht gleich, wie es eine große
Bedeutung haben kann. Es gibt einen großen Beam-
ten im Schloß, der heißt Sortini.« – »Ich habe schon
von ihm gehört«, sagte K., »er war an meiner Beru-
fung beteiligt.« – »Das glaube ich nicht«, sagte Olga,
»Sortini tritt in der Öffentlichkeit kaum auf. Irrst du
dich nicht mit Sordini, mit ›d‹ geschrieben?« – »Du
hast recht«, sagte K., »Sordini war es.« – »Ja«, sagte
Olga, »Sordini ist sehr bekannt, einer der fleißigsten
Beamten, von dem viel gesprochen wird; Sortini dage-
gen ist sehr zurückgezogen und den meisten fremd.
Vor mehr als drei Jahren sah ich ihn zum ersten und
letzten Male. Es war am dritten Juli bei einem Fest des
Feuerwehrvereins, das Schloß hatte sich auch betei-
ligt und eine neue Feuerspritze gespendet. Sortini, der
sich zum Teil mit Feuerwehrangelegenheiten beschäf-
tigen soll (vielleicht war er aber auch nur in Vertretung
da – meistens vertreten einander die Beamten gegen-
seitig, und es ist deshalb schwer, die Zuständigkeit die-
ses oder jenes Beamten zu erkennen), nahm an der
Übergabe der Spritze teil; es waren natürlich auch
noch andere aus dem Schloß gekommen, Beamte und
Dienerschaft, und Sortini war, wie es seinem Charak-
ter entspricht, ganz im Hintergrunde...«

Dieses Zitat aus Franz Kafkas 1922 begonnenem
Roman ›Das Schloß‹, der wie seine Romane ›Ameri-

ka‹ und ›Der Prozeß‹ unvollendet geblieben ist, soll
als Einblick in das »kafkaeske« Wesen der Bürokratie
Überlegungen einleiten, die zum zehnten Jahrestag
der Okkupation der Tschechoslowakei einen Ansatz
im literarischen Beispiel suchen. Da es an politischen
Analysen der Vorgänge bis zum 21. August 1968 nicht
fehlt, will ich aus Kafkas Vision der totalen Verwal-
tung Fragen nach jenen Strukturen ableiten, denen
die Gesellschaften in Ost und West, abseits militäri-
scher, ökonomischer und ideologischer Macht, mehr
denn je unterworfen sind.

Wie setzt sich die Tätigkeit von Sortini und Sordini
fort? Wer oder welche Zwangsläufigkeit verschleiert
die Kompetenzen? Wodurch ergibt sich die Zustän-
digkeit für alles und nichts? In welchem Verhältnis zu-
einander wachsen oder schwinden Bürokratie und
Korruption? Wann beginnen Verwaltungsapparate
überirdisch und im Sinne Kafkas gleichnishaft zu wer-
den?

Diese Fragen sind nicht eindeutig zu beantworten,
weil das Wesen der Bürokratie, selbst im trivialen Vor-
zimmerbereich, vieldeutig ist: sich dem Schloß nä-
hern heißt, dessen Umrisse aus dem Auge verlieren.
Welcher Ideologie auch zugeordnet: Es ist die Auffä-
cherung der Macht in mehrschichtige und scheinbar
verworrene Verwaltungswege, die nicht mehr im alt-
modischen, dem Autor Kafka bekannten k.u.k. Stil,
sondern gegenwärtig und mit Ausblick auf Zukunft,
also mit moderner Technologie ausgestattet, dabei
gleichbleibend in ihrem anonymen, allenfalls zwi-
schen Sortini und Sordini schwankenden Wesen, die
menschliche Gesellschaft im Griff hat, einzuordnen
versteht, zu schützen vorgibt, allgegenwärtig ist und
den einzelnen – ob Beamter oder Bürger – im Namen

altlautender wie veränderter Gesetze unter Kontrolle hält oder in Gesetzwidrigkeiten verstrickt.

Allen ideologischen Mächten, die ihren Anspruch auf Besitz der Wahrheit weltweit vertreten, sich deshalb wechselseitig ausschließen und oft bis zur Vernichtung bekämpfen, ist als einzige internationale Organisation die Bürokratie übergeordnet. Sie begreift sich als omnipotent. Sie bestätigt sich selbst. Nach ideologischem Systemwechsel arbeitet sie nahezu störungsfrei weiter, weil sie sich wertfrei dem jeweils neuen System einzuordnen versteht. Nichts kann sie ersetzen. Selbst bei größter politischer Unrast, inmitten revolutionärem Chaos, wird sie eigener Gesetzmäßigkeit vertrauen: Sie überdauert und hält sogar ihren Geruch.

So viel Qualität überzeugt. Wo alles in Scherben geht, ist Dauerhaftigkeit gefragt. Was wüßten wir von uns und voneinander, überdauerte uns nicht (als zeitlose Ablage) der Meldeschein, der Fragebogen, die Personalakte, das Dossier? Nichts käme ans Licht, gäbe es nicht diese papierenen Absonderungen menschlicher Existenz, Dokumente genannt.

Zum Beispiel wäre es ohne Zutun der alles konservierenden Bürokratie nicht gelungen, das Bild des Marinerichters und späteren Ministerpräsidenten Hans Filbinger bis zur Überdeutlichkeit erkennbar zu machen. Man möchte erschrecken, weil wir so viel Erkenntnis der Bürokratie verdanken. Der Umstand, daß Filbinger, der selber Erkenntnisse über andere sammeln ließ, Opfer dieser Methode wurde, mildert die Fragwürdigkeit des Vorgangs nicht, sondern zeigt an, daß dem Wesen der Bürokratie parteiliche Nachsicht oder gar Gnade fremd sind. Rang und Namen sind ihrem Gedächtnis unerheblich. Würde Filbinger

Fildinger heißen und sich wie Kafkas Schloßbeamte Sortini und Sordini verwechseln lassen, hätte Fildinger, der nie Ministerpräsident wurde, sondern erfolgreich Jurist blieb, selbst dann nichs zu befürchten, wenn die mit Hilfe der Bürokratie über ihn zu gewinnende Erkenntnis noch erschreckender wäre als jene Erkenntnis, die uns über Filbinger erschrecken ließ. Nur weil er Ministerpräsident war, wurde er zum Fall.

Denn unterhalb seiner Amtswürde und abseits der demokratischen Empfindlichkeit höheren Amts- und Würdenträgern gegenüber ist Filbinger wie Fildinger der Wechsel aus dem Machtgefüge des nationalsozialistischen Großdeutschen Reiches in die Bundesrepublik Deutschland wie nahtlos gelungen: Immer dem Gesetz verpflichtet, blieb er tätig beim Sammeln von Erkenntnissen über andere. Selbst wenn Filbinger nicht mehr darf, bleibt Fildinger fleißig.

In diesem Sinne sind sich Sortini und Sordini treu geblieben: Koordiniert mit wechselnden Erkenntnisdiensten erfüllten und erfüllen sie ihre Pflicht. An ihrer Verwechselbarkeit sind sie zu erkennen. Man kann sie gegen sich austauschen. Identisch sind sie allein mit jenen papierenen, jederzeit gesetzlich abgesicherten und mittlerweile zeitlos anmutenden Vorgängen, die das Wesen der Bürokratie ausmachen, niemals aber mit ideologischen Zuordnungen, die sich beschwören lassen, denen man abschwören kann.

Wie nach dem Verfall des faschistischen Machtapparates, trotz insgesamt bemühter demokratischer Reformen, das systemüberdauernde Verwaltungswesen dennoch in seiner Substanz keinen Schaden genommen hat und leistungsfähig genug blieb, um bei kräftiger Zufütterung, etwa mit dem sogenannten Radikalenerlaß, alle vormals gestellten Reformschranken niederzulegen und abermals hemmungslos wertfrei, das heißt sich selbst genügend, tätig zu werden, so ist auch jenem Land die Substanz des Verwaltungswesens erhalten geblieben, das dem Schriftsteller Franz Kafka anschauliche Wirklichkeiten geboten hat: Trotz verwirrender ideologischer Wechselfälle, seit entlegenen k.u.k. Zeiten bis in die Gegenwart des realen Kommunismus, hat das Schloß des gleichnamigen Romans als Metapher seine Vieldeutigkeit halten können und Tausende Landvermesser wie Wahrheitssucher abgewiesen und verbraucht. Es ist sogar in alle Dimensionen hineingewachsen. Höher hinaus, breiter gelagert, vielfach unterkellert lastet das Schloß nun endlich auch auf ideologischem Fundament.

Seitdem der Kommunismus leninistisch-stalinistischer Prägung die allgemeine, sozusagen landläufige Bürokratie mit der Parteibürokratie durchsetzt hat und ihm die Vergatterung aller Organe zu einem Willen gelungen ist, erfaßt die anonyme Macht der Bürokratie den einzelnen Menschen total.

In Kafkas Roman ›Der Prozeß‹ erfährt der Angeklagte Josef K. nie, wessen er angeklagt ist, wer ihn verurteilt. Zwar wird der Landvermesser K. teils durch Hartnäckigkeit, teils durch Vermittlung listig benutzter Frauen, mit Kastellanen und mittleren Beamten ein wenig bekannt, doch aufs Schloß, ins innere Gefüge der ihn erfassenden Macht dringt er nicht. Der Landvermesser K. verstrickt sich in Handlungen und Nebenhandlungen. Oft scheint er die Anlässe seiner Bemühungen vergessen zu haben. Er macht sich schuldig. Er verbraucht sich. Er nutzt sich auf Amtswegen ab.

Diese Passion liegt seit Jahrzehnten als Literatur vor und ist zur modernen Klassik gezählt worden.

Auch ist der utopische Entwurf, den uns der Autor als so präzise wie vieldeutige Vision hinterlassen hat, in allen totalitären Ländern, überall dort, wo Macht und Verwaltung deckungsgleich sind, eingeholt und tatsächlich geworden. Nicht zuletzt im Land seiner Herkunft. Die Tschechoslowakische Sozialistische Volksrepublik hat ihre parteibürokratische Machtstruktur über den vehementen Reformversuch des »Prager Frühling« wie unbeschadet hinübergerettet. Zwar ist durch die Okkupation der Tschechoslowakei vor zehn Jahren ein machtpolitisches Datum gesetzt worden, doch die Panzermotoren der Besatzungsmächte wurden viel früher angeworfen. Schon zu Beginn der sechziger Jahre formierten sich Kräfte und Gegenkräfte. Ein peripheres Ereignis soll diesen Machtaufwand spiegeln. Mehr als die bekannten Staatsaktionen ist es geeignet, die Ursachen des anhaltenden Konfliktes bloßzulegen. Unter anderem war damals auch vom Landvermesser K. die Rede.

Am 27. und 28. Mai 1963 traf sich im Schloß Liblice in Böhmen eine Gruppe von Literaturwissenschaftlern, Philosophen und Schriftstellern, um das Werk eines Autors zu diskutieren, dessen Bücher bis dahin anrüchig, wenn nicht tabu waren und deren Drucklegung als Gesamtausgabe bis heute in allen Ostblockstaaten verhindert worden ist.

Wenn man voraussetzt, daß seit dem XX. Parteitag der KPdSU nicht nur die politische These der Koexistenz Bedeutung gewonnen hatte, sondern auch Stalinismus-Kritik, zumeist unter dem Stichwort »Die vergangene Phase des Personenkults«, in Grenzen erlaubt war, kann man die Kafka-Konferenz auf Schloß Liblice als frühes Zeichen des Prager Frühlings begreifen.

Die Teilnehmer dieser Konferenz verstanden sich alle als Marxisten. In insgesamt siebenundzwanzig Diskussionsbeiträgen wurde mehr oder weniger direkt, gelegentlich verschämt und mit Einschränkungen, oft mit Pathos, doch insgesamt gläubig-marxistisch dem Schriftsteller Franz Kafka das Zeugnis ausgestellt, er sei, bei aller pessimistischen Lebensauffassung, dennoch ein humanistischer Schriftsteller und damit Teil des kommunistisch-humanistischen Erbes. Man nannte ihn fortschrittlich.

So lächerlich sich diese Begutachtungen heute lesen, so notwendig waren sie damals: Einzig diese Floskel machte Kafka diskutabel. Ob überzeugt oder augenzwinkernd vorgetragen, gab das Zeugnis, der bis dahin verfemte oder verschwiegene Schriftsteller sei ein Humanist, den Weg frei für weitere Überlegungen.

Zusammenfassend hieß es später: »Die Konferenz bemühte sich um die ideologische Klärung der mit Kafkas Werk verbundenen literarwissenschaftlichen Probleme. In einigen Diskussionsbeiträgen wurden selbstverständlich auch Fragen aufgeworfen, die die Kulturpolitik einzelner Länder betrafen, so vor allem die Frage, ob Kafkas Schriften herausgegeben werden sollen. Auch in dieser Hinsicht war ein Meinungsaustausch förderlich, wenngleich die Konferenz natürlich weder berechtigt war noch sein konnte, in die Lösung dieser Fragen einzugreifen.«

Das spätere Schicksal einiger Konferenzteilnehmer zeigt an, welchen Erschütterungen der Kommunismus seitdem ausgesetzt gewesen ist. Der Konferenzleiter, Eduard Goldstücker, war während der kurzlebigen Dubček-Ära Präsident des tschechoslowakischen Schriftstellerverbandes; heute lebt er als Emigrant in England. Der österreichische Kommunist Ernst

Fischer wurde, weil er gegen die Okkupation der Tschechoslowakei protestiert hatte, aus der österreichischen KP ausgeschlossen. Roger Garaudy mußte nach Beschluß des Zentralkomitees die Kommunistische Partei Frankreichs verlassen.

Zum Schluß seines Referates zitierte Garaudy ein Gespräch zwischen Kafka und dessen Freund Gustav Janouch über Picasso. Anläßlich der ersten kubistischen Ausstellung in Prag sagt der Freund: »Das ist ein mutwilliger Deformator.« Und Kafka erwidert: »Das glaube ich nicht. Er notiert bloß die Verunstaltungen, die noch nicht in unser Bewußtsein eingedrungen sind: Kunst ist ein Spiegel, der ›vorausgeht‹ wie eine Uhr – manchmal.«

Der Picasso-Kafka-Vergleich wurde in anderen Referaten nicht aufgegriffen. So weit wollte kein Referent gehen. Eher gab es Bemühungen, dem jungen Kafka eine frühe Beziehung zum Sozialismus nachzuweisen. Immer wieder wird beteuert, daß es insbesondere Kafka gelungen sei, die Entfremdung des Menschen im kapitalistischen System aufzuzeigen. Die westliche bürgerliche Kritik wurde gerügt: Sie mystifiziere Kafka und unterschlage seine Gesellschaftskritik.

Dem antwortete der polnische Philosoph Roman Karst: ». . . man hat die bürgerliche Kritik beschuldigt, sie verfälsche den Sinn von Kafkas Werk, ja es wurde sogar behauptet, daß es notwendig sei, Kafka gegen die bürgerliche Kritik zu verteidigen, wobei man jedoch vergessen hat, daß wir viele Jahre nach dem letzten Weltkrieg kein Wort über Kafka geschrieben haben, daß man ihn verschwiegen hat. Mancher hat uns gemahnt, man solle Kafka vernünftig lesen – doch kann man einen Dichter überhaupt unvernünftig lesen? Meiner Meinung nach soll man ihn lesen und vor allem drucken.«

Ernst Fischer schließlich rief zur sozialistischen Nutzanwendung auf: »Kafka ist ein Dichter, der uns alle angeht. Die Entfremdung des Menschen, die er mit maximaler Intensität dargestellt hat, erreicht in der kapitalistischen Welt ein schauerliches Ausmaß. Sie ist aber auch in der sozialistischen Welt keineswegs überwunden. Sie Schritt für Schritt zu überwinden, im Kampfe gegen Dogmatismus und Bürokratismus, für sozialistische Demokratie, Initiative und Verantwortung, ist ein langwieriger Prozeß und eine große Aufgabe. Die Lektüre von Werken wie ›Der Prozeß‹ und ›Das Schloß‹ ist geeignet, zur Lösung dieser Aufgabe beizutragen. Der sozialistische Leser wird in ihnen Züge der eigenen Problematik wiederfinden, und der sozialistische Funktionär wird genötigt sein, in manchen Fragen gründlicher und differenzierter zu argumentieren.«

Noch einen Schritt weiter ging der Prager Publizist und Übersetzer Alexej Kusák: »Denn die Tatsache, daß Kafka auch der Dichter unserer Absurditäten ist, daß Kafkasche Situationen das Modell für bestimmte, in den sozialistischen Ländern aus der Zeit des Personenkults bekannte Situationen sind, das zeugt vor allem für Kafka, für seine geniale Fähigkeit zu typisieren, also für seine künstlerische Methode. Mit ihrer Hilfe war er imstande zu erkennen, daß ein bestimmter Grad des Undurchsichtigwerdens gesellschaftlicher Beziehungen und die Absolutisierung der institutionellen Macht Tag für Tag absurde Situationen gebiert, in denen Unschuldige eines Verbrechens angeklagt werden, das sie nicht begangen haben ...«

In anderen Beiträgen ging man so weit, den immer

aktiven, drängenden, suchenden, gelegentlich auch tätlich werdenden Landvermesser K. des Schloßromans mit dem passiven, ausweichenden, fliehenden Josef K. des Prozeßromans zu vergleichen, wobei im Vergleich dem Landvermesser etwas Vorkämpferisches oder Revolutionäres abgelesen wurde. Goldstücker legte nahe, im Landvermesser den Landverteiler zu erkennen. Diesem Versuch, Kafka nicht nur als Humanisten, sondern auch als Revolutionär für den kommunistischen Hausgebrauch zu nutzen, wurde zu Recht widersprochen; Franz Kafka ist keiner Ideologie zuzuordnen; er hat den Verlauf aller ideologischen Bewegungen seiner Zeit vorausgesehen.

Heinz Politzer zitiert in seiner Kafka-Biographie aus Gustav Janouchs ›Gesprächen mit Kafka‹ eine Begebenheit aus dem Jahre 1920. Die Gesprächspartner begegnen einer Gruppe von Arbeitern, die mit Fahnen und Standarten von einer Versammlung kommen. Kafka sagte: »Die Leute sind so selbstbewußt, selbstsicher und gut aufgelegt. Sie beherrschen die Straße und meinen darum, daß sie die Welt beherrschen. In Wirklichkeit irren sie doch. Hinter ihnen sind schon die Sekretäre, Beamten, Berufspolitiker, alle die modernen Sultane, denen sie den Weg zur Macht bereiten.« – Und als Janouch weiter fragt, ob Kafka nicht an eine Ausbreitung der Russischen Revolution glaube, sagt er: »Je weiter sich eine Überschwemmung ausbreitet, um so seichter und trüber wird das Wasser. Die Revolution verdampft, und es bleibt nur der Schlamm einer neuen Bürokratie. Die Fesseln der gequälten Menschheit sind aus Kanzleipapier.«

Wer so spricht, kann dem drängenden Geschichtsprozeß keinen Fortschrittsmythos abgewinnen; er erleidet Geschichte: Kafkas Sicht der Welt war katastrophal. Auch davon war während der Konferenz auf Schloß Liblice widersprüchlich die Rede. Schließlich ging es darum, nach dem vermeintlichen Ende des Stalinismus eine neue geschichtliche Phase vorzubereiten: Im »humanen Kommunismus«, wie ihn die tschechoslowakischen Reformer des »Prager Frühling« anstrebten, sollte auch Kafka, so oder so gesehen, möglich sein.

Es ist Allgemeinplatz geworden, die Welt der Verwaltungsvorgänge, die Reduzierung menschlicher Existenz auf einen Aktenvorgang und das Wechselspiel von Bürokratie und Korruption als »kafkaesk« zu bezeichnen. Die genaue Beschreibung der Beamtenhierarchie und der immer wieder zum Bild werdende Gegensatz von bürokratischem Fleiß und nur noch Aktenstaub aufwirbelnder Schlamperei, diese aus Wörtern erstellte, total papierene Welt, wie sie in Kafkas Roman ›Das Schloß‹ dem Leser real wird, macht den Vergleich mit der außerliterarischen Wirklichkeit möglich, reduziert aber gleichzeitig Kafkas Werk, bliebe es nur bei dieser einzigen Deutung, nach der der Landvermesser K. ein Kämpfer ist gegen den Doppelmißstand: Bürokratie und Korruption. Genauso triftig läßt sich der Landvermesser als Gottes- und Wahrheitssucher interpretieren. Das Schloß, wie es in seiner Undurchdringlichkeit entrückt bleibt, kann als Metapher des theologischen Begriffes Gnade verstanden werden. Und dem Prozeßroman könnte der Leser, obgleich dieses Buch das Mahlwerk irdischer Justiz bis ins fürchterliche Detail entstehen läßt, eine himmlische höchste Instanz ableiten. Man hat dem Landvermesser K. faustische Züge nachgesagt. Und wie man Kafkas Werk unter den Überbegriff »labyrinthisch« stellte, so ließ es sich schlüssig mit den Begriffen jüdischer Mystik belegen. Dabei macht die Vielzahl der möglichen und auch der verstiegenen Interpretationen einzig deutlich, daß literarische Werke – wie künstlerische Werke überhaupt – vieldeutig sind und sein müssen, weil sie nicht den Riten der Logik, sondern den Gesetzen der Ästhetik folgen.

Das Verlangen nach der einen und einzigen, richtigen und allgemeingültigen Interpretation entspringt zumeist ideologischen oder moralischen Bedürfnissen. Überall dort, wo es nur eine einzige Wirklichkeit samt wahrer Lehre und Moral gibt, entwickelt sich auch das Kümmerbedürfnis nach der alleinrichtigen Deutung künstlerischer Werke. (Dort ist die Kunst die melkbare Kuh. Und was ihr abgemolken wird, muß, wenn es auch bitter schmeckt, dem Allgemeinverständnis von Milch entsprechen.)

Demnach kann mein Versuch, insbesondere Franz Kafkas Roman ›Das Schloß‹ im Verhältnis zur totalen Bürokratie zu deuten, nur einen Teilaspekt im Werk dieses Schriftstellers meinen. Daß dieser Teilaspekt belegbar bleibt, weist nicht nur der detailgesättigte Handlungsablauf des Romans nach, sondern auch die nachwachsende Wirklichkeit unserer Gegenwart, indem sie sich täglich den Allgemeinplatz »kafkaesk« neu verdient.

Und da sich die Bürokratien östlicher wie westlicher Zuordnung immer mehr angleichen, erheben sie ihren totalen Anspruch auf den Menschen als aktenmäßig erfaßbares Wesen dergestalt allmächtig (und wie außerhalb jeder irdischen Kontrolle), daß ihnen jene diffuse bis transzendente Dimension zuwächst, die man gleichwohl göttlich und kafkaesk nennen kann.

Ich will behaupten, daß die von Franz Kafka mit literarischen Mitteln als Schloß-Metapher geschaffene und fragmentarisch gebliebene Ordnung, in ihrer trivialbürokratischen wie theologischen Bedeutung, zur Zeit ihrer Niederschrift visionären Charakter hatte; jetzt ist sie außerliterarische Wirklichkeit geworden. Die Vision ist eingeholt, die Utopie übertroffen. In Prag und bei uns zu Haus hat Kafka seine Vollstrecker gefunden.

Überall in der Welt wuchern bürokratische Gebilde, deren Selbstherrlichkeit sich nicht nur der hier und da angestrebten demokratischen Kontrolle entzieht, sondern auch jeder vernünftigen Sinngebung versperrt bleibt. In ihrer Absurdität ist die Bürokratie unserer Tage gottähnlich. Wenn auch von Menschen gemacht und betrieben, übersteigt sie, selbsttätig geworden, den Menschen und läßt erst jetzt, nahe ihrer Vollendung, jenen übermenschlichen Entwurf erkennen, der dem Autor Kafka wie real vorgelegen haben muß.

Es hat den Anschein, als sei die Bürokratie unserer Tage nicht mehr irdisch genug, um durch Verwaltungsreformen oder gar revolutionären Kahlschlag aus der Welt geschaffen zu werden. Diese Versuche hat es gegeben. Mehr Bürgernähe! Mehr Demokratie wagen! hießen die Parolen. Tausende machten sich protestierend auf, um den »Marsch durch die Institutionen« anzutreten. Wo sind sie geblieben? In welchen Amtsstuben sind sie verwechselbar wie Sortini und Sordini geworden?

Spätestens seit der neuesten technologischen Potenzerweiterung der allgemeinen Bürokratie sind wir uns der Gefahren bewußt, die den allmächtigen Apparaten als versachlichter Gottbegriff eigen sind. Nicht mehr mit immerhin zu mildernden bürokratischen Mißständen haben wir es zu tun, sondern mit korrekt verhängtem Schicksal. So fügen wir uns: in Prag oder hier zu Haus. So vermessen wir uns, Prag oder hier, gegen diese Allumfassung zu protestieren. Wie der Landvermesser K. versuchen wir, die Hierarchie der Schloßverwaltung aufzuschlüsseln, den berühmten »Durchblick« zu gewinnen, ins Schloß zu gelangen – und sei es mit Hilfe von Bestechung.

Das Schloß ist uns gnädig. Denn wie dem Landvermesser K. die sogenannten Gehilfen, Jeremias und Arthur, beigeordnet werden, so sind auch uns Spitzel, sei es in Gestalt von »Wanzen«, sei es als klassisches Doppelgespann, anbefohlen. Sie sind uns behilflich, Schutzengel sind sie. Sie achten darauf, daß wir im höheren Sinne nicht fehlgehen. Sie ahnen unser Tun voraus. Sie sind mit mehr uns betreffenden Daten gefüttert, als wir, geschlagen mit irdischer Vergeßlichkeit, halten können. Sie sind einer der göttlichen Gnadenbeweise, die uns die allumfassende Bürokratie in plattrealistischer wie transzendenter Bedeutung bietet.

Und weil Kafkas Unterkastellane und Kastellane ähnlich wie unsere Beamten der unteren, mittleren und gehobenen Laufbahn unter der Last und Verantwortung ihrer bürokratischen Pflicht stöhnen – wie auch der betroffene Bürger unter der Obhut und lastenden Gnade der Bürokratie stöhnt –, mehr noch, weil reformfreudige Beamte aus Eigenantrieb oder nach Wunsch der verwalteten Bürger strebend bemüht sind, die Umlaufzeit der Akten zu verkürzen, die Verwaltungsgerichtsbarkeit als Gegenbürokratie zu stärken, die Amtsräume mit Hilfe von Zimmerpflanzen zu humanisieren, das Spitzelwesen demokratisch durchsichtiger zu machen und unsere Daten, sobald sie gespeichert sind, vor uns und anderen zu schützen, läßt sich füglich sagen, daß wir alle, die Kastellane und der Landvermesser K., unsere mittleren und gehobenen Beamten wie die betroffenen Bürger, alle Betroffenen sage ich, Arbeiter im Weinberg des Herrn sind.

Denn so will sich die Bürokratie verstanden sehen, in Prag und bei uns zu Haus. Auch wenn wir das Ganze – was immer das ist: Schloß oder Weinberg oder der Staat in seinem absoluten Anspruch – nicht überschauen können, sind wir doch Teil des Ganzen und gelten als unverzichtbar, solange wir tätig bleiben im Weinberg des Herrn. Wir sollen ackern und dürfen stöhnen. Wir müssen uns unserer relativen Beschränktheit – nicht jeder darf alles wissen oder gar tun – bewußt sein. Selbst aus gehobener Position bleibt das Ganze oft unbegreiflich. So kommt es, daß neuerdings hohe Herren, von denen man annehmen sollte, sie seien mächtig und hätten das Ganze im Griff, ohnmächtiger Gesten fähig sind.

Zum Beispiel hörte man kürzlich den Staatsratsvorsitzenden Erich Honecker die Bürokratie des anderen deutschen Staates beschwören, doch um Marxengelswillen – und des sozialistischen Menschen wegen – weniger bürokratisch zu sein. Natürlich blieb diese Beschwörung ohne Antwort. Denn trotz ihrer Vielgestalt hat die Bürokratie keinen Mund.

Und bei uns zu Haus klagen der Kanzler und seine Minister beredt über wenn nicht vergleichbare, so doch angenäherte Ohnmacht. Beklagenswert ist für sie, daß sie ihre Kanzler- oder Ministervorlagen, sobald sie diese in die Ministerialbürokratie hineingefüttert haben und nach gehöriger Umlaufzeit wieder vor sich sehen, einfach nicht mehr wiedererkennen.

Zwar funktionieren die Apparate noch immer reibungslos, ja reibungsloser als irgendwann zuvor, doch nicht mehr weisungsgerecht.

Zum Beispiel konnte man lesen: Im Grunde sei der sogenannte Radikalenerlaß schon längst nichtig. Aber die Bürokratie wolle diese regierungsmächtige Nichtigkeitserklärung nicht wahrhaben. Vielmehr verdoppele sie ihre Anstrengungen, den vor Jahren gegebenen, mittlerweile mehrmals relativierten, schließlich nahezu aufgehobenen Erlaß bis in letzte Konsequenzen umzusetzen. Offenbar habe sich die Bürokratie selbständig gemacht. Das müsse man leider zugeben, bei aller Anerkennung der Leistungsfähigkeit unserer Beamten.

Damit wäre der Schuldige, falls er sich ansprechen ließe, gefunden. Die Mächtigen reden sich raus: Die Bürokratie ist schuld. Sie kehrt fortschrittliche Gesetze ins reaktionäre Gegenteil. Sie ist der Staat im Staat. – Wäre es dann nicht vernünftig und dem verfassungsmäßigen Staat hilfreich, wenn man möglichst viele Radikale in den öffentlichen Dienst schleusen würde, um diesen Staat im Staat zu brechen?

Vor zehn Jahren ist man in Prag und bei uns zu Haus entschlossen gewesen, die bürokratischen Schlösser zu stürmen, den Staat im Staat zu besiegen. Man erinnere sich, daß der Prager Frühling bei uns im Studentenprotest seine kurzlebige Entsprechung hatte. Überall: in Paris, Warschau, Berlin, Prag drängte die »Phantasie an die Macht«, war das »Prinzip Hoffnung« aufgerufen. Doch einzig in Prag blieb es nicht beim Protest.

Wenige Jahre nach der literarischen Kafka-Konferenz auf Schloß Liblice, dem ersten Anstoß einer folgenreichen Entwicklung, begann der Prager Frühling politisches Gewicht zu bekommen. In diese Zeit fällt meine erste Reise in die Tschechoslowakei, der sich viele Besuche bis in das Jahr nach der Okkupation anschlossen. Um diese Zeit beginnt auch mein offener Briefwechsel mit dem tschechischen Schriftsteller Pavel Kohout, der unter dem Motto ›Briefe über die Grenze‹ zuerst in der Wochenzeitung ›Die Zeit‹, dann in der Prager Zeitung ›Student‹ veröffentlicht wurde.

Allein die Tatsache, daß sich ein kommunistischer und ein sozialdemokratischer Schriftsteller die eigentlich selbstverständliche Freiheit nahmen, miteinander kritisch und selbstkritisch in Briefform zu diskutieren, wobei die nachstalinistische Novotny-Ära in der Tschechoslowakei und die lähmende Befangenheit der SPD innerhalb der damals bestehenden Großen Koalition den tagespolitischen Hintergrund zeichneten, war ungewöhnlich und widerlegte jene trübe historische Erfahrung, die Kommunisten und Sozialdemokraten zu Todfeinden erklärt hatte.

So skeptisch Kohout und ich den eigenen und jeweils den anderen politischen Standpunkt einschätzten, lasen sich unsere Briefe dennoch nicht frei von Hoffnung: Kohout hielt den Kommunismus für reformfähig; ich traute den Sozialdemokraten tiefgreifende Veränderungen und die Synthese von Demokratie und Sozialismus zu. Beide gaben wir dieser Synthese Zukunft.

Und als Novotny zurücktreten mußte und mit Alexander Dubček eine neue Ära begann, sah es auch so aus, als könnte in der Tschechoslowakei, dem einzigen kommunistischen Land mit demokratischer Tradition, der Berg versetzt, unsere Hoffnung real werden. Wenige Monate lang bewies sich im tschechoslowakischen Alltag, daß Demokratie und Sozialismus einan-

der bedingen. Abgeschüttelt schien das Joch der allge-
genwärtigen Parteibürokratie. Weil jeder offen sprach
und jedermann sein freies Wort wie einen ungewohn-
ten Luxus ausprobierte und öffentlich funkeln ließ,
glaubte man, die altgewohnten Spitzel abgehängt und
arbeitslos gemacht zu haben. Stolz, wenn auch noch
immer ein wenig ungläubig und erstaunt, bewies man
sich wechselseitig, daß Meinungsfreiheit und Kommu-
nismus einander nicht ausschließen müssen. Schon
meinte man, es hätten die kommunistischen Bruder-
länder erkannt, wie nützlich auch ihnen eine solche
Reform sein könnte, da setzte der Panzerkommunis-
mus der Sowjetunion diesem großen, theoretisch fun-
dierten und dennoch spontanen Versuch ein Ende.

Oder genauer gesagt: Innerhalb des sowjetischen
Machtbereiches wurde der Versuch, die leninistisch-
stalinistische Struktur des dogmatischen Kommunis-
mus und also auch die Diktatur der Parteibürokratie
aufzubrechen, gewaltsam unterdrückt; im Westen je-
doch wirkt der Prager Impuls bis heute. Ohne ihn
hätten sich die westeuropäischen kommunistischen
Parteien weniger konkret entwickeln, im Verhältnis
zueinander differenzieren und vom sowjetischen Ein-
fluß lösen können. Erst durch die Manifestation und
das Scheitern des demokratischen Sozialismus in der
Tschechoslowakei ist den sozialistischen und sozialde-
mokratischen Parteien Westeuropas ihr eigener An-
spruch wieder deutlich geworden; es wurde ihnen ein
Maßstab gesetzt. Einzig die »Neue Linke« – als Über-
bleibsel des Studentenprotestes – blieb theoriebefan-
gen und zerfiel in Gruppen und Sekten; ihr ist die Pra-
ger Lektion umsonst erteilt worden.

Und dennoch, meine ich, müssen alle Analysen der
nun zehn Jahre zurückliegenden Ereignisse unzurei-

chend bleiben, wenn sie deren Ursachen ausschließlich im militärischen, ökonomischen und ideologischen Machtbereich suchen. Meine Folgerung, Kafka habe seine Vollstrecker gefunden, fußt auf dem Machtzuwachs der Bürokratie. Anonym, wie es ihrem Wesen entspricht, hat sie in der Tschechoslowakei den politischen Wechsel von Novotny zu Dubček und von Dubček zu Husák überstanden. Sie funktionierte sofort wieder. Wahrscheinlich hatte sie ihre Tätigkeit, solange das demokratische Zwischenspiel dauerte, nicht einmal eingestellt. Allenfalls wird sie sich einen ihr allzeit möglichen Leerlauf gestattet haben: vertrauend auf ihre Unersetzbarkeit. Sie überträgt sich, ist zeitlos. Das immerwährende Bedürfnis der Menschen nach Sicherheit füttert ihre Organe. Jedes neue Gesetz – es mag noch so wohlmeinend die bisherigen Sicherheitsvorkehrungen vereinfachen wollen – gebiert neue Verwaltungsabteilungen, die sich nach Zusammenlegung der neuen mit älteren Abteilungen durch die Abzweigung von Unterabteilungen fortundfortzeugen, indem sie täglich ihren Nützlichkeitsbeweis ablegen.

Die den Menschen notwendige, oft in jahrzehntelangen politischen Kämpfen gesetzlich gewordene soziale Sicherheit verlangt nach Organisation, nach funktionierenden Apparaten, nach ideologisch wertfreier Regelmäßigkeit, die dem einzelnen wie der Gesellschaft die Rente, die Schul- und Berufsausbildung, den Studienplatz sichert, die ihn gegen Krankheit und Unfall versichert, die bei Verlust des Arbeitsplatzes jedem Betroffenen ein Existenzminimum zusichert, die insgesamt jedermann gegen eine Vielzahl von Gefährdungen absichert und ihm sogar Sicherheit verspricht gegenüber Feinden des Staates und der Gesellschaft.

Wir brauchen sie also: die Bürokratie. Könnten und wollten wir sie abschaffen, stünden wir unversichert im Chaos. Franz Kafka war jahrelang Angestellter und Sachbearbeiter im Amt für Arbeiter-Unfall-Versicherung. Bei aller Last sah er den Nutzen seiner Arbeit angesichts der vielen Arbeiterunfälle und der unzulänglichen Unfallversicherung. Es ließe sich notfalls eine ausfallende Energie – Öl oder Elektrizität – durch eine andere ersetzen, aber nichts wäre als Ersatz für eine womöglich ausfallende Bürokratie geeignet; es sei denn, es böte sich eine neue, noch umfassendere, eine moderne und unser wachsendes Sicherheitsbedürfnis rationalisierende Bürokratie als Ersatz an.

Auf diesem Weg sind wir. Die Zeit der muffigen Amtsstuben und raumfressenden Aktenordner geht zu Ende. Wenn zur Verteidigung der Bürokratie gelegentlich gesagt wurde, sie schaffe und erhalte Arbeitsplätze, wird dieses Argument in Zukunft nicht mehr gelten können, weil im Verlauf der allgemeinen Rationalisierung auch im arbeitsplatzintensiven Bereich der Verwaltung große und winzige Computer, Datenspeicher, immer wieder verbesserte elektronische Anlagen, multimediale Informationszentren und weitere Erzeugnisse der zweiten technischen Revolution Kafkas Kastellane und Unterkastellane und deren Nachfolger, die Angestellten und Beamten, ersetzen oder, schöner gesagt: freistellen werden.

Wir nennen das Fortschritt und fürchten uns ein wenig. Zwar werden diese fortschrittlichen Vorgänge, wie sie es heute schon tun, unsere überlieferten Begriffe von Arbeit als Selbstverwirklichung oder Arbeit als Fron aufheben; doch werden sich die so »freigestellten« Arbeiter, Angestellten und Beamten in so übergroß gewonnener Freizeit genauso entfremdet empfinden wie vormals an ihren angestammten Arbeitsplätzen. Schlimmer noch: Diese voraussehbare und uns dennoch unvorbereitet treffende Veränderung wird das Wesen der Bürokratie nicht ändern. Allenfalls wird sie perfekter sein. Auswuchern wird sie, weil so viel Untätigkeit in unübersichtlichen Freizeiträumen verwaltet, gesichert und vor Mißbrauch geschützt werden will. Untätige Massen haben die Neigung, außer Kontrolle zu geraten. Sie ballen sich, sind irrationaler Emotionen fähig. Weil vorgeblich ziellos geworden, könnten die untätigen Massen einen Sinn außerhalb der gesetzlichen Ordnung suchen und sich Ziele stecken. Wenn jener Landvermesser K. vergeblich das Schloß berannte, könnte die Masse K. zerstörend erfolgreich sein und jene Apparate zerbrechen, die sie freigesetzt haben.

Aber auch gegen diese vorprogrammierten Gefahren wird sich die neue Bürokratie versichern: sei es, indem sie die Freizeitgestaltung mit kurzlebigen Sinngebungen füttert und sogar begrenzte Revolutionsspiele zuläßt; sei es, indem sie den modernen Polizeistaat im Sinne Orwells weiterentwickelt. Gewiß wird der Westen zügiger der zukünftigen Entwicklung Herr werden, doch ist nicht auszuschließen, daß der ideologisch geschlossene Osten, wenn auch mit der bekannten Verspätung, gleichziehen wird. Was bleibt dem westlich oder östlich orientierten Rest der Welt übrig, als zu lernen und nachzueifern, zumal sich die asiatischen, afrikanischen und südamerikanischen Massen noch in hergebrachter Struktur arbeitslos im freigesetzten Zustand befinden, also aus nachholendem Bedürfnis die verwaltende, sichernde, absichernde Erfassung der Massen, mithin die totale Bürokratie entwickeln werden.

Diese zukünftige Dimension ist schon erkennbar. Sie ist allen Ideologien verbindlich. Die Frage nach der Alternative kann nur radikal, das heißt an die Wurzel gehend, beantwortet werden. Wer sich dem Sicherheitssystem der Bürokratie verweigern will, muß anstelle der Sicherheit das Risiko wählen. Wer das Risiko will, verkommt entweder im Terrorismus, oder er entschließt sich zum langwierigen politischen Kampf. Wer das Risiko will, wird wie Franz Kafkas Landvermesser K. versuchen müssen, ins immer wieder entrückte Schloß zu dringen. Wer wie der Landvermesser K. handelt, kann Rudolf Bahro heißen. Er wählte das Risiko. Er schrieb nieder, wie es im Schloß zugeht. Er wollte diese totale Sicherheit nicht. Er hat sich freigemacht vom Angebot dieser Sicherheit. Jetzt meint das Schloß ihn unter Verschluß zu haben. Aber man hört ihn dennoch. Seine Wörter sind nicht unter Verschluß zu halten. Seine Stimme, die vom Risiko belegt ist, kommt uns bekannt vor. So genau, so ungesichert, so menschlich sprachen viele vor zehn Jahren: in Prag und Bratislava. Das Manifest der 2 000 Worte. Am Ende sprachen sie gegen Panzer an.

Heute sind es die Sprecher der Charta 77, die wie Rudolf Bahro, wie Kafkas Landvermesser K. gegen das Angebot der totalen Sicherheit ihr Risiko gewählt haben. Gleichgültig, ob Franz Kafkas Roman ›Das Schloß‹ als reales Abbild der totalen Bürokratie oder als Metapher für die zu suchende letzte Wahrheit interpretiert wird, alle Genannten sind unterwegs ins Schloß. Wir wissen nicht, ob sie ankommen werden. Diese Frage hat sich ihrem Risiko nicht gestellt. Auch Kafkas Roman blieb Fragment.

Da es mir nicht darauf ankommen konnte, eine weitere Analyse der bekannten Machtstrukturen oder eine einzig politisch und ideologisch wertende Untersuchung des tschechoslowakischen Reformkommunismus und seines Scheiterns zu schreiben, ich vielmehr als Schriftsteller vorhatte, im Rückblick auf den 21. August 1968 die zwar periphere, aber doch den Prager Frühling signalisierende Kafka-Konferenz im Schloß Liblice in die Mitte meiner Überlegungen zu stellen, will ich in meinem letzten Anlauf bei der Literatur und ihren Nachwirkungen bleiben.

Der Schriftsteller Franz Kafka ist nicht nur bis ins Unübersehbare interpretiert worden, er hat auch Epigonen zur Folge gehabt. Diese einerseits in ihrer Vieldeutigkeit begründeten, andererseits modischen Erscheinungen sollten nicht verdecken, daß es einigen Autoren gelungen ist, Kafka zu folgen und dennoch eigenständig zu sein.

Im vergangenen Jahr wurde in der Bundesrepublik das Buch meines Schriftstellerkollegen Hans Joachim Schädlich, ›Versuchte Nähe‹, veröffentlicht. Der schmale Band Erzählungen konnte in der DDR keinen Verleger finden. Schädlich ist mit seiner Familie in die Bundesrepublik ausgereist. Mehr noch als die Titelgeschichte zeigt uns die kurze, 1971 geschriebene Erzählung ›Unter den achtzehn Türmen der Maria vor dem Teyn‹, in welch gewandelter Form Kafkas Schloß heute Bestand hat und wie sich der Staatssicherheitsdienst als Bürokratie, mit Hilfe moderner Technologie, der ihm ausgelieferten Bürger versichert. Mit geringen Abwandlungen könnte diese Geschichte auch in der Bundesrepublik spielen, aber sie handelt im Prag des Jahres 1968 und in Ostberlin: Zwei junge DDR-Bürger sind dabeigewesen, als die Panzer kamen. Sie haben, in einem Torbogen stehend, einem westlichen Fernsehjournalisten Fragen beantwortet.

DDR-Spitzel haben die beiden nicht identifizieren können: Sie standen mit dem Rücken zur Kamera; aber ihre Stimmen sind eingefangen. Diese Stimmen sind dialektgefärbt. Es gibt Dialektforscher. Einer von ihnen ist bereit, im Dienste der Staatssicherheit die eingefangenen Stimmen mit Tonbandaufnahmen der verschiedensten Dialektfärbungen zu konfrontieren, einzukreisen, auf einen bestimmten Ort festzulegen. Leicht fällt es hinterher, aus dem Kreis der wenigen gemeldeten Prag-Reisenden dieses Ortes die zwei jungen Prag-Reisenden zu überführen, zu verhaften und zu verhören, bis sie geständig sind.

Ich zitiere aus Schädlichs Geschichte den achten Absatz:

»Eine scheinbare Aktentasche passiert den Eingang zum Institut für einheimische Sprache. Sieben Schränke in einer unteren Ecke, von kundigen Liebhabern des mütterlichen Idioms arglos vollgestellt mit den Erträgen weitläufiger Sammelarbeit, geraten momentan zu sieben Faktoren der Sicherheit. Auf eintausendfünfhundert Tonbändern in sieben Schränken überleben die nördlichen, östlichen, südlichen, westlichen und mittleren örtlichen Eigenmächtigkeiten der restlichen Landessprache.

Beauftragte Hände schieben die Riegel an den Schlössern der Aktentasche zurück, Daumen und Zeigefinger der Rechten winken aus transportablem Gewahrsam ein Tonband, zwei eingefangene Stimmen.

Angemessene Technik verleitet die Stimmen zur Wiederholung protestantischer Ansichten, ihr sprachlicher Eigensinn macht sie kenntlich als Einwohner einer Gegend.

Welcher?

Zwei von drei greifbaren Kennern des Eingeborenen bleiben gegen freundliche, freundlich mahnende, dringliche Zurede unergiebig.

Ein dritter und der Beauftragte entfalten das Territorium der greifbaren Nation, stellen fachmännische Erwägungen an über den Standort der gesuchten Gegend und schließen mit blauem Filzstift den Kessel. Sie öffnen die Schränke voller vergänglicher Sprache, durchkämmen den Kessel in Frontabschnitten nach den Kartons in den Schränken, vergleichen die eingefangene Sprache mit den ländlichen Sprachresten, die die Volkshälfte bereitwillig in Kartons füllen ließ, verwerfen, bestätigen die Stoßrichtung des Unternehmens und nähern sich unüberhörbar den Einwohnern einer Gegend. Dieser Gegend hier. Genauer gesagt, dieses Kreises.«

In Franz Kafkas Roman ›Das Schloß‹ gibt es inmitten armseliger Dörflichkeit gleich zu Beginn der Handlung als einziges Instrument technischer Art ein Telefon. Es soll Verbindung mit dem Schloß halten.

So weit war man um die Jahrhundertwende. Vor zehn Jahren verstand man es schon, sich mit Fernsehaufzeichnungen und Tonbandgeräten zu helfen. Inzwischen haben wir hier und drüben weitere Fortschritte gemacht. Der Landvermesser K. muß auf dem Laufenden bleiben. Das Schloß veraltet nicht.

Ein gewichtiger Mann

Mein Verleger will zu seinem achtzigsten Geburtstag
nicht öffentlich gefeiert, abgebildet oder sonstwie in
die Zeilen gerückt werden; doch da der Respekt des
Autors vor Verlegerwünschen Grenzen kennt, soll
ihm Ehrung zugemutet werden.

Eduard Reifferscheid ist nicht zu übersehen, nicht
zu umgehen, er, nur notdürftig verborgen hinter der
Luchterhand, wirft einen geräumigen Schatten. Je-
mand, dessen Verlag auf zwei Beinen steht und – um
es kurz zu sagen – mit Hilfe von Loseblattdrucken
(Steuertabellen) sein Literaturprogramm finanziert
hat. Neuerdings sollen die Produkte der Poeten sogar
einen kleinen Gewinn abwerfen. Ein Verleger wider
die Monokultur.

Schon vor zwanzig Jahren, als ich ihn kennenlernte,
kam er – was nur die rundum Dicken können – leicht-
füßig auf mich zu: mit einem weitsichtigen, nicht von
Optionsklauseln belasteten Vertragsentwurf, mit der
dahingeplauderten Aufzählung aller ihm eigenen Ge-
brechen, mit der mehrmals versicherten Androhung
seines bald zu erwartenden Todes und mit einer heiß-
hungrigen, alle Gänge vorauskostenden Einladung
zum Mittagessen in Neuwieds Gasthof »Zum Wilden
Mann«. Den Gasthof gibt es nicht mehr: abgerissen
im Sanierungstaumel der bundesdeutschen Abrißge-
sellschaft; doch Eduard Reifferscheid ist, allen schlim-
men Ankündigungen zum Trotz (und in Gesellschaft
aller ihm treu gebliebenen Gebrechen) immer noch
wohlbeleibt leichtfüßig da: ein neugieriger, glückhaft
aufs Risiko setzender, so vergeßlicher wie erinne-

rungswütiger, man staune: lesender Verleger. Einer von der alten, unentwegt fortschrittlichen Sorte. Ein Kapitalist mit jungsozialistischen Anwandlungen. Ein sich in betriebswirtschaftliche Ordnungsprinzipien rettender Anarchist. Ein Legendenproduzent, der sich seiner Zunft gern in wechselnden Rollen zeigt: mal als hochgekommener Kleinbürger mit Mercedes-Status, mal als gerissene, das Wichtigste verschweigende Plaudertasche, dann wieder als hauptberuflicher Weinkenner, dem die Literatur nur (kostspielige) Liebhaberei ist, plötzlich als Charmeur und Dandy, dem kein Jackett großkariert genug ist, und nur selten (mit Vorzug nach dem Essen) als Melancholiker von barocker Machart: Alles ist eitel.

So lieben ihn seine Autoren, so widersprüchlich ist er ihnen ein Ärgernis. Sie sind ihm treu geblieben, die meisten. Unbekannte kamen dazu, wuchsen sich aus von Buch zu Buch. Das Abwerben von schon bekannten, sogenannten erfolgreichen Autoren ist ihm verächtlich. (Diese Praxis hat er jenem Typ des Verlegers überlassen, der sich als Kulturpächter mißversteht.) Und nur, als es vor drei, vier Jahren um den »Autorenbeirat«, um ein Stück Mitbestimmung im Luchterhand Verlag ging, gab er sich so lange sperrig, bis er (ich weiß nicht, wovon überzeugt) allen Verlegern voran den Sprung wagte: wohlbeleibt leichtfüßig.

Wir wissen nicht, wie lange er noch will oder kann. Doch für seine Nachfolge sind wir nun mitverantwortlich. Das mag ihn beruhigen und uns belasten. Denn immer noch sind wir dankbar, wenn wir seine Dreinsprache – angeblich steht er abseits – befürchten dürfen. Kein Management kann ihn ersetzen. Jedes Team wiegt er auf. Ein gewichtiger Mann. Eduard Reifferscheid zählt achtzig. Wir Autoren gratulieren uns.

Wie sagen wir es den Kindern?

Beitrag zum Katalog der Ausstellung des Danziger
Synagogenschatzes in New York

»Als Ende März (laut Verkaufsvertrag) die Große Syn-
agoge an der Reitbahn geräumt werden mußte, halfen
Zweifel und seine restlichen Schüler beim Verpacken
der Kultgeräte, die wenig später nach New York ge-
schickt wurden, wo sie als Gieldzinski-Sammlung im
Jüdischen Museum Platz fanden. (1966 verbrannten
die Thorarollen, als in der Bibliothek Feuer aus-
brach.)« Diese Stelle in meinem Buch ›Aus dem Tage-
buch einer Schnecke‹ gibt Bericht über die Auflösung
der Danziger Synagogengemeinde im Frühjahr 1939,
als die Ausreise ihrer Mitglieder durch den Verkauf
der Sakralgebäude und der jüdischen Friedhöfe finan-
ziert werden mußte. »Die alten Synagogenvorsteher
und der Kantor der Großen Synagoge, Leopold
Schufftan, sollen, nachdem unterschrieben worden
war, geweint haben.«
Vierzig Jahre später wird in New York der Danziger
Synagogenschatz ausgestellt. Doch können meine Re-
flexionen zu diesem Anlaß nicht kulturgeschichtlich
sein, sondern müssen sich aus den Nachwirkungen
des deutschen Verbrechens und aus den Bedingun-
gen meiner literarischen Tätigkeit ergeben. Uns kann
die Vergangenheit nicht aufhören, gegenwärtig zu
sein. Wir fragen uns immer noch: Wie kam es dazu?
Und immer noch sind wir ohne Antwort. Fünfund-
dreißig Jahre nach Auschwitz heißt die deutsche
Frage abermals: Wie sagen wir es den Kindern? Oder

genauer: Wie sollen nach dem Krieg geborene Eltern, die als Kinder auf ihre Fragen nur halbe, ausweichende, verlogene oder hilflose Antworten bekamen, nun ihren Kindern erklären, was damals in Auschwitz, Treblinka, Majdanek »Im Namen des deutschen Volkes« geschehen ist, seitdem von Generation zu Generation überdauert und als deutsche Schuld unverwischt bleiben wird.

Andere Völker sind auf fragwürdige Weise glücklicher, also vergeßlicher. Niemand wird das russische Volk für den stalinistischen Massenmord, verübt im Namen der Revolution, schuldig sprechen. Nur vergleichsweise wenige Bürger der Vereinigten Staaten von Amerika fühlen sich heute noch für das amerikanische Kriegsverbrechen des Vietnamkrieges verantwortlich. England, Frankreich, Holland haben das bis heute folgenreiche Unrecht ihrer Kolonialherrschaft zu den Akten gelegt: Das zählt nicht mehr. Das ist Geschichte. Und die Geschichte geht weiter.

Einzig den Deutschen ist kein Ausweichen erlaubt. Je harmloser sie sich geben, um so unheimlicher sind sie ihren Nachbarn. Ihr wirtschaftlicher Erfolg kann das moralische Vakuum ihrer unvergleichbaren Schuld nicht verdecken. Kein Hinweis auf die unschuldigen Nachgeborenen, kein Sichberufen auf die Verbrechen anderer Völker, nichts kann sie entlasten. Man zeigt auf sie, sie zeigen auf sich. Mit genauso pedantischer Unerbittlichkeit, wie sie den Völkermord an sechs Millionen Juden geduldet, geplant und vollzogen haben, fragen sie sich immer wieder nach den Gründen, nach dem Grund und werden (von Generation zu Generation dringlicher) von ihren Kindern gefragt. Auf alttestamentarische Weise überdauert die Schuld, sie überträgt sich.

Gegen Ende der sechziger Jahre wurde ich, der ich jahrelang andere, die Generation meiner Eltern in Frage gestellt hatte, von meinen Kindern befragt, die damals vier, acht, die Zwillinge zwölf Jahre alt waren. Ihrem Alter entsprechend hießen ihre Fragen: Hat man auch Kinder vergast? Oder: Wieso denn Kinder? Oder sie verloren sich im technischen Detail: Was für Gas war das? Die Millionenzahl blieb unfaßbar. Sobald die älteren Söhne nach dem Grund für die abstrakt bleibende Ungeheuerlichkeit fragten, verirrten sich die Eltern in Erklärungen komplizierter Entwicklungsabläufe, die geschichtlich, sozial, religiös begründet sein wollten. Ein Wust von Zusammenhängen, deren Kausalität einzig absurd zu sein schien. Das kindliche Interesse kam zu anderen Fragen, die sich aufs Alltägliche, auf den Goldhamster, das Fernsehprogramm, auf die bevorstehenden Ferien bezogen.

Nur wenn ich ein Einzelschicksal oder die Flucht einer Familie – hier in den Tod, dort bis zum Ziel Palästina – erzählte, fand ich das Ohr der Kinder, ohne gewiß zu sein, ob sie mehr hörten als das Abenteuer der Flucht. Ich begann, ihre Fragen und meine unsicheren Antworten aufzuschreiben. Und weil ich vom März 1969 bis in den Herbst hinein für die bevorstehende Bundestagswahl engagiert war, mischten sich in meinem Sudelbuch Wahlkampfnotizen mit den Fragen der Kinder zur Grundlage für das später begonnene Manuskript ›Aus dem Tagebuch einer Schnecke‹. Parallel zur politischen Gegenwart wollte ich die Geschichte der Verfolgung, Vertreibung und Vernichtung der Danziger Juden erzählen; ich ging davon aus, daß mir meine Heimatstadt Danzig anschaulich genug sein würde, um den Beginn des deutschen Verbrechens und dessen Fortentwicklung aufzuzeichnen. Was in Berlin, Leipzig, Nürnberg, Frankfurt und Düsseldorf geschah, geschah auch, wenngleich verzögerter durch den freistädtischen Status, in Danzig. Und alles am hellen Tag. Der unübersehbare, auf Plakaten, in Schlagzeilen proklamierte Haß. Das feige Schweigen der christlichen Kirchen. Die sich anpassenden Bürger. Die anfangs wissende Selbstentmündigung eines Volkes, das sich später, als das Ausmaß des Verbrechens bekannt wurde, als unwissend und doch verantwortlich begreifen mußte.

Mein Entschluß, vom überschaubaren, mir bekannten Ort her zu erzählen, die »Endlösung« vom Rand her entsetzlich werden zu lassen und dabei bei meinen, den literarischen Mitteln zu bleiben, war vorgeprägt durch einen Jahre zurückliegenden, gescheiterten und mittlerweile aufgegebenen Versuch: Ohne daß ich einen Ansatz gefunden hätte, hatte ich mich in die Idee verstiegen, Heinrich Heines Fragment ›Der Rabbi von Bacherach‹ zu Ende erzählen zu wollen. Heines romantische Ironie hatte mich zum Widerspruch gereizt. Sein Scheitern am zu großen Stoff hatte mich ehrgeizig gemacht. Heute weiß ich, daß ich ohne den Umweg über Heines Bacherach nicht den Zugang zur Geschichte der Danziger Juden gefunden hätte. Hier ist Gelegenheit, die Synagogengemeinde der mittelalterlichen rheinischen Kleinstadt aufleben zu lassen und den Fäden nachzugehen, die verschüttet oder unbeachtet liegengeblieben sind.

Keine sechzig Seiten, nur drei Kapitel lang ist uns das Fragment ›Der Rabbi von Bacherach‹ überliefert. Es endet wie mitten im Satz. In Klammern gesetzt, versichert der Autor seinen Lesern, es seien die folgenden Kapitel und der Schluß der Erzählung ohne sein Verschulden verlorengegangen. Dabei hat Heinrich

Heine während fünfzehn Jahren nicht von seinem Thema gelassen, so oft die Manuskriptarbeit unterbrochen wurde, so sperrig und übermächtig sich der Stoff ausweitete, so unverändert die zeitgenössischen Anlässe blieben, die gegen eine Veröffentlichung des Ganzen und auch des Fragmentes sprachen. Die Entstehungsgeschichte des ›Rabbi‹ liest sich wie eine Chronik des Scheiterns.

Ein Jahr, nachdem in Preußen das napoleonische Toleranzedikt teilweise aufgehoben wird, worauf Juden das Lehramt in Schulen und Hochschulen entzogen werden kann, vom Sommer 1824 bis in den Winter hinein, beginnt der Jurastudent (und Autor der ›Harzreise‹) mit der Vorarbeit in der Göttinger Bibliothek. Er, der sich als Poet programmatisch dem »Indifferentismus« verschreibt, der Spötter jeder positiven Religion, dem das Judentum und die christliche Lehre nur Ausdruck verächtlicher »Menschenmäkelei« sind, den allenfalls sentimentale Regungen (und Trotz gegen die christliche Übermacht) an seine Herkunft binden, er, der einzig vernunftgläubige Liberale, beginnt sich in die jahrtausendlange Leidensgeschichte des jüdischen Volkes einzuarbeiten. An seinen Freund Moser schreibt Heine: »Außerdem treibe ich viel Chronikenstudium und ganz besonders viel historia judaica. Letztere wegen Berührung mit dem Rabbi, und vielleicht auch wegen inneren Bedürfnisses. Ganz eigene Gefühle bewegen mich, wenn ich jene traurigen Annalen durchblättre; eine Fülle der Belehrung und des Schmerzes.«

Und so wird gleich zu Beginn des ersten Kapitels, nachdem das rheinische Städtchen Bacherach aus romantischer Sicht eingeführt und die kleine Judengemeinde in seinen Stadtmauern vorgestellt ist, das

Thema im historischen Rückblick angeschlagen: »Die große Judenverfolgung begann mit den Kreuzzügen und wütete am grimmigsten um die Mitte des vierzehnten Jahrhunderts, am Ende der großen Pest, die, wie jedes andre öffentliche Unglück, durch die Juden entstanden sein sollte, indem man behauptete, sie hätten den Zorn Gottes herabgeflucht und mit Hülfe der Aussätzigen die Brunnen vergiftet.«

Heine berichtet von mittelalterlichen Flagellantenhorden, die, »ein tolles Marienlied singend«, durch das Rheinland nach Süddeutschland streifen und auf ihrem Weg den tausendfachen Judenmord begehen. Er zeigt die Herkunft der seit Jahrhunderten immer neuen Lüge: »...daß die Juden geweihte Hostien stählen, die sie mit Messern durchstächen, bis das Blut herausfließe, und daß sie an ihrem Passahfest Christenkinder schlachteten, um das Blut derselben bei ihrem nächtlichen Gottesdienste zu gebrauchen.«

Damit ist das unheilauslösende Motiv gesetzt. Denn mit der Feier des Passahfestes, zu der sich die kleine Synagogengemeinde der Stadt Bacherach um den Rabbi Abraham versammelt hat, beginnt die Handlung der unfertig gebliebenen Erzählung. Während der Rabbi, ein noch jugendlicher Mann, der seine Studienjahre im spanischen Toledo verbracht und sich dabei auch mit der christlichen Lehre befreundet hat, im großen Saal seines Hauses den alten Bräuchen folgt und die silberne Sabbatlampe »ihr festlichstes Licht über die andächtig vergnügten Gesichter der Jungen und Alten« gießt, während also die Befreiung des Volkes Israel aus der ägyptischen Knechtschaft friedlich begangen, mit Legenden ausgeschmückt, aus Schriften belegt und (bei ungesäuertem Brot) mit den Worten aus der Agade –»Siehe! das ist die Kost, die unsere Väter in Ägypten genossen! Jeglicher, den es hungert, er komme und genieße!« – gefeiert wird, treten zwei fremde Männer in den Saal, die sich reisende Glaubensgenossen nennen und das Passahfest mitfeiern wollen.

So prächtig die Gemeindefeier bis ins Detail ausgemalt ist – ».. . die Männer saßen in ihren Schwarzmänteln und schwarzen Platthüten und weißen Halsbergen; die Frauen, in ihren wunderlich glitzernden Kleidern von lombardischen Stoffen, trugen um Haupt und Hals ihr Gold- und Perlengeschmeide...« –, so spürbar bleibt dennoch das Gefälle der Katastrophe. Wenig später entdeckt der Rabbi Abraham, daß einer der Fremden den blutigen Leichnam eines Kindes mit sich gebracht und unter den Tisch gelegt hat. Der Vorwand zum Pogrom ist geliefert. Doch dessen Einzelheiten, die Ausrottung der Juden von Bacherach, erspart Heine seinen empfindsamen Lesern. Noch rechtzeitig kann der Rabbi mit seiner jungen Frau Sara fliehen. Eine alte Vorschrift, die ihm gebietet, Zeugnis abzulegen, befiehlt ihm die Flucht. Er verläßt seine Gemeinde, über der »der Engel des Todes« schwebt. Die Erzählung nimmt eine romantische Wendung. Beide besteigen einen Rheinkahn, den »der stille Wilhelm, ein taubstummer, aber bildschöner Knabe«, nächtens nach Frankfurt am Main rudert, in dessen Judenghetto die beiden folgenden Kapitel ihren Ort haben, ohne daß sich die Handlung noch einmal verdichtet.

Vom zweiten Teil der Erzählung, der, nach Äußerungen des Autors in Briefen, auf spanischen Schauplätzen handeln sollte, wissen wir nichts. Wahrscheinlich war die Flucht des Rabbi Abraham nach dorthin fortgesetzt worden, um dessen alle Religionen einschließenden Toleranzbegriff (und des Autors Kritik an jeder orthodoxen Lehre) besser entfalten zu können.

Kurz vor seiner Promotion, im Juni 1825, läßt sich Heinrich Heine christlich-protestantisch taufen. Er will in Berlin philosophische und historische Vorlesungen halten. Sein Ehrgeiz verlangt gesellschaftliche Entfaltung. Er verhält sich den Zwängen seiner Zeit entsprechend – und setzt doch die Arbeit am ›Rabbi von Bacherach‹ fort, bis ihn neue Unterbrechungen von der immer größer werdenden Aufgabe entlasten. Der Plan, eine gekürzte Fassung im zweiten Teil seiner ›Reisebilder‹ erscheinen zu lassen, wird wieder aufgegeben. Als 1833 ein Brand im Hamburger Haus seiner Mutter einen großen Teil der dort lagernden Manuskripte vernichtet, geht auch das mittlerweile zu zwei Büchern angewachsene Rabbi-Manuskript verloren. Einzig Konzeptniederschriften bleiben, nach denen der Autor, nun als Emigrant in Paris, weiterarbeiten will.

Doch erst 1840 veranlaßt ein aktuelles Ereignis Heine zur Wiederaufnahme seines Motives: das im Pogrom endende Passahfest. Graf Ratti-Menton, der französische Konsul in Damaskus, hat die gerichtliche Folterung von Juden veranlaßt, die beschuldigt werden, einen Kapuzinerpater ermordet und dessen Blut am Passahfest getrunken zu haben. Was sich nach Heines Erzählung im Wahn mittelalterlichen Aberglaubens, zur Zeit des Kaisers Maximilian zugetragen hat, wiederholt sich in der Gegenwart, aller Aufklärung zum Trotz und den Postulaten der Französischen Revolution zum Hohn.

Heine äußert sich in einer Reihe von Artikeln, die zum Teil in der ›Augsburger Allgemeinen Zeitung‹ gedruckt werden. In einem von der Redaktion unter-

drückten Artikel greift er den französischen Minister-
präsidenten direkt an: »In seinen Morgenaudienzen
versichert Herr Thiers mit der Miene der höchsten
Überzeugung, es sei eine ausgemachte Sache, daß die
Juden Christenblut zum Passahfeste söffen...«

Diese Artikelserie, später gesammelt im ersten Teil
der Veröffentlichung ›Lutetia‹, gehört zu Heines jour-
nalistischen Meisterstücken. Den Ernst und die Lei-
denschaft der Angriffe durch Ironie kühl haltend,
Trauer und Scham mit Witz versteckend, scheinbar
plaudernd, hier den neuesten Opernklatsch mitbe-
richtend, dort Paris portraitierend (in Erwartung der
heimgeführten Leiche Napoleons), bleibt Heine sei-
nem eigentlichen Thema hinterdrein. Er weist nach,
daß das Martyrium der Juden in Damaskus nicht etwa
nur ein vereinzelter Rückfall ins dunkle Mittelalter be-
deutet, sondern als neuerliche Judenverfolgung, geför-
dert durch christlichen Haß, auf weit schrecklichere
Weise Zukunft haben könnte. Zwar gibt es Proteste ge-
gen den Konsul Ratti-Menton, der den Pogrom in Da-
maskus ausgelöst und mit Hetzschriften gefördert hat,
aber die Vorurteile bleiben. Genau sieht und analy-
siert Heine die explosive Lage im Vorderen Orient
und deren europäische Fehleinschätzung. Hier hilft
ihm sein oft von jüdischen Freunden beklagter »Indif-
ferentismus«, klaren Kopf zu bewahren und (wie an
anderer Stelle den Marxismus betreffend) die Verbre-
chen des zwanzigsten Jahrhunderts vorauszuahnen:
den Umschlag von überliefertem christlichen Juden-
haß in den organisierten Rassenwahn des Antisemitis-
mus.

Als hätten ihm die Ereignisse in Damaskus neuen
Auftrieb gegeben, entsteht eine umgearbeitete Fas-
sung seiner Erzählung unter dem Titel ›Das Passah-

fest‹, die aber, obgleich der Baronin Betty Rothschild dediziert, bald danach dem ersten Versuch weichen muß: Womöglich, um sich von diesem Thema zu lösen, sicher auch, um einer Gelegenheitsveröffentlichung, dem sogenannten ›Salon‹, mehr Volumen zu geben, veröffentlicht Heine die uns heute vorliegenden drei Kapitel des Fragmentes, dessen literarischer Anspruch nur in der Schilderung des Passahfestes erreicht wird, dessen weiterer Verlauf jedoch in blumigen Beschreibungen beliebig wird und in witzigen Überanstrengungen versandet. Nach fünfzehn Jahren löst sich Heine von einem Stoff, der ihm Verpflichtung und Belastung gewesen war. Seine journalistische Arbeit hat der Problematik des Themas genauere Einsichten abgewonnen. Das erzählende Fragment scheiterte am romantischen Zeitstil, der, selbst ironisch gebrochen, nicht jene Wirklichkeit fassen konnte, die Heine rückschauend und vorausahnend darstellen wollte. Resignierend schreibt er an seinen Verleger Campe: »Ich habe dieses mittelalterliche Sittengemälde vor etwa 15 Jahren geschrieben und was ich hier gebe, ist nur die Exposition des Buches, das bei meiner Mutter verbrannt ist – vielleicht zu meinem Besten. Denn im Verfolg traten die ketzerischsten Ansichten hervor, die sowohl bei Juden wie Christen viel Zetergeschrei hervorgerufen hätten.«

Vor Beginn seiner Arbeit am ›Rabbi‹ hatte Heine, in einem Brief an den Freund Moser, seine bis heute irritierende Wirkung besser vorweg gewußt: »Daß ich für die Rechte der Juden und ihre bürgerliche Gleichstellung enthusiastisch sein werde, das gestehe ich, und in schlimmen Zeiten, die unausbleiblich sind, wird der germanische Pöbel meine Stimme hören, daß es in den deutschen Bierstuben und Palästen widerschallt.«

Mit zumeist falscher Fragestellung haben sich an diesem Autor immer wieder die Geister geschieden. Weder als aufgeklärter Patriot noch als Kritiker seines Vaterlandes war er zu übertreffen. Seine Genauigkeit wurde zersetzend genannt, sein Witz als artfremd beschimpft; doch seine flachsten Reime und seine sich selbst imitierenden Sentimentalitäten blieben allzeit zitierbar. Noch immer liegt Heine den Deutschen quer. Sein witziger Ernst und seine lachende Verzweiflung sind ihnen unfaßbar. Ich will mich nicht ausnehmen, denn Heines ›Rabbi von Bacherach‹ ist mir, als ich das Fragment kurz nach Kriegsende – jung und ausgehungert nach vormals verbotener Literatur – zum ersten Mal las, zweierlei gewesen: kurze Zeit lang ein Ärgernis und die lang anhaltende Lust zur Vermessenheit. Ich wollte das Fragment fortsetzen. Ich spielte (versuchsweise) mit nachahmendem Stil. Ich wollte Abraham und Sara, die vor dem Pogrom Fliehenden, mit Hilfe des rettenden Rheinkahnes nicht ins mittelalterliche, sondern ins Frankfurt der dreißiger Jahre dieses Jahrhunderts bringen. Ich wollte Heine in der Gegenwart fortsetzen. Ein Detail zu Beginn des zweiten Kapitels bot den Anlaß, rief der Rabbi doch, als sie sich dem Ziel der Flucht näherten, seiner Sara zu: »... Da drüben die lachenden Häuser, umgeben von grünen Hügeln, das ist das Sachsenhausen, woher uns der lahme Gumpertz zur Zeit des Laubhüttenfestes die schönen Myrrhen holt...« Diese beiläufige Erwähnung einer Ortschaft, die mit einem Konzentrationslager den Namen gemeinsam hat, legte den Zeitsprung nahe.

Eine verbohrte Idee, die sich ebenso rasch außer Kraft setzte, wie sie sich selbsttätig erneuerte; nur zu Papier kam nichts, denn inzwischen war ich auf Jahre meinen eigenen Themen hinterdrein. Mein Ort der Erzählung konnte nicht Bacherach, Frankfurt am Main (Sachsenhausen) oder Toledo heißen. Ich blieb meiner Herkunft verhaftet und mußte die Frage ›Wie sagen wir es den Kindern?‹, mich betreffend, von Danzig her stellen. Zwar blieb Heines Fragment als Herausforderung bestehen, doch dessen literarischer Anreiz war verbraucht.

Als ich Mitte der sechziger Jahre zum ersten Mal nach Israel reiste, machte ich in Tel Aviv die Bekanntschaft von Erwin Lichtenstein, der sich, als ehemaliger Syndikus der Danziger Synagogengemeinde, nun als Anwalt mit sogenannten Wiedergutmachungsansprüchen befaßte. Er hatte als junger Mann mit Nazibehörden verhandeln und den Verkauf der jüdischen Sakralgebäude und Friedhöfe betreiben müssen. Bei ihm war alles Material versammelt, das von der Verfolgung der Danziger Juden, von ihrer Vertreibung und Vernichtung Zeugnis gab. Obgleich seit Jahren mit der Manuskriptarbeit an seinem Anfang der siebziger Jahre erschienenen Buch befaßt, hinderte ihn kein Autorenehrgeiz, mir die Kopien seines Materials zur Verfügung zu stellen. Dank seiner Vermittlung konnte ich während einer späteren Israelreise einige Überlebende der Danziger Synagogengemeinde besuchen, unter ihnen Ruth Rosenbaum, die als Junglehrerin jene jüdische Privatschule aufgebaut und geleitet hat, die inmitten immer stärker werdenden Naziterrors von 1935 bis zum Frühjahr 39 ihren Unterricht fortsetzte. Kurz vor dem »Auszug der Fünfhundert«, einem Transport Danziger Juden, der nach Irrfahrten und Umwegen mit dem Frachtschiff »Astir« Palästina erreichte, wurde die Rosenbaumsche Schule, weil die Zahl der Schüler von über zweihundert auf sechsunddreißig zurückgegangen war, geschlossen. »Ende Februar hatten noch acht Schüler und Schülerinnen ihr (vom Senat bestätigtes) Abitur machen können. (Als ich in Jerusalem Eva Gerson nach Einzelheiten fragte, sagte sie: ›Die Nazis in der Prüfungskommission, darunter Schramm und andere Größen, waren von unseren Leistungen ziemlich beeindruckt.‹)«

Jetzt erst, obgleich ich als Kind in Nachbarschaft mit der jüdischen Drangsal aufwuchs, kam ich zu Kenntnissen, die mich genau werden ließen. In vielen Aussagen, Tagebuchaufzeichnungen, Dokumenten und Zeitungsberichten, die ich bei Erwin Lichtenstein fand, wurde der langsame Prozeß des beginnenden, sich immer größer auswachsenden Verbrechens deutlich; und doch wäre ich nicht der geeignete Autor für eine lineare Chronik gewesen. Es mußte eine gegenwärtige Konstellation zum Gegenthema werden, damit ich die Vielschichtigkeit des deutschen Traumas erzählend bloßlegen konnte, denn die Generation der Mitwisser, Mittäter und Mitschweiger war nicht nur unmerklich da, sondern drängte in politische Verantwortung, als sei nichts geschehen.

Ende der sechziger Jahre, nach dem Ausklingen der innenpolitisch restaurativen Adenauer-Ära und des »Kalten Krieges«, bot sich in der Bundesrepublik Deutschland zum erstenmal Gelegenheit für einen demokratischen Machtwechsel. Doch die Übergangsregierung der Großen Koalition, gebildet aus Christdemokraten und Sozialdemokraten, war, indem sie die parlamentarische Opposition verkümmern ließ, zugleich auch die erste Herausforderung des noch ungefestigten demokratischen Selbstbewußtseins der Bundesdeutschen. Von links her bildete sich aus der Bewegung des Studentenprotestes eine »Außerparlamentarische Opposition«; von rechts her erhielt eine neofaschistische Partei, die NPD, rasch Zulauf, zumal die politische Vergangenheit des Kanzlers der Großen Koalition, Kurt Georg Kiesinger, die Argumente der Regierungsparteien gegen die Neonazis schwächte: Als langjähriges Mitglied der NSDAP hatte Kiesinger im Dritten Reich leitende Positionen wahrgenommen, bis zum Schluß unbeirrt durch die ihm bekannten Verbrechen. Seine Kanzlerschaft war eine Verhöhnung des Widerstandes gegen den Nazismus. Die politische Aufwertung seiner Vergangenheit stellte alles in Frage, was sich die Bundesdeutschen während zwanzig Jahren als Musterschüler in Sachen Schuldemokratie beigebracht hatten: Einsicht in politische Verantwortung, Rückkehr zum liberalen Recht, nicht nur farbloses Wohlverhalten, auch Scham aus Kenntnis der deutschen Verbrechen.

Die Tatsache, daß der bis dahin unterschwellig verketzerte ehemalige Emigrant Willy Brandt dem ehemaligen Nazi Kiesinger als Vizekanzler und Außenminister zur Seite stand, konnte den faulen Kompromiß nicht übertünchen. Besonders die Nachkriegsgeneration, deren Bewußtsein sich durch den Vietnam-Protest empfindlich gemacht hatte, lehnte den unglaubwürdigen »Versöhnungsbund« ab. Doch kein Straßenprotest erschütterte das neue Machtkartell. Einzig die im Herbst 1969 fällige Bundestagswahl war geeignet, die Große Koalition samt Kiesinger abzulösen und sie durch eine sozialliberale Koalition unter dem Kanzler Willy Brandt zu ersetzen.

An diesem Bundestagswahlkampf, der einer Zerreißprobe glich, weil in ihm die notdürftig geleimten deutschen Widersprüche aufbrachen, bin ich mitentscheidend beteiligt gewesen, indem ich mit Freunden

im Bundesgebiet eine Sozialdemokratische Wähler-
initiative aufgebaut habe. Während sieben Monaten
blieb ich unterwegs. Am Montag verließ ich meinen
Wohnort Berlin, zum Wochenende kam ich zurück.
Abreisend, ankommend war ich den Fragen meiner
Kinder konfrontiert: Was machst du da? Für wen
machst du das? Wieso war der Kiesinger Nazi? Wes-
halb mußte Brandt, als er jung war, aus Deutschland
weg? Wie war das mit den Juden genau? Und was hast
du damals gemacht?

Zum ersten Mal war ich der Frage ausgeliefert: Wie
erklären wir es den Kindern? Relativ leicht fiel es,
meine Biographie, die eines Hitlerjungen, der bei
Kriegsende siebzehn Jahre alt war und mit letztem
Aufgebot noch Soldat wurde, deutlich zu machen: Ich
war zu jung, um schuldig zu werden. Doch schon die
Frage: Wenn du aber älter gewesen wärest? ließ keine
eindeutige Antwort zu. Ich konnte für mich nicht ga-
rantieren. Der nachgeholte Antinazismus meiner Ge-
neration blieb, weil gefahrlos, unverbindlich. Es war
mir nicht möglich, mich, wäre ich nur lächerliche fünf
oder sieben Jahre älter gewesen, von der Teilnahme
an dem großen Verbrechen auszuschließen, zumal
mich (mit wachsender zeitlicher Distanz immer häufi-
ger) Angstträume belasteten, in denen ich mich versa-
gend, schuldig erlebte. Die Grenzen zwischen tatsäch-
licher und möglicher Tat oder Untat verwischten sich.
Das fragwürdige Glück, dem »richtigen Jahrgang« an-
zugehören, äußerte sich in Stottersätzen, die hinter
den Fragen der Kinder mein Tagebuch füllten. Dazwi-
schen Wahlkampfeintragungen, Notizen aus der Pro-
vinz. Die an Vergangenheit kränkelnde Gegenwart.
Die Unheimlichkeit der Idylle. Das rasende Heute
vom Gestern schon überholt. Deutsche Zeitverschie-

bungen. Auch die Zukunft vorwegdatiert. Kriechspuren, die sich vorwärts wie rückwärts lasen. Aus dem Tagebuch einer Schnecke.

So sollte mein Buch heißen, in dem ich meinen und anderen Kindern die Geschichte der Danziger Synagogengemeinde erzählen wollte, durchbrochen von den Alltäglichkeiten des Wahlkampfes, verwoben mit der Wechselbeziehung von Melancholie und Utopie, überdacht vom Prinzip Zweifel. Ich wollte den wachsenden, nachwachsenden Kindern phasenverschobene Entwicklungsprozesse zumuten, verzögerte, durch keinen Sprung zu beschleunigende Vorgänge, die hier den sozialen Fortschritt verschleppten, dort die Schuld zuerst in Kleinbeträgen anhäuften und dann das übergroße Verbrechen sich auswachsen ließen: zur nicht mehr abzutragenden Last. Ich wollte die Kinder lehren, daß jede Geschichte, die heute in Deutschland handelt, schon vor Jahrhunderten begonnen hat, daß diese deutschen Geschichten mit ihren immer neuen Schuldverschreibungen nicht verjähren, nicht aufhören können. Der gescheiterte Versuch, Heinrich Heines Rabbi Abraham aus dem Bacherach des fünfzehnten Jahrhunderts nach Frankfurt ins zwanzigste Jahrhundert fliehen zu lassen, fand insoweit eine Entsprechung, als ich den chronologischen Zeitablauf aufhob, die sechziger von den dreißiger Jahren einholen ließ und der nivellierenden Kraft der Vergänglichkeit widersprach.

Wenn heute in New York der Schatz der Großen Danziger Synagoge, die gerettete Gieldzinski-Sammlung ausgestellt wird, geschieht mehr als nur Kunstgeschichtliches. Alles sollte mitgesagt, mitgehört werden, was sich nicht in Vitrinen, auf Postamenten zeigen läßt. Unser Zeitbegriff sollte sich freimachen von den Zwängen historisierender Zuordnung. Gleichzeitig erleben wir Heines mittelalterliches Bacherach und das im Pogrom endende Passahfest, das Danzig meiner Kindheit und dessen seit Jahrhunderten ansässige, aus Rassenwahn verfolgte Judengemeinde, die noch immer gefährdete Existenz Israels und zwei deutsche Staaten, die krank sind an Heines Jahrhundert und dessen noch immer die Menschen knechtenden Ideologien. – Auf ihre Frage »Was schreibste denn da?« hieß meine Antwort: »Ein Schriftsteller, Kinder, ist jemand, der gegen die verstreichende Zeit schreibt.«

Als mein Buch fertig war, waren alle Kinder älter geworden. Jetzt hätten sie lesen können. Aber sie wollten keine alten Geschichten. Nur noch Gegenwart zählte. Und revolutionäre Zukunft wurde herbeigeredet. Die großen, immer im Rückfall endenden Sprünge.

Inzwischen hat uns schon wieder (wieder einmal) die Vergangenheit eingeholt. Entsetzt sitzen mittlerweile erwachsene Kinder, heranwachsende Kinder, deren mehrmals verstörte Eltern und die immer noch fassungslosen Großeltern vor den familiären Fernsehschirmen und sehen die Serie ›Holocaust‹. Sogleich zählen Meinungsbefrager die ersten Reaktionen aus: Bekenntnisse, Entsetzen, Abwehr und Beteuerungen. Die einen entdecken ein falsches historisches Detail und erklären deshalb alles zur Lüge, die anderen geben sich erschüttert, als hätten sie davor nie dergleichen gehört, gesehen, gelesen. Es heißt: Das haben wir nicht gewußt! Nie ist es uns so gezeigt worden. Warum hat man uns das nicht früher gesagt?

Fünfunddreißig Jahre nach Auschwitz feiern die Massenmedien ihren Triumph. Nur noch die Breitenwirkung zählt, die hohe Einschaltquote. Was vorher geschrieben, als Dokument vorgelegt, in sorgfältiger Analyse bewiesen wurde und seit dreißig Jahren greifbar gewesen ist, gilt nicht, ist (an Fernsehwirkung gemessen) ohne Wirkung geblieben, war wohl zu kompliziert. Mit dem Schlagwort »Massenaufklärung« (dem Reflex auf »Massenvernichtung«) wird jede Kritik an der so erfolgreichen wie fragwürdigen Fernsehserie abgetan. Und den Schriftstellern, diesen seltsamen, wohl doch vom Aussterben bedrohten Vögeln, die dem einzelnen und der Masse noch immer (und unverbesserlich altmodisch) das Lesen als menschliche Tätigkeit zumuten, wird dringlich angeraten, ihre elitäre Ästhetik über Bord zu werfen, von ihren Kompliziertheiten zu lassen und sich fortan der Massenaufklärung zu verschreiben. Die Frage: Wie sagen wir es den Kindern? soll ihre Antwort (zwischen Werbespots) unübersehbar nur noch im Fernsehen finden.

Dem soll hier widersprochen werden. Die Erfolge der Trivialaufklärung haben zu jeder Zeit immer nur Oberflächenwirkung gezeigt. So nachweisbar (durch Meinungsumfrage) sie den einzelnen und die Masse erschüttern, entsetzen, zum Mitleid und auch zur Scham bewegen mögen – und das war die Wirkung von ›Holocaust‹ –, so wenig sind sie in der Lage, die Vielschichtigkeit der Verantwortungen, die komplexe »Modernität« des Völkermordes aufzuzeigen. Ursächlich ist Auschwitz nicht der Ausdruck üblicher menschlicher Bestialität gewesen, sondern das wiederholbare Ergebnis organisierter, nur noch an Sachzwänge gebundener, bis ins Unkenntliche aufgeteilter Verantwortung, die sich als Verantwortungslosigkeit niederschlug. Jeder der am Verbrechen Beteiligten oder Unbeteiligten handelte wissend oder unwissend aus seinem engbemessenen Begriff von Pflicht. Verurteilt worden sind nur die Täter vor Ort – sie mögen Kaduk oder Eichmann heißen –, doch die ihren Schreibtisch pflichtschuldig bedient haben oder all jene, die sich sprachlos gemacht hatten, die nichts dafür, nichts dagegen taten, die es gewußt haben und geschehen ließen, sie fanden kein Urteil, sie hatten sich keinen Finger schmutzig gemacht.

Bis heute ist die gewichtige Mitschuld der katholischen und der protestantischen Kirche in Deutschland nicht gewogen worden. Und doch ist die Mitverantwortung beider Kirchen für Auschwitz durch passives Hinnehmen des Verbrechens bewiesen. Beschwichtigende Hinweise auf ihre Pflicht zur Staatsräson lassen noch immer erkennen, daß sich die klerikal organisierte Christenheit, solange sie nicht selbst betroffen ist, in Unverantwortlichkeit rettet, vom Mut einzelner, die gegen die Weisungen ihrer Kirche handelten, und vom vereinzelt gebliebenen Stuttgarter Schuldbekenntnis der Evangelischen Kirche abgesehen. Seit Auschwitz haben (zumindest in Deutschland) die christlichen Institutionen ihren moralischen Anspruch verwirkt.

Die Judenverfolgungen des Mittelalters – Heinrich Heines Beschreibung des Passahfestes in Bacherach – und der tiefwurzelnde christliche Judenhaß sind in den modernen Antisemitismus eingegangen und haben sich neuzeitlich zur passiven Verantwortungslosigkeit verformt. Keine Barbaren oder Bestien in Menschengestalt, sondern die kultivierten Repräsentanten der Religion der Nächstenliebe ließen das Verbrechen geschehen: Sie sind verantwortlicher als der Täter an der Rampe, mag er Kaduk oder Eichmann geheißen haben.

Auch in Danzig sahen die Bischöfe beider Kirchen wie unbetroffen zur Seite, als im November 1938 die Synagogen in Langfuhr und Zoppot in Brand gesteckt und die geschrumpfte Synagogengemeinde dem Terror des SA-Sturms 96 ausgeliefert wurde. Damals war ich elf Jahre alt und als Hitlerjunge dennoch ein gläubiger Katholik. In der Langfuhrer Herz-Jesu-Kirche, die zehn Minuten Fußweg entfernt von der Synagoge stand, habe ich bis in den Krieg hinein kein Gebet zugunsten der verfolgten Juden gehört, wohl aber viele Gebete mitgeplappert, die sich für den Sieg der deutschen Armeen und für das Wohlergehen des Führers Adolf Hitler aussprachen. So mutig der Widerstand einzelner Christen und christlicher Gruppen gegen den Nazismus gewesen ist, so feige haben sich die katholische und die protestantische Kirche in Deutschland zu untätigen Mittätern gemacht.

Davon berichtet keine Fernsehserie. Der vielschichtige moralische Bankrott des christlichen Abendlandes ließe sich auch nicht in packende, erschütternde, das Entsetzen ausspielende Handlung bringen. Wie sagen wir es den Kindern? Seht die Heuchler. Mißtraut ihrem milden Lächeln. Fürchtet ihren Segen. Die biblischen Pharisäer waren Juden, die gegenwärtigen sind Christen.

Abschied von Uwe Johnson

Die Nachricht vom Tode Uwe Johnsons zwingt mir den Titel seines ersten Romans auf: ›Mutmassungen über Jakob‹. Ich kann über ihn nur mutmaßen. Unsere seit 1959 anhaltende Freundschaft bestand aus Distanz, heftiger Nähe, neuem Fremdsein und Fremdbleiben. So konnte auch mir genaue Annäherung nur über sein literarisches Werk gelingen. Von der DDR nicht angenommen, in Westdeutschland fremd geblieben, hat er anfangs von Westberlin, dann von New York, schließlich von der Themsemündung aus Mecklenburg besucht. Seine drei ersten Romane und das Hauptwerk ›Jahrestage‹ sind – ob sie es annimmt oder nicht – der Deutschen Demokratischen Republik zugeeignet. Diese von keinem anderen Autor erreichte, so präzis gebrochene wie facettenreiche Spiegelung wird sie aushalten müssen; so unerbittlich ist Uwe Johnson gewesen.

Doch er, der akkurate, disziplinierte und geradezu penible Arbeiter am Manuskript führte ein Leben, das nicht frei war von selbstzerstörerischen Zwängen. Es mag aber auch sein, daß ihn die Unbedingtheit seines Heimwehs nach Mecklenburg verzehrt hat. Er fehlt mir.

Die Zeit erinnernd aufheben

Rede auf der Gedenkfeier für Uwe Johnson
in der Akademie der Künste Berlin

Jemandem nachzurufen, der auf seine Biographie streng bedacht gewesen ist, fällt schwer; es könnten sich zwischen die Daten und Fakten bloße Meinungen schieben, zumal Uwe Johnsons letzte Jahre vielen Mutmaßungen offenstanden. Er begann unwillentlich Legenden zu bilden.

Dennoch mögen neben seinen Angaben zur Person meine Erfahrungen mit ihm stehen: am 20. Juli 1934 als Sohn eines Gutsverwalters in Pommern, Kammin an der Dievenow, geboren. – Als Uwe Johnson und ich einander im Herbst 1959 begegneten, hatten wir vorerst nur die Ostsee gemeinsam.

Für das Jahr 1945 steht verzeichnet: Nationalsozialistisches Internat in Kościan an der Obra. Bei Kriegsende Flucht nach Recknitz in Mecklenburg. – Unsere zögernd eingegangene Freundschaft berief sich, trotz der sieben Jahre Altersunterschied, auf frühe ideologische Prägungen, deren Folgen mit zeitlichem Abstand erkennbarer, das heißt lastender wurden.

Nach dem Abschluß der Oberschule in Güstrow sind für die Jahre 1952 bis 1956 das Germanistikstudium in Rostock und Leipzig, die Diplomarbeit bei Hans Mayer und die sogleich vom Staat erkannte mangelnde Eignung für Arbeit in Institutionen vermerkt. – Doch als ich Anfang der sechziger Jahre, eingeladen von Hans Mayer, in Leipzig vor Studenten las, war der den Studenten vorenthaltene Uwe Johnson dennoch wie gegenwärtig: Nachdem der Ostberliner Aufbau-Verlag seinen ersten Roman ›Ingrid Babendererde‹ mit politischer Begründung abgelehnt hatte, erwies sich sein im Westen veröffentlichter Roman ›Mutmassungen über Jakob‹ als grenzüberschreitend. Mit dieser Prosa, die von Faulkner einerseits, von Fontane und Raabe andererseits herzukommen scheint, wurde dennoch ein Ton angeschlagen, der ganz eigen ist: das Johnsonsche Sprechen. Umständlich anmutende, das Geschehen und die betroffenen Personen versteckende Satzgebilde, die hier feierlich auf einem Detail beharren, dort lakonisch Eigenschaften wie für immer benennen, geben – nein, nicht plötzlich, eher unmerklich – Einsichten frei, die bisher, laut Übereinkunft, verschlossen waren. Eine – um sein Wort zu nutzen – »überlegsame« Sehweise erlaubt, vergangene Wirklichkeit wiederherzustellen, ohne daß chronologische Zwänge bedacht sein müssen. Keine Geschichte wird, dem Faden folgend, erzählt, vielmehr soll den Tatsächlichkeiten verwehrt werden, abseits ihrer Widersprüche zu plausiblen Geschichten zu gerinnen. – Der Titel ›Mutmassungen über Jakob‹ kündete eine der Fragwürdigkeit dienende Erzählhaltung an.

Für diesen Roman erhält Uwe Johnson 1960 den Fontane-Preis. – Die frühen sechziger Jahre, eine Zeit, in der wir einander oft sahen: Berliner Kneipengespräche über das Handwerk des Schreibens. Zwei, die sich zuhören konnten und großzügig waren beim Austausch von Einzelheiten. Aber auch die Zeit der politischen Doktrinen. Weil Uwe Johnson der offiziellen westdeutschen Einschätzung des Berliner Mauerbaus widerspricht, fordert der damalige Außenminister Heinrich von Brentano die Rücknahme des

Johnson zugesprochenen Villa-Massimo-Stipendiums. Er wehrt sich. Er spricht »überlegsam« und wird nicht verstanden. Er will, nach Rückgabe seiner Staatsangehörigkeit, aus der DDR nach Westberlin umgezogen sein und nicht Ostzonenflüchtling heißen. Es widerstrebt ihm, »Dichter des geteilten Deutschland« genannt zu werden. – Als ich ihn in Rom wiedersah, wirkte er wie fehl am Platze. Jemand, der drüben weg war, konnte hier nicht ankommen. Zudem Italien: zuviel Kunst und Katholisches. Er trank dagegen an. Noch war es kein Rotwein, sondern viel zuviel protestantisches Büchsenbier, das ihn schwer machte.

1961 erscheint der Roman ›Das dritte Buch über Achim‹, für den er den Internationalen Verleger-Preis erhält. Dieses Buch setzt das Programm der Mutmaßungen fort. Abermals werden flache Tatsächlichkeiten durch mehrschichtige Wirklichkeit widerlegt. Doch mehr noch als in der Prosa, die von Jakob und Gesine Cresspahl berichtet, vermittelt die Annäherung des westdeutschen Journalisten Karsch an den Radrennfahrer Achim die Objektbesessenheit des Autors. Nicht trotz, nein, dank dieser penetranten Genauigkeit ergibt sich ein spannendes Buch, dessen politischer Hintergrund in Alltäglichkeiten eingebettet bleibt; wenn in den ›Mutmassungen‹ die Auswirkungen des XX. Parteitages der KPdSU und der Aufstand in Ungarn den verzweigten Abläufen unterlegt sind, findet, während es vordergründig um Achim und Karsch geht, die Kollektivierung der Landwirtschaft statt.

Wie nebenbei schreibt Uwe Johnson die Geschichte des sich festigenden Staates Deutsche Demokratische Republik aus seiner Einsichtigkeit. Die ist streng, weil sie nichts übersieht, doch auch komisch, weil übergenau. Freilich ist Johnsons Humor weder dem bundesdeutschen Befinden noch dem realsozialistischen Bewußtsein bekömmlich. Man weiß nicht so recht, ob man lachen darf. – Und auch mir widerfuhr es mehrmals, daß ich, Uwe Johnson gegenüber – und ohne, daß er mich aufklärte –, an den falschen Stellen gelacht oder nicht gelacht habe.

Als er an seiner Erzählung ›Zwei Ansichten‹, die 1965 erscheint und den Berliner Mauerbau zum Hintergrund hat, arbeitete, reisten wir zusammen in die USA. Eine anstrengende Erfahrung, die uns noch lange nachhing. Immerhin wurde auf dieser Reise deutlich, daß er, solange ihm Mecklenburg versperrt blieb, in New York sein wollte.

Von 1966 bis 1968 lebt er dort und verdient sein Geld im ersten Jahr als Verlagslektor. Danach beginnt die Arbeit an dem Roman ›Jahrestage‹, dessen erster Band 1970, dessen zweiter Band im Jahr darauf, dessen dritter Band 1973 und der vierte erst zehn Jahre später erscheint. Auf annähernd zweitausend Seiten Prosa gelingt das schier Unmögliche. Dank Gesine Cresspahl und ihrer Tochter Marie grenzt die Metropole an die Provinz, ist Mecklenburg in New York, wird die Zeit erinnernd aufgehoben, findet alles wie gleichzeitig statt: die ersten Jahre der ostdeutschen Staatswerdung, der Vietnamkrieg, der kurze Sommer des demokratischen Sozialismus. Dabei umfaßt die Erzählzeit nur die Jahresspanne vom 21. August 1967 bis zum 20. August 1968. Vier Bücher, die vom Leser erarbeitet werden müssen; ihm muß, gleich dem Autor, jedes Detail wichtig sein. Und da der Autor streng ist, verweist er den Leser, sobald dessen Aufmerksamkeit nachläßt, um hundert und mehr Seiten zurück. Es soll sich uns, wenn wir in Mecklenburg sind, New York nicht verflüchtigen, und in New York müssen wir jederzeit gewärtig sein, daß der Kunsttischler Cresspahl plötzlich plattdeutsch dazwischenspricht.

Während der Arbeit an den ›Jahrestagen‹ und an Büchern, die er dazwischenschiebt, wird Uwe Johnson mehrmals geehrt. Er erhält den Büchner-Preis, den Wilhelm-Raabe-Preis, den Thomas-Mann-Preis, schließlich den Preis der Stadt Köln.

Doch mitten im Schreibprozeß muß er New York aufgeben. Wieder in Berlin-Friedenau, kann er dennoch nicht ansässig werden. Abermals sucht er Distanz und findet sie – niemand weiß, warum so entlegen – auf einer Insel in der Themsemündung.

Dort war er uns mehr als entrückt. Dort kam das Unheil über ihn und seine Familie. Von dort näherte er sich manchmal, um für Tage hier zu sein: fremd anfangs, dann plötzlich heiter und überreich an angestautem Witz, schließlich rasch und immer bedrohlicher trunken. Es war nicht möglich, ihn abzulenken. Mutmaßlich starb er am 23. Februar 1984 in Sheerness-on-Sea.

Uwe Johnson, ein großer, ein einmaliger, ein im Wortsinn hervorragender Schriftsteller verbrauchte sich, ich meine, vorzeitig; denn er fehlt uns sehr.

Tallhover kann nicht sterben

Aus der Reisereportage ›Zunge zeigen‹ (1988)

Des Nachbars Ente, der unermüdliche Lachsack. Unterm surrenden Fan, beim Mittagsschlaf träume ich nördlich: den Garten hinter dem Wewelsflether Haus, wie er mit Birnbäumen an den Friedhof grenzt. Und unterm größten Baum, der Jahr für Jahr Lasten grüngrauer Früchte trägt, sitzt sie auf der Bank vorm Tisch und hat Besuch neben sich. Zwar bleibt ihr Gerede stumm, doch träumt mir, wie ein älterer Herr (in meinem Alter), der auf sie einspricht, sie zum Lachen bringt, wie andererseits sie ihn erzählend, erklärend – ja keine Abschweifung vergessen! – zum Lächeln einlädt. Und jetzt lacht er, streicht sich das angegraute, straff nach hinten gekämmte Haar, kommt mir bekannt vor. Plötzlich, wie zufällig, liegt auf seinem rechten Unterarm ihre linke Hand, die mit den Ringen, während sie auf ihn einredet: bestimmt wieder eine ihrer schwedisch-vorpommerschen Inselgeschichten: Von Stralsund aus mit dem Schlitten und viel Schnaps bei Windstille übers Eis…

Ein guter Zuhörer, er. Hat auch seinerseits, kaum ist sie ihre Pointe los, irgendwas Märkisches, Hinterpommersches, Mecklenburgisches auf Lager: Neuruppiner Bilderbogengeschichten.

Wie vertraut sie einander sind. Plötzlich die Flasche Rotwein, zwei Gläser halbvoll auf dem Tisch, den ich soeben noch leergeträumt hatte. Auch kommt mir der Mann älter, inzwischen gealtert vor: ein Mittsechziger, sorgenvoll, bedrückt, doch ihrer Anteilnahme gewiß.

Ein Paar träumt mir: Ute und der alte Fontane unterm Birnbaum in unserem Garten. Und mich träume ich hinterm geschlossenen Fenster, entrückt, aber doch nah genug, um zu begreifen: Da ist was, da tut sich was, und zwar schon seit Jahren. Sie hat was mit einem vielzitierten Kollegen von dir, ein Verhältnis, in dem du nicht vorkommst, obgleich auch dir seine Romane (weniger seine Balladen) immer wieder lesenswert, unterhaltsam, mehr noch, deren Dialoge beispielhaft sind, etwa in der Erzählung ›Schach von Wuthenow‹, in deren Verlauf sich aus Salongesprächen und während Spaziergängen, zum Beispiel beim Ausflug zu viert zum Tempelhofer Feld...

Das alles träumt mir, aber der feste Vorsatz auch, nicht das Fenster aufzureißen und Schluß! zu rufen, nicht in den Garten wie hin zum Tatort zu laufen, sondern ein Glas aus der Küche zu greifen, im Vorbeigehn einen Stuhl mitzunehmen und mich den beiden und ihrer Vertrautheit (auf einer Bank) hinzuzuzählen, damit wir fortan unsere Liebe zu dritt...

Dann träume ich nicht mehr Ute, Fontane und mich am Tisch unterm Birnbaum. Ich liege in Schweiß. Über mir schweigt der Fan. Stromsperre. Feuchte Hitze lähmt. Einzig der Lachsack unermüdlich: des Nachbars Ente.

[...]

Theodor Fontane gehört jetzt dazu, nicht aufdringlich, aber oft ungerufen. Er kauft mit uns im New Market ein: seine Kommentare zu hübschen Darjeeling-Packungen und englischen Teetrinker-Gewohnheiten seinerzeit, während seines ersten, zweiten und dritten Londoner Aufenthalts. Er überredet mich, ein Bügeleisen und (schwieriger) ein Bügelbrett für Ute zu kaufen, die unbedingt bügeln, selber bügeln, trotz feuchter Hitze und Stromsperre bügeln will.

Je länger ich hinsehe, wir hinsehen – und Fontane ist ein süchtiger Beobachter –, kommt uns Indien, jenes Land also, in dessen Elend so viel Geheimnis hineingeredet wird, das als unergründlich, undeutbar gilt, geheimnisloser (sagt er) als Dänemark vor: ein abgeschmackter Aberglaube, die Religion. (Er zitiert sich aus ›Unwiederbringlich‹: Spitzen gegen den Pietismus.)

Vorsichtig, doch unüberhörbar beginnt er, seine Sympathien für alles Englische wenn nicht in Abrede zu stellen, dann doch zu bekritteln. Wir sollten ihn, samt seinem Faible fürs Historische, ins Victoria Memorial Museum mitnehmen, das am Rande des Maidan klotzt.

Endlich liest Ute ›Godan‹, einen Roman des Urdu-Schriftstellers Premchand: Um eine Kuh geht es und um landlose Bauern, um drückende Zinsen und Brahmanendünkel, um das dörflich alltägliche Indien von gestern und heute. Sie liest langsam, als lese sie im ›Stechlin‹.

Auf beiden Unterarmen Hitzepickel und Hautreizungen, besonders in der Armbeuge. Die Rückfahrt im überfüllten Zug, stehend eingemauert mitsamt Bügelbrett. Am Bahnhof Baruipur nur ein alter Rikschafahrer. Sein nackter magerer Rücken. Sogar die Fahrradklingel erschöpft. Dann, zwischen Stromsperren, im schwülen, durch nichts bewegten Garten, später unterm Moskitonetz lesen: ›Tallhover‹. Hans Joachim Schädlich gab mir ein Umbruchexemplar auf die Reise mit.

Ein Buch, das ausweglos seinem Grundeinfall folgt: Der schier unsterbliche Agent, Spitzel, Geheimdienstmann überlebt alle Systeme. Ein Experte in Sachen Staatssicherheit, der während der Kaiserzeit, in der Weimarer Republik, solange das Dritte Reich dauert und – ohne Übergang – während der Entstehungszeit der Deutschen Demokratischen Republik (bis zum 17. Juni 1953) unablässig Dienstpflichten nachgeht, immer um die Sache besorgt. Die Sache, das ist die jeweilige Staatsordnung. Aus dieser Sicht werden hundert Jahre deutsche Geschichte zum Dauerfall, zur nicht abgeschlossenen, nicht abzuschließenden Akte. Ein raffiniert einfaches Buch, das den Fixierungen seines Helden vertraut und – abgesehen von steifen Kunstprosapassagen zu Beginn und im Schlußteil des Textes – Sprache aus erkennungsdienstlichen Vorgängen entlehnt, das heißt aus banalen und geschichtsträchtigen Fällen (Lenins Reise nach Rußland). Systemwechsel als fließende Übergänge in Geheimdossiers. Dabei stellt sich keine individuelle Person vor; die Figur Tallhover entsteht, deren private Biographie, bis auf Andeutungen, ausgespart bleibt. Der Leser kann sich selbst in den Geschichtsverlauf und dessen Aktenordnung einfädeln oder als Ablage begraben. Er kann sich als Tallhover erfolgreich erfolglos erleben und – wäre der Schluß nicht: Tallhovers Selbstverurteilung – als unsterblich begreifen. Ein kompliziert überhöhtes Finale. Der vorher (zwangsläufig) so genauen Sprache wird Bedeutung draufgesattelt. Der Autor gibt seinen Helden auf: Nicht Tallhover, dessen beschlossener Tod mutet erfunden an. Ich werde Schädlich schreiben: nein, Tallhover kann nicht sterben.

Nach nächtlichen Güssen bringt uns das Taxi von Ballygunge Station auf überschwemmten Straßen zum Institut. Dort treffen wir uns mit Shuva und einem jungen Maler aus Assam. Ich bestätige in einem Brief, daß ich im Januar die nahe dem Flughafen Dum Dum gelegene Künstlerkolonie »arts acre« einweihen werde. Shuva deutet Streitigkeiten zwischen Gründungsmitgliedern an.

Danach zum Victoria Memorial Museum, diesem steingehauenen Alptraum und letztgültigen Ausweis britischer Kolonialherrschaft. Ein Kuppelbau, die Queen davor in Bronze. Wir hoffen, die Stadtgeschichte Calcuttas dokumentiert zu sehen, den indischen Unabhängigkeitskampf und den der Bengalen, auch die Folgen der Reisverknappung 1943, als über zwei Millionen Flüchtlinge in den Bezirken Midnapur, 24 Parganas und auf den Straßen der Stadt verhungerten. Wir laufen aber nur an vergilbten Stichen, üblichen Ölschinken, imperialen Ahnengalerien, verschieden geschwungenen Säbeln und Dolchen und den mottenzerfressenen Uniformen der Sepoys vorbei. Einige Kuriositäten (Lady Curzons Sari), wenige Dokumente, etwa ein Schreiben, in dem Warren Hastings sein Duell mit Philip Francis der Nachwelt überliefert. Es sollte entschieden werden, wer Generalgouverneur bleiben oder werden durfte. Francis, der zuerst schoß, traf den Hut von Hastings; Hastings verwundete Francis an der Schulter und behielt seinen gewinnbringenden Posten. So wird Geschichte gemacht: die absurde Reduzierung britischer Kolonialherrschaft auf ein (wie Schopenhauer in seiner Polemik gegen Duelle sagt) »primitives Gottesurteil« zwischen Gentlemen am 17. August 1780.

In der Calcutta-Abteilung des Museums, die besonders dürftig ausgestattet ist und Gandhis Bedeutung, wenn nicht unterschlägt, so doch an den Rand verweist, zeigt, zwischen vielen Fotos, ein Foto jenen Subhas Chandra Bose, den wir als Denkmal gesehen hatten. Hier salutiert er in Singapur, wo im Oktober 1943 Truppen der Indischen Nationalarmee paradieren, die zwischen Einheiten der japanischen Burma-Armee gegen britisch-indische Divisionen kämpfen sollen. Hinter Bose steht mit gezogenem Säbel ein japanischer General. Dummdreiste Heldenverehrung; denn nirgendwo werden in diesem weitläufigen Museum der Konflikt zwischen Bose und Gandhi, Boses Bekenntnisse zur Diktatur, seine Bewunderung für Mussolini und Hitler deutlich.

Zwischen allzu vielen nichtssagenden Portraits fällt eines auf, das Philip Burne-Jones (undatiert) von Rudyard Kipling gemalt hat: im Profil am Schreibtisch. Links von ihm liegt die Pfeife, ihm zur rechten Hand steht ein tennisballgroßer Globus. Am linken unteren Bildrand zeugt ein voller Papierkorb (angeschnitten) von der Mühsal täglicher Manuskriptarbeit. Kipling, mit kahler Stirn, trägt eine Halbbrille und blickt konzentriert über den Brillenrand in die Ferne. Überm Bücherbord, das den Hintergrund füllt – Buchtitel sind nicht auszumachen – hängt das Bild (Aquarell?) eines Linienschiffes oder Panzerkreuzers mit zwei hohen Schornsteinen. Das alles im Stil »Neue Sachlichkeit« gemalt.

Ich will von Fontane, der, wie verabredet, dabei ist, wissen, ob er, was seine Balladen betreffe, Kipling in seiner Nachfolge erkenne. Um ihn zu provozieren, ziehe ich zwischen Kiplings Verhältnis zum britischen Empire und Fontanes Haßliebe, bezogen auf Preußen, einige schnelle Vergleiche. Doch der Alte – ich sehe ihn diesmal schlohweiß, kurz vorm Fünfundsiebzigsten – weicht aus und macht Ute auf einige eher zufällige Dokumente vom großen Aufstand in Lucknow, 1857, aufmerksam: Damals habe er sich in London und Schottland aufgehalten, in nicht nur privat schwieriger Situation. Gewiß, die Meuterei und der Tod von Sir Henry Lawrence, den man hier dokumentiert finde, habe seinerzeit im englischen Blätterwald Echo gefunden. Damals sei er häufig in Museen gewesen, mit Max Müller, einem Jugendfreund aus Zeiten, als man noch Herwegh-Anhänger und überaus aufsässig gewesen, der nun aber Professor und Spezialist für alles Indische, deshalb auch Ratgeber der Queen und – wie er sehe und höre – gegenwärtiger Namenspatron der rheinisch-deutschen Kulturinstitute in Indien sei...

Noch lange hören wir ihn plaudern und räsonieren. Einige Nachfahren seiner Balladenhelden sind als Vizekönige abgebildet. Das Museum ist gut besucht: viel untere Mittelschicht, ländliche Familien, Lehrer mit Schülern. Vor Schlachtenbildern stehen sie, auf denen immer die Engländer siegen.

Im unteren Stockwerk sind die Bilder zweier Maler, Thomas Daniell und William Daniell (Onkel und Neffe), ausgestellt, die 1786, von China kommend, in Calcutta eintrafen, sechs Jahre lang blieben und neben mittelmäßigen Haremsszenen einige genau anmutende Ansichten von Calcutta hinterlassen haben, darunter ein Bild von W. Daniell, auf dem die Stadt, vom Fluß aus gesehen, Venedig gleicht; die gegenwärtigen Überschwemmungen nach den letzten Monsungüssen bestätigen diesen Vergleich.

Später, nach erschöpfenden Umwegen, bei einem Soziologen, dessen Team die Lebensbedingungen der Rikschapuller (Entzug der Lizenzen) und Slumbewohner, speziell an Kanalufern und Bahndämmen, untersucht. Wir essen Fisch, Reis, Linsenbrei und übersüße Milchspeisen. Unser Museumsbesuch interessiert die Soziologen kaum. Verfälschung der Geschichte? Man hat andere Probleme.

Auf dem Bahnsteig Ballygunge Station – wir müssen knapp eine Stunde warten – nähert sich uns einer der vielen Bettler. Da ihm die Unterschenkel bis überm Knie fehlen, rutscht er auf durchgewetzten Lederpolstern. Die leere Blechdose richtet er gegen uns. Ich will ihm einen Zweirupienschein in die Dose stecken, vergreife mich und ziehe einen gleichfalls roten, wenn auch größeren Zwanzigrupienschein aus der Tasche. Das Erschrecken des Verkrüppelten. Schnell läßt er den Schein aus der Dose verschwinden, sieht uns lange unbewegt an, wendet abrupt, rutscht auf den Polsterknien weg, stemmt sich wenig später abermals auf uns zu, nah heran und zeigt ein mehrfach gefaltetes Papier vor, auf dem mit Maschinenschrift und Stempel ein Polizeikommissar des Krüppels Ehrenhaftigkeit bestätigt: Er kenne ihn seit zwanzig Jahren. Seit zehn Jahren sei er, nach einem Unfall, invalid. Er habe Familie usw.

In kompakter Masse im Pendelzug stehend, mit einzigem Halt an überbelegten Griffen, schweigen alle, denen wir so nah wie fremd sind. Angekommen in Baruipur – und obgleich die Ventilatoren laufen –, fällt Ute zusammen: Das ist zu viel, täglich zu viel; und niemand, auch kein Fontane kann helfen.

VOLKER HAGE: Die Morddrohung gegen Salman Rush-
die und die Gefängnisstrafe gegen Václav Havel –
was passiert da mit der Literatur?

GÜNTER GRASS: Diese wiederholte Haftstrafe gegen
Havel ist ein Rückgriff auf den Stalinismus, der in
den meisten Ostblockstaaten überwunden scheint.
Die Behandlung von Schriftstellern, wie sie bei Sta-
lin üblich war, und das, was gegenwärtig Rushdie an-
getan wird, ist ähnlich. Die Mentalität dieser Anma-
ßung: das Wissen, die Wahrheit im Besitz zu haben
und deshalb Urteile über Menschen verhängen zu
dürfen, ist vergleichbar und geht durch die Ge-
schichte der Menschheit.

V. H.: Handelt es sich in beiden Fällen um das letzte
Aufgebot maroder Regierungen?

G. G.: Was die Tschechoslowakei betrifft, ganz gewiß.
Ich glaube, das ist eine vor Dummheit strotzende
Verzweiflungstat, und es überrascht mich, daß in
jenem anderen Ostblockland, das ebenfalls ver-
sucht, die Entwicklung aufzuhalten, daß in der DDR
Intellektuelle und Schriftsteller gegen die Verhaf-
tung Havels protestiert haben. Diese Resolution des
PEN-Clubs der DDR ist eine Sensation. Damit hat
niemand gerechnet. Und ebenfalls ein wunderbares
Zeichen von Solidarität ist es, wenn in Warschau
zwei Einakter von Václav Havel aufgeführt werden
und Rakowski, der weiß Gott kein glühender Neue-
rer ist, eher ein Feuerwehrmann der polnischen Si-
tuation, in die Vorstellung geht. Ich wünschte mir ein
deutsches Theater, das Havels Verhaftung zum An-

laß nähme, Stücke von ihm aufzuführen. Er ist ja ein großartiger Autor. Ich habe ihn 1966/67 kennengelernt, einen kleinen, gesetzten, böhmisch-lebenslustig-melancholischen Mann, ein Schriftsteller, nicht ein Literat des Literaturbetriebs, der sich damals vom Prager Frühling Änderungen erhoffte. Seit 1968 haben Havel und Vaculík und viele andere ihre oppositionelle Haltung bewiesen, ohne Winkelzüge, ohne, wie man sich das im Westen erlaubt, einer Mode nachzulaufen. Davor habe ich jeden Respekt. Das ist eine stille, zähe, beharrliche, vernehmliche Stimme, die mit Staatsgewalt nicht zu unterdrücken war, bis jetzt nicht. Es ist sicher, daß Havel diese neun Monate Haft überstehen wird. Aber ich glaube nicht, daß das Regierungssystem der Tschechoslowakei Havel überstehen wird.

V. H.: Sie sagten, die eigentliche Überraschung sei die Resolution des ostdeutschen PEN. Sie ist aber von der Nachrichtenagentur ADN nicht verbreitet worden.

G. G.: Das ist leider so. Aber ich weiß nicht, ob unsere Medien in der Lage sind, solche Nachrichten überhaupt noch aufzugreifen. Sie sind derartig verspielt und zerstreut und ohne wirklichen Begriff der Veränderungen, die stattfinden, daß solche wichtigen Dinge ohne Hintergrundinformation plötzlich in der Zeitung stehen. Das gilt auch für Rushdie. Über diesen Autor wird seit Wochen gesprochen, aber kaum jemand macht sich die Mühe, ihn als Autor wahrzunehmen. Der Mann hat ja immerhin zwei Romane geschrieben, die in ihrer Phantastik und Provokation mit dem neuen Buch zu vergleichen sind. Er ist nicht einfach vom Himmel gefallen. Er ist ein Herausforderer. Ich fühle mich ihm nah, weil auch ich mich in der Tradition der europäischen Aufklärung sehe. Jenseits aller Postmoderne und allem Gespiele, das bei uns Mode ist, kämpft Rushdie gegen das immer nachwachsende Mittelalter und gegen die Folgen des Mittelalters in seiner Kultur. Diese Folgen gibt es ja auch bei uns noch. Es ist ja nicht so, daß es mit der Aufklärung ein für allemal getan wäre.

V. H.: Das Mittelalter hat Rushdie ja nun eingeholt.

G. G.: Es sieht so aus. Aber es hat nicht nur ihn eingeholt, sondern uns alle. In der Tschechoslowakei handelt es sich ziemlich sicher um das letzte Gefecht der Stalinisten. Bei den Fundamentalisten bin ich mir keineswegs sicher, weil sich hier die Probleme der Dritten Welt mit hineinmischen. Die Versäumnisse des Westens liegen auf der Hand. War es nicht so, daß in Berlin ein Student, Benno Ohnesorg, von einem Polizisten erschossen wurde, bei einer Studentendemonstration gegen das Schah-Regime, das im Umgang mit Oppositionellen genauso mittelalterlich war, trotz modernster Bewaffnung und obwohl es vom Westen gestützt wurde? Sind die Dinge, die heute im Iran geschehen, nicht vom Westen mitzuverantworten?

V. H.: Man kann es auch anders sehen: Müßten nicht viele, die damals überzeugt protestiert haben, sich heute an den Kopf fassen und sagen, das haben wir nicht gewollt?

G. G.: Niemand konnte damals wissen, daß nach dem Schah etwas genauso Schreckliches, wenn nicht Schrecklicheres kommen würde. Das ändert nichts daran, daß der Protest gegen den Schah und sein Regime richtig gewesen ist, ebenso wie der Protest gegen den Vietnamkrieg richtig war, obwohl sich Vietnam nach der Niederlage zu einer Okkupationsmacht entwickelt hat. Meine eigene, wie ich zugebe, moderate Position, die sich bei allem Protest gegen den Vietnamkrieg auf »Ho Chi Minh«-Rufe nie hat einlassen können, war die des demokratischen Sozialismus. Und der setzt sich jetzt durch, in der Sowjetunion, in Ungarn und in anderen Ländern. Aus Ratlosigkeit greift man auf alte sozialdemokratische Vorstellungen zurück. Das gibt mir schon eine gewisse Befriedigung. Bei all diesen Prozessen waren eben auch Schriftsteller beteiligt. Das spricht gegen die weit verbreitete Ohnmachtsthese.

V. H.: Überschätzen Sie da nicht Ihre Rolle und die der Schriftsteller? Gorbatschow ist doch eher wie ein Deus ex machina gekommen.

G. G.: Da widerspreche ich Ihnen. Die Urheber der sowjetischen Veränderungen sind die Tschechen gewesen. Viele Reden von Gorbatschow und seinen Anhängern sind den Reden eines Alexander Dubček, eines Ota Šik vergleichbar. Ich erinnere mich, daß ich damals gesagt habe, vielleicht wird die Sowjetunion eines Tages auf das zurückgreifen müssen, was sie unterdrückt. Von Gorbatschow ist jeder überrascht worden, von der Vehemenz und vom Tempo dieser Veränderungen. Aber das, was in der Sowjetunion geschieht, hat seine Vorgänger und Ursachen.

V. H.: Was gibt Ihnen die Hoffnung, daß es diesmal funktionieren könnte?

G. G.: Ich glaube nicht, daß Veränderungen das Paradies zur Folge haben. Jede Reform, jede Veränderung schafft ein Stück mehr Gerechtigkeit und mit der Veränderung neue Ungerechtigkeiten. Aber man wird diese Entwicklung nicht mehr zurückschrauben können.

V. H.: Lassen Sie uns auf Rushdie zurückkommen. Kennen Sie ihn persönlich?

G. G.: Rushdie hat mich, kurz nachdem die ›Mitternachtskinder‹ in der Bundesrepublik erschienen waren, besucht. Und wir hatten Anlaß, miteinander zu sprechen, weil dieser Roman seine Lehrmeister nicht verleugnet. Zu den Lehrmeistern gehöre auch ich. So wie ich von Alfred Döblin gelernt habe und darauf bestehe, daß Literatur nicht aus dem Nichts kommt, sondern ihre Väter und Vorväter hat, so gibt Rushdie offen zu und sagt, daß er von der ›Blechtrommel‹ und den ›Hundejahren‹ beeinflußt wurde. So haben wir uns näher kennengelernt und bemerkt, daß wir auch im politischen Engagement eine gewisse Ähnlichkeit haben. Man vergißt hier, daß Rushdie ein vehementer Kämpfer gegen rassistische Vorurteile in England ist und sich für Minderheiten, nicht nur für seine eigenen Landsleute, eingesetzt hat. Ich habe Rushdie ein anderes Mal erlebt, vor zweieinhalb Jahren auf dem PEN-Kongreß in New York. Er ist ein kleinwüchsiger, fragiler, witziger Mann. Es war bei diesem Kongreß eine gewisse amerikanische Arroganz spürbar. Nachdem Rushdie sich das eine Weile angehört hatte, meldete er sich zu Wort und sagte: Ich bin englischer Bürger, komme aus Indien, habe einen Teil meiner Jugend in Pakistan verbracht, hinter mir stehen 900 Millionen Menschen. Der Satz fällt mir jetzt immer wieder ein. Damals hat er die amerikanischen Vertreter des »bigger-better-greater« sprachlos gemacht. Rushdie trug das mit unnachahmlichem Witz vor. Es ist schrecklich, was ihm geschieht. Rushdie ist zwanzig Jahre jünger als ich.

V. H.: Besteht nicht die Gefahr, daß die Reaktion auf

diese unglaubliche Provokation aus Teheran bei uns eine Art Kreuzzugsmentalität wachruft?

G. G.: Mitte Februar hat Anna Jonas, die ehemalige Vorsitzende des Schriftstellerverbandes, der ja offenbar nicht mehr existiert, mit Schriftstellern gesprochen. Es kam zu einem Protest. Ich habe mich dem angeschlossen. Am folgenden Tag hat mich Neven DuMont angerufen. Er sagte mir, das Buch werde im Herbst wie geplant erscheinen. Am Abend des gleichen Tages war in den Nachrichten zu hören, Neven habe mit Rücksicht auf seine Mitarbeiter diese Entscheidung zurückgenommen. Daraufhin haben Enzensberger und ich Kontakt miteinander aufgenommen, in der Absicht, diese unmögliche Entscheidung zu revidieren, und wir haben das Angebot gemacht, daß Autoren die Herausgeberschaft übernehmen. Das ist eine Möglichkeit, auf Terror dieser Art zu reagieren: indem eine Vielzahl von Einzelpersonen und Institutionen sich solidarisiert. Da allerdings braucht man die Mitarbeit der Medien. Jedes Herausheben eines einzelnen, wie es etwa bei Ihnen mit Enzensberger geschehen ist, ist gefährdend.

V. H.: In diesem Fall ging es um Enzensbergers moralische Aburteilung Nevens.

G. G.: Enzensbergers Einschätzung ist nicht meine Einschätzung, aber seine ist möglich angesichts einer solchen Situation. Es werden lauter Sekundärschauplätze eröffnet, die ablenken von der eigentlichen Sache.

V. H.: Genau das wurde Enzensberger vorgeworfen.

G. G.: Gut, darüber kann man streiten. Aber Enzensbergers Motiv war, genau wie bei mir, eine Möglichkeit zu schaffen, damit unser bedrohter Kollege

Rushdie, wenn er es will – das immer vorausgesetzt! –, die Möglichkeit hat, die Veröffentlichung seines Buches in der Bundesrepublik garantiert zu bekommen. Das ist das Ziel, und dabei bleibt es.

V. H.: Sind Sie demnach mit der Reaktion in diesem Land zufrieden?

G. G.: Mit der Reaktion der Schriftsteller bin ich zufrieden. Mich beunruhigt aber, daß es ein vermittelndes Instrument nicht gibt. Das wären zum Beispiel Foren wie ›Die Zeit‹ und andere überregionale Zeitungen, die es verstünden, die Aktivität der Schriftsteller und der Verleger zu koordinieren. Im ›Börsenblatt‹ waren Andeutungen zu lesen, die Initiative von Enzensberger und von mir sei auf das Interesse des Greno Verlags und Steidl Verlags gerichtet, als könnten Verleger nur innerhalb dieser Kategorien denken. So etwas wäre in Frankreich oder in Italien unmöglich. Der Protest wäre wirkungsvoller, wenn es gestandene Verleger gäbe, die in der Lage wären, zu erkennen: Hier könnten wir endlich etwas zusammen machen, Verleger und Autoren! Aber sofort beginnen diese kleinlichen Verdächtigungen: Enzensberger will doch nur die Rechte für Greno haben! Solche Unterstellungen sind jämmerlich und erbärmlich.

V. H.: Wie weit kann unsere Toleranz gehen? Denken Sie an die Talkshow im Fernsehen. Darf man da jemanden auftreten lassen, der den Mordaufruf bekräftigt?

G. G.: Sie meinen das Gespräch, bei dem Jurek Becker dabei war? Solange Leute wie er in einer solchen Sendung den Mut haben, diese – ich sage das als Atheist – gotteslästerliche Anmaßung der Fundamentalisten zurückzuweisen, ist es gut, wenn man so einen Mann mit seiner gekonnten Demagogie aussprechen läßt. Wie gesagt: Wenn er ein Gegenüber hat, der dem gewachsen ist. Ich bin für diese Offenheit, und je enger die Gegenseite reagiert, um so mehr müssen wir auf Offenheit bestehen. Unser Staat hat ja leider geglaubt, der Herausforderung durch den Terrorismus dadurch begegnen zu müssen, daß er Rechte einschränkt, was ich für eine falsche Antwort halte. Unser liberales System hat Schaden gelitten, nicht, weil der Terrorismus so stark war, sondern weil der Staat so schwach war, sich selbst zu beschränken. Hier bietet sich abermals eine Möglichkeit zu erproben, wie ein Rechtsstaat sich in einer solchen Situation verhalten kann. Wenn in England laut überlegt wird, ob man nicht die Gesetze ändern soll, darunter auch Labour-Abgeordnete, die Angst um ihre Wähler haben, ist das natürlich ein Sieg des Fundamentalismus.

V. H.: Gibt es dort nicht eine völlig andere Situation?

G. G.: Ja, erklären läßt sich alles. Sie können genauso gut sagen, sie sei besser als bei uns, weil die annähernd zwei Millionen Moslems Bürger des Staates sind und Wahlrecht haben, was wir ja erst anstreben, zu Recht anstreben. Ich befürchte übrigens, daß diese zum Teil rassistische Anti-Ausländer-Politik, wie sie sich nicht nur bei den »Republikanern« ausspricht, sondern immer Fleisch vom Fleische der CDU gewesen ist, durch diese Morddrohung bestärkt wird. Das ist Wasser auf die Mühlen der Ausländerfeinde. Es ist natürlich unbequem, auf der einen Seite gegen diese mörderische Anmaßung zu sein, auf der anderen Seite für das kommunale Wahlrecht der Bürger, der Gäste oder wie immer man sie nennt, einzutreten, für jene, die seit Jahren hier leben, deren Kinder hier zur Schule gehen.

V. H.: Die Todesdrohung wird sicherlich nur von einer Minderheit getragen. Aber Millionen sagen immerhin: Dieses Buch darf so nicht erscheinen.

G. G.: Ich muß Sie unterbrechen. Wir reden über ein Buch, das nicht bekannt ist. Es werden dauernd Auszüge zitiert. Ich habe das selber bei der ›Blechtrommel‹ und ›Katz und Maus‹ erlebt, wie mit Zitaten gearbeitet wird. Ich habe die verlogene Haltung der katholischen Kirche mit meinen Mitteln geschildert. Im Grunde tut Rushdie nichts anderes. Es gibt von ihm keinen fundamentalen Angriff. Er geht als Atheist – der er sein darf! – an Glaubenssätze heran. Er hat die Quellen studiert. Wie wir im Christentum einander widersprechende Quellen sehen, so sieht er das im Islam. Und dieses Nachbohren, der chronische Zweifel, dem nichts heilig ist, dem nichts heilig sein darf, sonst verrät er seine Position als Aufklärer, findet sich auch in den ›Mitternachtskindern‹ und in ›Scham und Schande‹. Es ist sinnlos, Texte aus dem Zusammenhang zu reißen. Es liegt in der Natur der Sache, daß jetzt die Gläubigen empört sind. Diese Wirkung haben die Bücher von Diderot und Voltaire auch gehabt, deswegen wurden sie damals verboten. Wir sind ein Stück weiter.

V. H.: Nicht viel, wenn man an die Aufregung über den Jesus-Film von Scorsese denkt.

G. G.: Sicherlich, aber es blieb bei der Aufregung. Trotzdem erkennt man, daß diese fünfhundert Jahre Distanz keine Sicherheit geben. Immer wieder erhebt sich der lange Arm der Inquisition.

V. H.: In Indien ist Rushdies Roman verboten. Sie haben dort eine Zeitlang gelebt. Können Sie Verständnis dafür aufbringen?

G. G.: Salman Rushdie wurde 1947 geboren. Das ist

das Jahr, in dem der Roman ›Mitternachtskinder‹ beginnt. Es war das Jahr der Unabhängigkeit Indiens und der Teilung Indiens, in Indien und Pakistan und Ostpakistan, das spätere Bangladesch. Und das begann mit Haumesserschärfe. Man kennt die Zahl der Opfer bis heute nicht. Hunderttausende von Moslems und Hindus haben sich gegenseitig umgebracht. Diese Ungeheuerlichkeit setzt sich in der Geschichte Pakistans und Indiens fort, nicht in dem Ausmaß, aber unaufhörlich. Die indischen Tageszeitungen berichten täglich von Übergriffen. In den Slums leben Hindus und Moslems zumeist friedlich nebeneinander. Aber dann gibt es Fundamentalisten, die diese Menschen gegeneinander aufhetzen. Da wird von den Hindus ein Schwein durch den Moslem-Tempel gehetzt. Da werden die Hindus provoziert, indem heilige Kühe verzehrt werden. Die Tabus sind austauschbar, die Anlässe zur Provokation liegen auf der Straße. Mit all dem ist Rushdie aufgewachsen. So hat er seine Kindheit erlebt, das hat seine Bücher gezeichnet. Die Fortsetzung reicht bis in die Gegenwart hinein und kann jederzeit aufbrechen. Das entschuldigt nicht, aber es erklärt das schnelle Verbot dieses Buches in Indien. Es ist grauenhaft: Beide Religionen, Moslems wie Hindus, neigen aus ihrer Ethik heraus eher zur Toleranz. Und dennoch! Auch das Christentum, trotz Bergpredigt und trotz des Gebots der Nächstenliebe, ist zu den ungeheuerlichsten Grausamkeiten fähig gewesen und weiterhin fähig.

V. H.: Wenn man daran denkt, kann man sich der Flamme der Aufklärung nicht allzu sicher sein.

G. G.: Aber es gibt keine andere Lichtquelle. Um so sträflicher ist die Tendenz, die ich allerorts, auch in

unseren Feuilletons, beobachte, mit welcher Leicht-
fertigkeit man diese dauernd gefährdete Flamme
der Aufklärung zuzuschütten bereit ist. Aber diese
Aufklärung ist nicht am Ende. Wenn sich ihr Ver-
nunftbegriff verengt hat, muß man ihn mit den Mit-
teln der Aufklärung wieder erweitern.

V. H.: Fühlen Sie sich manchmal müde in der Rolle des
Einzelkämpfers?

G. G.: Jeden Tag. Jeden Tag gibt es Momente, wo ich
diese Müdigkeit spüre. Ich glaube nicht, daß sie
altersbedingt ist. Aber ich habe bis jetzt jedenfalls für
mich die Möglichkeit gefunden, diese Müdigkeit zu
überwinden.

V. H.: Am Fall Rushdie zeigt sich, wie wichtig Autoren
sind, die sich verstehen und verständigen können,
von Lenz über Enzensberger bis eben zu Ihnen hin.
Bedrückt es Sie, daß es in der jüngeren Generation
kaum noch Schriftsteller gibt, die ähnlich handeln
würden? Gibt es eine Generationsschranke?

G. G.: Ich sehe das mit Entsetzen, weil unsere in die-
sem Jahrhundert mehrmals gewaltsam unterbro-
chene literarische Tradition schon wieder und ohne
äußeren Druck einen Bruch erleidet. Es ist eine
Frage, die ich an Sie richte. Fing das nicht an mit
»Trau keinem über Dreißig«? Indem man sich von
Leuten, die man zu Recht oder zu Unrecht als Väter
erkannte, abkoppeln wollte? Wenn ich mir überlege,
wie eine kämpferische oder im Sinn der Aufklärung
polemische, nach den Ursachen forschende Stimme
wie die von Dürrenmatt oder die von Frisch nutzlos
beiseite liegt, wie wenig das aufgenommen wird!
Ihre Generation, die sich so leichtfertig abgekoppelt
hat, sollte sich überlegen, ob sie sich das leisten kann.
In solchen Situationen wie jetzt wird das deutlich.

Da werden dann die alten Namen quasi als Feuerwehr noch einmal bemüht, aber ansonsten möchte man damit nichts mehr am Hut haben. Gerade in der letzten Ausgabe der ›Zeit‹ ist ja auch mein älter werdender Kollege Handke froh darüber, daß meine Meinung in politischen Dingen nicht mehr so gefragt ist.

V. H.: Fairerweise muß man dazu sagen, daß Handke das vor diesen Ereignissen gesagt hat.

G. G.: Gut. Im übrigen ist Vitalität in der Literatur nie eine Frage des Jahrgangs oder des Alters gewesen. Büchners Texte sind von einer erschreckenden Einsicht, beinahe der Einsicht eines alten Mannes gezeichnet. Nehmen wir einen noch lebenden Großen, Günther Anders. Der hat den Zorn und die Verve eines jungen Mannes. Während die Bücher von heute Dreißigjährigen von einer gepflegten Müdigkeit sind, die mich erschreckt. Wir können uns solche Diffizilitäten nicht leisten, weil unsere Tradition, insbesondere die der Literatur, diese gewaltsame Unterbrechung erfahren hat. Die Literatur der Emigration ist bis heute nicht angekommen. Sie ist nach wie vor isoliert. Es ist nicht nur mein Meister Döblin, für den ich mich vergeblich genug einsetze – das geht bei vielen immer noch über ›Berlin Alexanderplatz‹ nicht hinaus. Es gibt nach wie vor eine Sperre, ihn in seiner Größe, seiner auswuchernden Größe zu begreifen und zu akzeptieren.

V. H.: Gibt es da auch Versäumnisse der Gruppe 47? Das war doch die Gruppierung derjenigen, die im Lande geblieben waren, die zu jung waren, um emigrieren zu können. Gleichzeitig gab es das Interesse der Jungen, sich durchzusetzen.

G. G.: Der Vorwurf ist sicher zum Teil berechtigt. Ich

bin erst Mitte der fünfziger Jahre dazugekommen, aber ich weiß aus Erzählungen von Hans Werner Richter, daß es auf der einen Seite das Bedürfnis gab, unter sich zu bleiben und sich nicht von großen Namen Maßstäbe diktieren zu lassen. Auf der anderen Seite hat es auch eine Sperre von seiten der literarischen Großmeister gegeben. Ich sage das nicht abfällig. Die haben das erstmal beobachtet. Es gibt von Thomas Mann sehr freundliche Äußerungen über den Schriftsteller Hans Werner Richter, aber herablassende über die Gruppe 47, wobei er offenbar über die Praxis dieser Gruppe nicht unterrichtet war. Bei uns gab es den Wissenshunger der Nachkriegszeit. Ich bin vom System des Nationalsozialismus als dummer und zudem anmaßender junger Mann entlassen worden, der erst einmal etwas lernen mußte. 1955 habe ich zum erstenmal vor der Gruppe 47 gelesen, 1956 bin ich nach Paris gegangen, und dort war die Bekanntschaft und anstrengende Freundschaft mit Paul Celan ungeheuer wichtig für mich.

V. H.: Es ist auffällig, daß die engagierten Autoren fast alle aus der Gruppe 47 kommen oder aber alte Emigranten sind wie Günther Anders. Das Gruppenerlebnis haben die jüngeren Autoren nie gehabt. Sie leben sehr vereinzelt und stilisieren sich in diese etwas mönchische Situation hinein, wobei zum Beispiel Botho Strauß einen Mann wie Böll und sein öffentliches Wirken immer bewundert hat und sagt: Wie gut, daß es Leute gibt, die das können!

G. G.: Wir haben keine Hauptstadt, und die Schriftsteller leben in der Diaspora. Die Gruppe 47 bot einmal im Jahr einen Hauptstadtersatz und damit die Möglichkeit, sich im Arbeitsprozeß miteinander zu vergleichen, mehr oder weniger zulänglich. Ich habe in der Tat bei jüngeren Autoren dieses latente Bedürfnis danach gespürt. Nur kann man nicht immer in Richtung Hans Werner Richter gucken, so jemanden gibt es nicht alle Tage. Man muß von sich aus Formen entwickeln, diese Vereinzelung aufzuheben. Was nun diese Stilisierung etwa von Böll angeht: der gute Mensch aus Köln, der immer den Mund aufmachte – ich halte das für eine große Ungerechtigkeit. Weder Heinrich Böll noch Siegfried Lenz, noch ich haben uns das ausgesucht. Wir leben in einem Land, in dem es nach wie vor notwendig ist, den Mund aufzumachen. Kommen wir auf Havel zurück. So wie ich ihn kennengelernt habe, 1967, war das ein Mann, der von einer fast bäuerlichen Art auf die Literatur und auf das Schreiben fixiert war, und der ist durch die traurige Geschichte seines Landes gezwungen worden, jetzt mehr als zwanzig Jahre Haltung zu zeigen. Er wurde gezwungen, sich zu wiederholen, was für einen Schriftsteller zu den gräßlichsten Dingen gehört. Weil die Gegenseite eine starre Position hat, mußte seine Antwort bis heute stereotyp sein. Um so größer ist seine Leistung, daß er dabei geblieben ist. Und solange es solche Havels gibt, muß man sie rühmen. Andere, die meinen, darauf verzichten oder es gar lächerlich machen zu können, sind nicht einmal Narren. Ein Narr hat ja noch etwas Provozierendes, die aber sind töricht und dumm.

V. H.: Am 9. März wird in Berlin eine öffentliche Lesung aus dem Buch von Rushdie stattfinden.

G. G.: Ja, das wird vom Literaturhaus veranstaltet. Es ist für mich damit ein trauriger Skandal verbunden, dessen Folgen ich für mich als Person noch nicht absehe: Es sollte die Akademie der Künste diese Veranstaltung machen, aber ihr Präsident hat sich geweigert, das Risiko zu übernehmen. Und so wird die Veranstaltung, wenn die Akademie ihre Meinung nicht noch ändert, was ich hoffe, in der Hasenheide stattfinden. Das finde ich beschämend. Eine Akademie mit dieser Vergangenheit, aus der ein Heinrich Mann und eine Käthe Kollwitz hinausgetrieben worden sind, darf sich so etwas nicht leisten. Das geht nicht, und meine zukünftige Mitgliedschaft in der Akademie hängt von dieser Entscheidung ab.

Geschichtliche Last als politische Verpflichtung

Brief an Peter Härtling als Präsidenten
der Akademie der Künste Berlin

9. März 1989

Lieber Peter,
diesen Brief schreibe ich widerwillig, mehr noch, gezwungenermaßen.

Mehr als zwei Jahrzehnte lang habe ich mich als aktives Mitglied der Akademie der Künste Berlin verstanden, wobei ich mir von Anfang an der geschichtlichen Last und also auch der politischen Verpflichtung dieser Institution bewußt gewesen bin.

Meiner Meinung nach hat sich die Akademie dieser besonderen Verantwortung entzogen, indem sie einer Solidaritätsveranstaltung für den zum Tode verurteilten Schriftsteller Salman Rushdie ihre Räume verweigerte. Nun wird diese Veranstaltung heute abend notgedrungen in Neukölln(-Hasenheide) stattfinden, wobei der notwendige Polizeischutz für die Beteiligten zugesagt ist. Gleiches hätte in den Räumen der Akademie stattfinden können: Schließlich ist die Polizei unter anderem dafür da, gegebenenfalls solche Aufgaben zu übernehmen.

Wir sind uns gewiß darüber einig:

Das über Salman Rushdie verhängte Todesurteil und die Tatsache, daß gegen ihn Mordkommandos auf den Weg geschickt worden sind, ferner die Bedrohung aller Personen, die sein Buch übersetzen, verlegen, verkaufen oder sonstwie fördern, all das zusammen ist zusätzlich als Anschlag auf die Meinungsfreiheit zwar nicht ohne Vergleich, doch in seinen internationalen Auswirkungen beispiellos. Vor allen anderen Berliner Institutionen hätte die Akademie der Künste dieser Herausforderung gegenüber an Ort und Stelle Widerstand bezeugen müssen. Indem sie ihre Räume verweigerte, gibt sie dem terroristischen Druck nach, entledigt sie sich der Verpflichtungen ihrer Vergangenheit und nimmt sie eine Haltung ein, die schlechtes Beispiel gibt.

Aus den genannten Gründen sehe ich mich gezwungen, die Akademie der Künste Berlin als Mitglied zu verlassen.

Günter Grass

Nötige Kritik oder Hinrichtung?

DER SPIEGEL: Herr Grass, Sie und Walter Jens haben schweres Geschütz gegen die Kritiker des neuen Buches von Christa Wolf, ›Was bleibt‹, aufgefahren. Sie sprechen von »Stricken«, die westdeutsche Zeitungen Christa Wolf drehen, von einer »Hinrichtung«. Das Präsidium des PEN ermahnt die Feuilletons, urbaner und toleranter zu werden, und sieht das Gespenst eines »postmodernen McCarthyismus« – was immer das sein mag. Wie kommt es zu dieser heftigen Reaktion auf Kritiken?

GÜNTER GRASS: Ich lasse zur Antwort erst mal die Autorin sprechen. Nachdem vor vielen Jahren ihr Buch ›Nachdenken über Christa T.‹ in Westdeutschland als Anti-DDR-Buch interpretiert worden war, distanzierte sich der Mitteldeutsche Verlag von ihr, es gab eine Kampagne im ›Neuen Deutschland‹. In diesem Zusammenhang schrieb Christa Wolf: »Aber jedenfalls war ich nun nicht mehr abzubringen von dem, was ich machen mußte. Ich erwartete nicht mehr, hier (das heißt in der DDR) öffentlich akzeptiert zu werden. Ich erfuhr später auch, wie es ist, ausgegrenzt zu werden, eine nützliche, wenn auch sehr schmerzliche Erfahrung.«

Jetzt widerfährt Christa Wolf Vergleichbares neuerdings von Literaturkritikern in der Bundesrepublik. Ein Buch wird benutzt, über das man literarisch so oder so urteilen kann, um mit der ganzen Person abzurechnen. Der Kritiker Ulrich Greiner in der ›Zeit‹ redet von »Verlogenheit«, benutzt Vokabeln, die er sonst nicht in den Mund nehmen würde, setzt gleich von Anfang an voraus, daß es sich bei ihr um eine »Staatsdichterin« handele, obgleich Christa Wolf das nie für sich in Anspruch genommen hat. Sie hat sich nie in eine öffentliche Position gedrängt, sie sollte die Nachfolge von Anna Seghers antreten und hat es nie getan. Mit einer solchen Bezeichnung wie »Staatsdichterin« wird suggeriert, daß sie eins gewesen ist mit diesem Staat. Daß das nicht stimmt, kann man in ihren Büchern nachlesen. Ihre Kritik fällt zwar nicht so vehement aus, wie sie ein Václav Havel gegenüber dem System in der ČSSR ausgesprochen hat, nicht so vehement, wie sie Biermann in seinen Liedern geübt hatte. Sie hat ihren eigenen Stil gefunden. Und dieser Stil des behutsamen Dreinredens hat Wirkung gezeigt. Über Jahrzehnte hinweg las man sie aufmerksam in beiden deutschen Staaten. Sie ist eine von den vielen Autoren, die dazu beigetragen haben, daß bei allem, was geteilt wurde – wirtschaftlich, politisch, ideologisch –, die Teilung im Bereich Kultur nicht so absolut vollzogen werden konnte. Es entstand ein Dialog zwischen den Literaturen.

DS: Hat sich nicht nachträglich auch gezeigt, daß dieser Dialog ein Privileg für bestimmte DDR-Autoren war? Und daß er gleichzeitig als Ausrede fungierte, es würde sich etwas ändern, annähern? Und muß man nicht nachträglich die Behauptung wagen: Geändert hat sich in der DDR durch die Schriftsteller so gut wie gar nichts. Und durch die Flüchtlinge in der Budapester und der Prager Botschaft und durch die Leipziger Demonstranten – alles?

G. G.: Das sind Behauptungen, die sich in ihrer Grobschlächtigkeit natürlich so ausnehmen, daß man sagen kann: So war es, das war im Fernsehen, das war ablesbar, das führte zu sichtbaren Ergebnissen. Aber

Sie sollten doch wissen, daß Literatur, wenn sie überhaupt Wirkungen zeigt, langsam, zeitverschoben wirkt, Bewußtsein verändert, oft nur Akzente verschiebt. Die dann wichtig werden. Man kann doch von der Literatur nicht Dinge erwarten, die sie nie leisten kann.

DS: Gewiß hat die DDR-Elite vor diesen Wirkungen von Literatur Angst gehabt – aber sie hat Autoren, von denen sie wirklich Veränderungen fürchten mußte, abgeschoben, ausgebürgert. Reiner Kunze, Wolf Biermann und Erich Loest, um nur einige zu nennen. Und vor diesen Ausgegrenzten, vor diesen Abtrünnigen hatten die DDR-Schriftsteller, die blieben, Berührungsängste, auch Christa Wolf.

G. G.: Zuerst einmal zu dem immer wieder auftretenden pauschalen Vorwurf, Christa Wolf sei privilegiert gewesen. Sie hätte reisen können, wie einige andere auch. Sind das nicht Dinge, die wir im Zuge der Entspannung vom Westen her gefordert haben, mit Einladungen, mit Versuchen, diese total geschlossene Grenze auf verschiedene Art und Weise durchlässiger zu machen? Wenn es bei einigen Schriftstellern nicht gelungen ist, wird man dennoch nicht sagen können, daß die anderen deswegen privilegiert gewesen sind. Das muß man bitte im Zusammenhang sehen. Wir wollten ja zu Recht, daß diese Grenze durchlässiger wird.

DS: Aber die Schriftsteller, für die die Grenze durchlässiger wurde, mußten mit Wohlverhalten und Loyalität gegenüber der DDR und der Partei zahlen.

G. G.: Ich habe eine Scheu, über Verstrickungen, Verhaltensweisen, Biographien zu urteilen, die sich im Rahmen und Raum der DDR abspielten. Weil die westliche Sicht immer in Gefahr des allzu selbstgerechten Besserwissens ist. Aber weil Christa Wolf und ich zu einer Generation gehören, kann ich einen Aspekt wirklich ganz gut beurteilen. Christa Wolf berichtet darüber in ihrem Roman ›Kindheitsmuster‹, Erich Loest in seinem Buch ›Durch die Erde ein Riß‹. Diese Generation hatte in der DDR keine Chance, ihre sehr frühe ideologische Festlegung auf eine Art und Weise zu überwinden, wie es hier im Westen möglich gewesen ist.

Als wir hier ab 1945 auf die freie Wildbahn geworfen wurden, wo sich jeder selbst einen politischen Standort suchen mußte, war das nicht einfach. Aber in der DDR wurde das Braunhemd ausgezogen und das Blauhemd angezogen. Die ohnehin vorhandene Grundhaltung der idealistischen Erziehung ließ offenbar kein ideologisches Vakuum zu. Aus der verschreckten Haltung angesichts der Naziverbrechen, die nach Kriegsende nun offenkundig waren, rettete man sich in die angebliche Alternative, ein sozialistisches, anderes, besseres Deutschland mit stark betontem antifaschistischem Anspruch zu errichten. An der Spitze des Staates standen anerkannte Leute des Widerstandes – eine Tatsache, von der Honecker bis zum Schluß zehrte. Unter diesen Umständen jedenfalls ist Christa Wolf aufgewachsen, man kann sie nur – wie viele in diesem Land, bekannte wie unbekannte – an den Maßstäben messen, die sich dort entwickelt haben.

DS: Lassen Sie uns auf Ihren Vorwurf zurückkommen, Christa Wolf erlebe jetzt Vergleichbares durch die Presse, wie sie es durch den Parteiapparat der SED erlebt habe. Ist das wirklich vergleichbar? Die Ohnmacht gegenüber einer allmächtigen Staatszensur, einer kulturpolitischen Diktatur, und die Kritik in

einer wenigstens in dieser Hinsicht doch freien Ge-
sellschaft. Literaturkritik, mag sie noch so harsch
oder unfair in Ihren Augen sein, wird damit einem
Schreibverbot und einer staatlichen Bedrohung
gleichgesetzt.

G. G.: Die Kritik traf ein verhältnismäßig schmales
Büchlein, das kann ja wohl nicht der Anlaß sein,
es wurde vielmehr lediglich zum Anlaß genommen.
Es fing, wenn ich mich recht entsinne, während
einer Fernsehsendung an, an der Sie ja auch Anteil
haben, im ›Literarischen Quartett‹. Wo Marcel
Reich-Ranicki, der es eigentlich von seiner eigenen
Biographie her wissen müßte, was Verstrickung im
Stalinismus bedeutet, mit der Schärfe und Unbarm-
herzigkeit des Konvertiten das Signal zur Attacke
gegen Christa Wolf gab. Und dann ging es von
Zeitung zu Zeitung, mit einer unsäglichen Repor-
tage in der ›Welt‹, einer polemischen Kritik in der
›Zeit‹ und einer Totalabrechnung in der ›Frankfurter
Allgemeinen‹.

DS: Zu Ihrem Argument von dem schmalen Büchlein
ein Einwurf: Die Bedeutung eines Buches hängt ja
nicht an seiner Seitenzahl.

G. G.: Aber in diesem Fall wird ja nicht das Buch rezen-
siert, sondern es wird benutzt, um mit der Autorin ge-
nerell abzurechnen.

DS: Aber dieses schmale Büchlein erschien in einem
ganz bestimmten Moment. Durch sein Erschei-
nungsdatum gewinnt es einen Stellenwert – weil es
nach der Wende das erste Buch ist, das Christa Wolf
veröffentlicht. Und siehe da: Es ist eins, von dem
nun auch noch gesagt wird, es komme aus der Schub-
lade. Und es zeige, wie sie einst selbst von der Stasi
überwacht worden sei.

G. G.: Sie konnte dieses Buch mit seinem Inhalt doch vorher gar nicht veröffentlichen, da sie keine Heldin ist und auch nie für sich beansprucht hat, eine Heldin zu sein. Sie hat weder die Rigorosität eines Biermann noch das bewundernswerte, nahezu starrköpfig anmutende und nun doch wunderbarerweise erfolgreiche Verhalten eines Václav Havel. Sie ist ein anderer Mensch, und sie hat offenbar bis zum Schluß geglaubt, es könne innerhalb des Gesellschaftsverständnisses der DDR zu einer grundlegenden Änderung kommen. Ich habe das selbst nie geglaubt, aber das gibt mir doch kein Recht, darüber den Stab zu brechen.

DS: Der Aufwand an Kritik erklärt sich doch auch daraus, daß dieses Buch im Moment eine große Bedeutung hat.

G. G.: Erklären Sie mir, was an dem Buch besonders ist!

DS: Wir alle, das heißt die westdeutsche Kritik, haben jahrelang auf DDR-Bücher einen Bonus angewandt, wir sagten uns, Literatur dort entsteht unter bestimmten schwierigen Voraussetzungen, die Autoren können das meiste nicht direkt sagen, sie müssen Umwege wählen. Wir haben niemandem vorgeworfen, daß er in der DDR blieb oder daß er die DDR verließ – das stand und steht uns nicht zu. Aber der Literatur haben wir einen Bonus eingeräumt. Und wir waren vorsichtig, wenn wir ihre Wirkung beschrieben, weil wir ihren Autoren bei den Kulturfunktionären nicht schaden wollten.

G. G.: Und dieser Bonus, den Christa Wolf nie für sich beansprucht hat, ist nun gestrichen.

DS: Jetzt kommt das erste Buch, das nicht den alten DDR-Bedingungen unterliegt, und dieses Buch erzählt von diesen Bedingungen. Also wird man diese Bedingungen anhand dieses Buches messen dürfen, noch dazu, da es autobiographisch ist. Und was Ihren Vorwurf der gezielten Kampagne anlangt: Im Unterschied zu früher hatte Christa Wolf vorher und mittendrin und nachher Gelegenheit, jederzeit in die Debatte einzugreifen, sich zu äußern. Wir haben sie beispielsweise mehrfach nach der Öffnung der Mauer zu einem Gespräch eingeladen. Sie war auch sonst nicht mehr auf verschlüsselte Botschaften angewiesen. Sie hätte sich jetzt auch in die Debatte über ihre Erzählung einmischen können. Sie findet Fürsprecher wie Sie und Walter Jens, das alles ist in Ordnung, aber Begriffe wie McCarthyismus und Hinrichtung unter den jetzigen gesellschaftlichen Bedingungen sind, gelinde gesagt, übertrieben. Wir verstehen Ihre Motive, aber nicht Ihre Wortwahl.

G. G.: Aber sehen Sie denn nicht die Fülle der Artikel, den Gleichklang der Argumente? Merken Sie nicht, daß man ihr Dinge vorwirft, die zu ihrem Schreibstil gehören, also daß sie Staat und Partei nicht beim Namen nennt, ähnlich wie Uwe Johnson das übrigens tat, und daß man ihr das als Feigheit vorwirft? Wir sind es in der Bundesrepublik gewohnt, daß pauschale Angriffe auf Schriftsteller oder andere mißliebige Personen aus bestimmten politischen Ecken kommen, ob das führende CDU-Politiker waren, die die Gruppe 47 als geheime Reichsschrifttumskammer verunglimpften, oder Kanzler Erhard, der kritische Schriftsteller »Pinscher« nannte.

DS: Das war damals doch aber mehr oder weniger offizielle Schelte von Regierungsseite – und das vor einem obrigkeitsgläubigen Publikum. Keine Literaturkritik. Kritiker sind weder Minister noch Polizei-

präsidenten. Und auch die Öffentlichkeit hat sich ge-
ändert.

G. G.: Wir erleben jetzt zum erstenmal, daß auf der
einen Seite die Bevölkerung der Bundesrepublik auf
wohltuende Weise überhaupt nicht nationalistisch
gestimmt ist und auch nicht zu Abrechnungen neigt.
Statt dessen tobt sich der Wille zur Abrechnung im
Feuilleton aus und richtet sich pauschal gegen DDR-
Schriftsteller. Jetzt ist Christa Wolf dran, demnächst
wird es Heiner Müller sein. Gar nicht mal Hermann
Kant, der wirklich Macht hatte und Funktionen aus-
übte.

Was will man damit alles verdecken? Will man nicht
erkennen, daß diese vierzig Jahre hier und diese vier-
zig Jahre dort ihre eigene Entwicklung gehabt ha-
ben? Ich betone noch einmal, welch eine kritische,
wenn auch verschlüsselt kritische Funktion Litera-
tur in der DDR hatte und welche Rolle Christa Wolf
in diesem Zusammenhang spielte.

DS: Diese Plädoyers von Ihnen und anderen, die DDR
nur aus sich selbst zu verstehen und daher »behut-
sam mit ihren Schriftstellern umzugehen« – das erin-
nert uns fatal an die Diskussion nach 1945, die sich
auf Schriftsteller im Dritten Reich bezog. Damals
war es ein Verteidigungsargument von Mitläufern,
zu behaupten, nur der dürfe die Diktatur beurteilen,
der sie selbst erlebt und erlitten habe – so argumen-
tierte man gegenüber Emigranten wie Thomas
Mann.

G. G.: Wollen Sie mich mit diesem Vergleich zum Ver-
stummen bringen? Wenn ich jetzt darauf eingehen
wollte, müßte ich die gravierenden Unterschiede
zwischen der Diktatur des Nationalsozialismus,
eines absolut tödlichen Systems, und der Diktatur,

die ab 1945 bis letztes Jahr in der DDR herrschte, auseinanderklamüsern. Das würde gewiß den Rahmen dieses Gesprächs sprengen.

DS: Sie selbst haben einmal ein sehr beachtetes Theaterstück geschrieben, das spielt in einer Zeit, wo das DDR-System jede Regung gegen sich notfalls auch tödlich beendete. Held Ihres Theaterstücks ›Die Plebejer proben den Aufstand‹ ist ein Theaterchef – unschwer als Bertolt Brecht zu erkennen. Und Sie kritisieren, daß er sich am 17. Juni nicht auf die Seite der Streikenden schlägt, nicht mit dem Volksaufstand geht, sondern egoistisch sagt: Mein Werk, mein Theater geht vor. Und so probt er weiter im Theater, während draußen die Panzer auffahren, während auf Arbeiter geschossen wird. Warum gestehen Sie heutigen Kritikern nicht zu, an eine DDR-Autorin ähnlich rigorose Forderungen zu stellen? Noch dazu, wenn sie sich nach Ende der Diktatur äußert?

G. G.: Wenn Sie auf mein Stück hinweisen, das übrigens zur Folge hatte, daß keine Zeile in der DDR von mir publiziert werden durfte, dann äußern sich die ›Plebejer‹ kritisch in beide Richtungen. Das Stück ist, wenn Sie erlauben, differenzierter, als Sie es in einer so kurzen Zusammenfassung darstellen können.

DS: Uns kam es im Moment nur auf den parallelen Aspekt an.

G. G.: Das Stück hört ja auch mit einem Brecht-Zitat auf: »Ihr Unwissenden! Schuldbewußt klag' ich euch an!« Schon das zeigt die Ambivalenz der Chef-Figur. Das Stück zeigt differenziert die Verstrickung beider Seiten in Schuld, Unwissenheit und Egoismus. Am Ende werden die Theaterproben des Shakespeareschen ›Coriolanus‹ eingestellt. Das Projekt scheitert nicht am Staatseinspruch, sondern durch Erkenntnis. Ich habe dieses Stück übrigens in den letzten Monaten vor jungem Publikum in der DDR gelesen, um es mit dieser Phase einer Geschichte vertraut zu machen, die verdrängt wurde.

DS: In den damaligen Kritiken wurde Ihnen vorgeworfen: Wie kann Herr Grass sich anmaßen, über die Haltung eines Dichters zu urteilen, der unter ganz anderen Verhältnissen als Grass schreiben mußte. Nun hören wir von Ihnen die gleichen Vorhaltungen gegenüber den Kritikern der Christa Wolf.

G. G.: Aber ich sage doch nicht, daß man das Buch nicht kritisieren soll. Es liegt ja vor und ist damit der Kritik ausgesetzt. Aber was jetzt abläuft, geht über übliche Kritik hinaus und hat durch Massierung den Charakter einer Kampagne.

DS: Sie wollen doch nicht unterstellen, daß es da eine verschwörerische Absprache gibt? In der ›Zeit‹ stand neben dem Verriß von Ulrich Greiner das Lob und die Verteidigung von Volker Hage.

G. G.: Das ist der ›Zeit‹-Stil, den man früher hatte, und auch heute noch läßt man gelegentlich Gegenmeinungen zu Wort kommen. Ich dagegen konnte kürzlich meine Gegenmeinung hier im ›Spiegel‹ nicht veröffentlichen. Doch Gott sei Dank kann man in der Bundesrepublik noch sprechen und den Text woanders unterbringen, was in der DDR natürlich unmöglich war, das gebe ich gern zu. Ich will das gar nicht vergleichen. Ich meine nur, daß wir behutsamer miteinander umgehen und in der Literatur nicht das wiederholen sollten, was im politischen und insbesondere im wirtschaftlichen Bereich tagtäglich geschieht: die Vereinnahmung der DDR, eine Politik, die über die Menschen hinweggeht und nicht den

Ansatz von Zeit läßt, mit sich selbst ins reine zu kommen, falls das überhaupt möglich ist.

DS: Herr Grass, wir wollen hier nicht in eine generelle Deutschlanddebatte umsteigen.

G. G.: Aber ich will. Ich will hinein in diese Debatte, denn ich habe meine Kritik an dieser massiven Kampagne gegen Christa Wolf an den Anfang eines ›Berichts aus Altdöbern‹ gestellt. So heißt die Rede, die ich im Reichstag vor einer Gruppierung gehalten habe, die für eine neue Verfassung eintritt. Die Gruppierung heißt »Kuratorium für einen demokratisch verfaßten Bund deutscher Länder«, und in diesem Bericht gehe ich auf den Zustand ein, in dem sich aus meiner Sicht Land und Leute in der DDR befinden. Das ist ein erbarmungswürdiger Zustand. Wie oft hat Herr Kohl versichert, daß er die Einheit Deutschlands mit Würde und Anstand anstrebe. Wir erleben eine Inflation der Wörter Würde und Anstand. Doch was ich beim Umgang mit den Menschen in der DDR vermisse, sind Würde und Anstand. Und auch in der Kampagne gegen Christa Wolf steckt ein Stück Anstandslosigkeit. Von Würde wollen wir gar nicht reden.

DS: Wenn Sie von der DDR sprechen, dann reden Sie von Bevormundung. Davon, daß das über die Köpfe der Leute hinweggeht. Ist es aber nicht auch eine Bevormundung, daß Günter Grass sagt, diese Eile wolle niemand, und diese Eile sollte man vermeiden?

Sie mögen es grobschlächtig nennen, aber die Massenfluchten in die Botschaften von Budapest und Prag, die Steigerung der Forderungen bei den Demonstrationen in Leipzig hatten das Tempo von Anfang an festgelegt. Die täglichen Flüchtlingszahlen taten ein übriges. Von da an hat sich das Tempo nie mehr verlangsamt, und die Politiker sind eher Leute, die atemlos hinter dem Gang der Ereignisse hinterherlaufen.

G. G.: Das habe ich oft genug gehört: Der Zug ist abgefahren, und niemand kann ihn aufhalten. Doch nach wie vor säße ich ungern in einem Zug, der keine Haltesignale kennt.

DS: Hätten Sie als Kollege der Autorin Christa Wolf nicht vielleicht gesagt, wenn sie Ihnen das Manuskript gezeigt und Sie gefragt hätte: »Beeil dich nicht so mit der Veröffentlichung. Dies ist für dieses Buch kein guter Zeitpunkt!« Sie, der Sie in diesen Wochen so oft für Überlegen, für Nachdenken, für Sich-selbst-Finden, für das Verlangsamen des Tempos plädiert haben – hätten Sie die Kollegin nicht gewarnt, dies Buch könne in eine atemlose Debatte geraten?

G. G.: Ich hätte ihr wahrscheinlich geraten, das Buch mit einem Nachwort herauszugeben. Den Text unverändert zu lassen, wie sie ihn damals vor einem Jahrzehnt geschrieben hat.

DS: Ist es denn nicht überhaupt so, daß vielleicht nicht so sehr durch Christa Wolf, sondern mehr durch den Verlag und die Präsentation des Buches doch ein bißchen auch nach dem Sensationseffekt gehascht werden soll? Nämlich: Hier kommt ein Buch aus der Schublade, also ein Widerstandsbuch, das vorher nicht erscheinen konnte. Darf man sich da über die Reaktionen wundern?

G. G.: Ich finde es amüsant, daß ausgerechnet ein Magazin, das auf Aktualität oder schnelle Präsenz Wert legt, einem Verlag oder einem Autor dergleichen vorwirft.

DS: Dann muß aber auch die Rezeption der Kritik

unter aktuellen, also politischen Gesichtspunkten erlaubt sein. Niemand hat etwas dagegen, daß Sie empört sind und daß sich Walter Jens im Namen des PEN-Präsidiums empört, weil Ihnen irgendeine Rezension nicht paßt. Nur haben wir Angst vor der Inflation der Wörter. In Ihrer Rede im Berliner Reichstag nennen Sie den Beitritt nach Artikel 23 Grundgesetz, wie ihn die Bundesregierung anstrebt, Ermächtigungsgesetz. Walter Jens spricht von »Spruchkammerdenken«, von McCarthyismus. Vielleicht sollte man sich solche Wörter aufsparen, bis man sie wirklich braucht, man könnte sie sonst vorher an doch zu harmlose Anlässe verschleudert haben.

G. G.: Hören Sie: Ich habe das Wort Ermächtigungsgesetz nicht als Wort mit Ausrufungszeichen hingesetzt, sondern in einen Zusammenhang gestellt, der darauf aus ist klarzumachen, daß der aus Ihrer Position der Eile gebotene Verzicht auf den Artikel 146 und die bloße Nutzung des Artikels 23, um möglichst schnell zum Anschluß zu kommen, aus meiner Sicht verfassungswidrig ist.

DS: Kann das nicht mit dem Zwang der Ereignisse zusammenhängen? Auch der von Ihnen in Ihrer Rede lobend erwähnte Kanzlerkandidat Lafontaine scheint ja inzwischen der Meinung zu sein, wie die Ost-SPD übrigens auch, Artikel 23 und Termin im Dezember seien richtig. Sie hielten Ihre Reichstagsrede für die DDR-Bürgerbewegung. Die gleiche Bürgerbewegung war unter den ersten, die im DDR-Parlament erreichen wollten, den Beitritt nach Artikel 23 herbeizuführen. Ermächtigungsgesetz?

G. G.: Der Antrag von Konrad Weiß in der Volkskammer kam mir wie ein Kurzschluß vor. Aber er ist ja auch zurückgenommen worden, als man merkte, daß die DSU aus anderen Motiven dasselbe versuchte. Es hat – glaube ich – keinen Sinn, daß wir in diesem Chaos herumstochern. Was ich meine und worauf ich anspiele, ist, daß wir in Deutschland, und damit meine ich jetzt beide Staaten, durch die Politik Gorbatschows die Chance bekommen haben, unser deutsches Haus zu bestellen und uns zu einigen. Aber daß wir die Einheit vorziehen, bevor die Einigung stattgefunden hat, kritisiere ich. Und wie wenig die Einigung stattgefunden hat, wie sehr als Einheit Okkupation stattfindet, das lese ich auch den Artikeln über Christa Wolf ab.

DS: Ist die heftige Auseinandersetzung um Christa Wolf nicht auch eine Folge der Tatsache, daß viele DDR-Schriftsteller in der deutschen Entwicklung das retardierendste Moment darstellten? So daß man mißtrauisch wurde, es geschehe auch aus Motiven privater Verunsicherung. Es gab diese Resolution von Stefan Heym, bei der auch Christa Wolf dabei war, die für eine eigenständige DDR und einen dritten Weg plädierte.

G. G.: Das Wort dritter Weg ist darin nicht gefallen. Vom eigenen Sozialismus war darin die Rede.

DS: Damals schlugen die Demonstrationen in Leipzig ja auch qualitativ um. Von »Wir sind das Volk« zu »Wir sind ein Volk«. Eine Panik vor einem neuen Sozialismusversuch brach aus. Die Resolution verschwand spurlos. Geblieben ist das Mißtrauen gegen die Schriftsteller, das sich auch in der Attacke gegen Christa Wolf artikulierte. Man kann ja heute feststellen, daß der Staat der DDR zu den Schriftstellern und Künstlern in der Tat eine mäzenatische Rolle übernommen hatte. Sie haben sich dieser mäzenatischen Rolle, und das muß man ihnen hoch anrechnen, nicht etwa alle als blinde, gehorsame Kinder gefügt, sondern gegen Vater Staat oft auch aufgemuckt. Trotzdem spürt man auch in Christa Wolfs Erzählung das, was sich später als eine Art Verlustgefühl herstellen sollte. Wenn man aus einer Geborgenheit, die auch strenge Aufsicht war, herausfällt.

G. G.: Die Frage an Christa Wolf, die mich auch interessiert, ist die, warum es bei ihr so lange dauerte, sich von der zweiten ideologischen Bindung zu lösen, sich in deutlichere Distanz zu bringen. Eine Teilantwort kann ich geben nach dem, was ich aus ihren Büchern erfahre. Man erfährt da ihr Bedürfnis, es allen recht zu machen. Eine gewisse biedere Wohlerzogenheit und Konfliktscheu spricht aus ihren Texten. Das sind alles persönliche Motive, aber ich finde bei ihr und in ihrem Verhalten nichts, was es rechtfertigte, ihr diese persönliche Haltung so pauschal vorzuwerfen. Dazu Hermann Kant im Vergleich, der verantwortlich oder zumindest mitverantwortlich für die SED-Kampagne während der Ausbürgerung von Wolf Biermann war. Es sollte auch Sie nachdenklich machen, daß Kant keinem vergleichbaren Angriff ausgesetzt ist.

DS: Weil Kant jetzt kein Buch veröffentlicht hat: ›Wie ich damals im Keller der Stasi leiden mußte‹. Herr Kant nötigt einen gewissen Respekt dadurch ab, daß er jetzt nicht kommt und sich irgendwelche Persilscheine besorgen will.

G. G.: Ich weise zurück, daß dieses Buch von Christa Wolf eine Art Persilschein sein soll. Wie kommen Sie darauf?

DS: Durch den Klappentext. Aber vielleicht hat sie den nicht gelesen.

G. G.: Ist das das Neueste, daß Autoren auch noch für den Klappentext verantwortlich gemacht werden?

DS: Zu sehen kriegen sie Klappentexte normalerweise schon. Aber wenn Sie sich jetzt so vehement und mit Ihrem ganzen Gewicht für Christa Wolf einsetzen, dann tun Sie das sicher nicht nur für die Person. Sondern weil Sie da eine gewisse Entwicklung fürchten.

G. G.: Sie haben es getroffen. Wenn es im Stil dieser Kritiken weitergeht, und es besteht die Gefahr, daß dieser Ton anhält, dann kommen wir auch im intellektuellen Bereich in eine Haßstimmung. Es schleicht sich ein inquisitorischer Ton ein. Wenn wir uns bei allen Veränderungen zivilisierter benähmen, wäre eine Menge gewonnen.

Ich habe meine kritischen Bedenken Christa Wolf gegenüber immer geäußert. Aber das, was mit ihr gegenwärtig geschieht, fordert meine Solidarität heraus. Ich habe Angst, daß ein Ton einreißt, der vergiftend ist und inquisitorisch und pharisäerhaft, zumal vom sicheren westlichen Port aus geurteilt wird.

DS: Herr Grass, wir danken Ihnen für dieses Gespräch.

Distanz, heftige Nähe, Fremdwerden und
Fremdbleiben

ROLAND BERBIG: Herr Grass, in Ihrem Nachruf auf Uwe
Johnson schreiben Sie 1984: »Von der DDR nicht an-
genommen, in Westdeutschland fremd geblieben,
hat er anfangs von Westberlin, dann von New York,
schließlich von der Themsemündung aus Mecklen-
burg besucht. Seine drei ersten Romane und das
Hauptwerk ›Jahrestage‹ sind – ob sie es annimmt
oder nicht – der Deutschen Demokratischen Repu-
blik zugeeignet.«

GÜNTER GRASS: Das ist so – und ›Jahrestage‹ wirklich
eingeschlossen. Es ist die genaueste Geschichts-
schreibung – wie sie kein Historiker leisten kann –
über das Entstehen der DDR, konzentriert auf
die mecklenburgisch-pommersche Region. Dieser
Übergang aus der Zonengesellschaft in die DDR ist
von keinem anderen Autor so akribisch und den-
noch literarisch gestaltet worden.

R. B.: Das hat bei uns dazu geführt, daß diese Bücher
besonders in den letzten Jahren tatsächlich auch als
Geschichtsbücher gelesen wurden. In ihnen ist zu
erfahren, was die DDR-Geschichtsschreibung zum
Teil unterschlug. ›Die Zeit‹ hat Anfang 1990 mit dem
Abdruck des Fünfeichen-Kapitels aus den ›Jahres-
tagen‹ ein eindrucksvolles Beispiel für Johnsons
Geschichtswahrhaftigkeit in Erinnerung gebracht.
Nicht zuletzt aus diesen Gründen haben Sie sich wie-
der und wieder für die Veröffentlichung Johnsons
in der DDR eingesetzt.

G. G.: Dieses Eintreten für Johnson, stellvertretend für
ihn, begann früh. Ich habe Uwe Johnson auf der

Buchmesse 1959 kennengelernt. Diese Messe ist ein Stichdatum der westdeutschen Nachkriegsliteratur. Es war der eigentliche Durchbruch. Da kam von Heinrich Böll ›Billard um halbzehn‹ heraus, Johnsons ›Mutmassungen‹ und von mir ›Die Blechtrommel‹. Auf dieser Buchmesse lernten wir uns kennen. Johnson – ein zu schnell gewachsener, aufgeschossener junger Mann, sehr fremd wirkend, eine Mischung von sicher und unsicher.

Erdmut Wizisla: Sieben Jahre jünger als Sie…

G. G.: Ich weiß nicht, ob das eine Rolle gespielt hat. Wir haben uns dann in Berlin häufig gesehen. Ich hatte zuvor in Paris gelebt und war um diese Zeit nach Berlin umgezogen, in die Karlsbader Straße, Roseneck, Grunewald. Dort hatten wir noch kein Telefon. So haben wir uns immer per Postkarte und Telefonhäuschen verabreden müssen. Das führte in den ersten sechziger Jahren zu Gesprächen zwischen zwei Schriftstellern, wie ich sie hinterher nie wieder geführt habe. Mit Johnson konnte man handwerklich sprechen.

Die Gespräche, obwohl ich sie nicht mehr genau erinnern kann, drehten sich um unsere so verschiedenen Ansätze, auch hinsichtlich der Manuskriptarbeit. Johnson hat damals – ich weiß nicht, ob er das später geändert hat – solange an einer Seite gearbeitet, bis sie fertig war. Er hat dann kaum noch etwas geändert, fing einfach die nächste Seite an. Ich brauche bei meinen Manuskripten mindestens drei Durchgänge und korrigiere den Text bis in die Druckfahnen hinein. Der Text bleibt immer in Bewegung. Vielleicht kommt das von meiner Berufsausbildung als Steinbildhauer: Ich muß immer um das Ding herumgehen. Es wäre mir unmöglich, an einem Text so zu arbeiten, daß ich eine Seite fertig mache und dann die nächste beginne.

R. B.: Sie haben sich aber nicht gegenseitig von der Richtigkeit Ihrer Arbeitsmethoden überzeugen wollen?

G. G.: Keineswegs. Das Andere war das Interessante. Daran konnte man sich reiben, die eigenen Absichten schärfen.

R. B.: Dabei ist bemerkenswert, daß Johnson, befragt nach dem, worüber notwendig zu schreiben sei, in einem Interview einmal auf Sie verwies. »Die deutsche Geschichte ist für mich ein unumgänglicher Faktor«, erklärte er 1969 Wilhelm J. Schwarz gegenüber und fuhr fort: »Für jede Person ist sie eine der wichtigsten Fragen. Günter Grass nennt das ›Großmutter‹: Man sollte kein Leben beschreiben, ohne mit der Großmutter anzufangen.«
Aber zurück zur frühen gemeinsamen Westberliner Zeit. Uwe Johnson fand, das ist unser Eindruck, erstaunlich rasch die literarischen Gesprächspartner, die er suchte. Das bezeugt auch die Begegnung mit Ihnen. In einem 1963 notierten Lebenslauf ›Noch eine vita‹ findet sich die lapidare, aber kennzeichnende Wendung von ihm: »1959 [...] Erste Bekanntschaft mit wirklichen Schriftstellern.«

G. G.: Das kam wohl nicht zuletzt auch durch die Gruppe 47. Da begann auch seine Freundschaft mit Martin Walser.

E. W.: Enzensberger?

G. G.: Auch. Aber das lag natürlich ein wenig daran, daß der Suhrkamp Verlag eine Art Hausgemeinschaft der Autoren pflegte. Dadurch wurden ganz eigene Bindungen zwischen den Schriftstellern geknüpft.

R. B.: Organisiert und gezielt?

G. G.: Das kann ich schlecht beurteilen. Bei Johnson und mir jedenfalls war es die unmittelbare Nachbarschaft, die unsere Beziehung damals prägte. Als ich, um es an einem Beispiel anschaulich zu machen, im Frühjahr 1960 von Hans Mayer nach Leipzig eingeladen wurde, gab mir Johnson, mehr spielerisch, den Auftrag mit: »Grüß die mal, das ist der Hörsaal, in dem ich studiert habe.« Ich habe das wörtlich genommen und vor Beginn der Lesung vor dem vollen Saal – Bloch saß in der ersten Reihe, ich weiß nicht, wer noch alles da war – ausdrücklich Grüße von Uwe Johnson bestellt. Es gab Riesenbeifall, aber auch Unruhe in der ersten Reihe. Dann habe ich mit meiner Lesung begonnen. Man bekam, wie das in der DDR ja üblich war, nach der Lesung Blumen. Ich glaube, es war sogar ein Blumentopf. Ich stand immer noch am Podium, wurde jedoch plötzlich von einem jungen Mann zur Seite gedrängt. Der trat ans Mikrofon und sagte: »Wir haben hier die Grüße eines Mannes bekommen, der die DDR verlassen und verraten hat. Für diese Grüße bedanken wir uns.« Darauf wurde der junge Mann, übrigens ein Assistent von Hans Mayer, ausgezischt. Im Anschluß gingen wir in Mayers Räume. Ernst Bloch hatte seine helle Freude an dem Vorgang. Mayer auch. Er öffnete immer wieder die Tür, schaute auf die Gänge und sagte: »Sie stehen immer noch auf dem Flur und diskutieren. Das hat es hier seit Jahren nicht gegeben.«

Den Assistenten habe ich Jahre später wiedergetroffen. Inzwischen war ihm der Vorgang peinlich, aber wir konnten darüber sprechen.

R. B.: Was hat Uwe Johnson gesagt, als Sie ihm von dem Vorfall berichteten?

G. G.: Der hat das Ganze auf seine Weise zurückhaltend ironisch kommentiert. Aber ich habe Ihnen diese Anekdote nur erzählt, um zu verdeutlichen, wie ich jede Gelegenheit zu nutzen versucht habe, um Johnson in der DDR im Gespräch zu halten. Seine Bücher sollten dort gedruckt werden. Ich glaube, daß die Schreibweise von Johnson bis in die ›Jahrestage‹ hinein – wenn das ein Autor überhaupt planen und verwirklichen kann – für eine ostdeutsche Leserschaft konzipiert war. Dieses Publikum war in der Lage, verdeckteste Anspielungen zu verstehen. Im Bewußtsein westdeutscher Leser ist da vieles verlorengegangen. Auch verlorengegangen, weil die DDR in den sechziger Jahren wie abgeschrieben war. Die DDR und die in ihr geschriebene Literatur. Von beiden wollte man nicht viel wissen. Das änderte sich erst wieder mit dem Auftreten von Christa Wolf, auch dem von Hermann Kant... Wobei ›Die Aula‹ wie auch ›Der geteilte Himmel‹ ohne Johnsons ›Mutmassungen‹ nicht zu denken sind.

E. W.: So würde das Hermann Kant bestimmt nicht gerne hören...

G. G.: Ihn besonders habe ich immer wieder gefragt: Was passiert hier mit Johnson? Zuletzt – kurz vor meinem Austritt aus dem Vorstand des Schriftstellerverbandes – auf einem Treffen zwischen den Verbänden Ost und West am Schwielowsee. Es blieb jedoch bei ausweichenden Antworten.

R. B.: Wollte sich Hermann Kant nicht genauer äußern?

G. G.: Er hat nie den Rang von Uwe Johnson bestritten, im Gegenteil. Er hat ihn in Gesprächen bestätigt. Auch Hinweise von mir, daß auch er Johnson viel zu verdanken hätte, hat er, zumindest schweigend, zur

Kenntnis genommen und damit ja indirekt akzeptiert. Aber wirklich etwas getan, im Sinne von Jürgen Grambow, der mit seinem Aufsatz in ›Sinn und Form‹ für Johnson eine Bresche schlug in der DDR-Öffentlichkeit, das hat Hermann Kant nicht. Ich will nicht ausschließen, daß das unterschwellige Wissen einer Reihe von DDR-Autoren, daß Johnson der bedeutendste von ihnen allen, daß er eigentlich auch außerhalb des Landes *der* DDR-Autor ist, dazu beigetragen hat, nicht mehr für ihn und für die Veröffentlichung seiner Bücher in der DDR zu tun. Dafür gibt es natürlich keine Beweise. Es ist eher eine Vermutung, die ich angesichts des zögerlichen Reagierens dieser Autoren hege. »Ja, ja« und »es wird schon mal kommen« hieß es. Günter de Bruyn ausgenommen.

R. B.: Der mehr Interesse, Johnson in der DDR verlegt zu sehen, gezeigt hat?

G. G.: Genau.

R. B.: Neben dem ausgewiesenen Gerechtigkeitssinn hängt das möglicherweise bei Günter de Bruyn auch mit der vergleichbaren schriftstellerischen Anlage zusammen, die auf gründliche Faktenkenntnis und sprachliche Genauigkeit dringt. Sie hatten vorhin Ihre »handwerklichen« Gespräche mit Uwe Johnson erwähnt . . .

G. G.: Wir waren beide verwickelt in Manuskriptarbeit. Ich saß an ›Katz und Maus‹ und später an ›Hundejahre‹ und Johnson am ›Dritten Buch über Achim‹ und dann an ›Zwei Ansichten‹. Es ging um schriftstellerisch komplizierte Fragen wie Kapitelanfänge und ähnliches. Diese Art von Schreibtechnik, die, so verschieden wir beiden waren, doch auf genaues Recherchieren sich berief und davon ausging, daß Vergangenheit unter anderem durch die Belebung von verschollenen Details, die erst auszugraben sind, wieder einsehbar gemacht werden kann. Wobei natürlich mein Feld ganz anders politisch zu definieren war. Die Orte meiner Kindheit habe ich begriffen und angenommen als einen endgültigen Verlust. Ich fuhr ab 1958 regelmäßig – bis auf Ausnahmen, wenn ich kein Visum bekam – nach Gdańsk und habe dort recherchiert. Aber ich war mir immer bewußt, das ist weg. Anders für Johnson. Er empfand nach seinem Weggang den schier unerträglichen Verlust. Ihm fehlte der mecklenburgische Mief ... Andererseits sträubte er sich aber ganz und gar dagegen, als DDR-Autor angesehen und einrangiert zu werden. Das war eine Widersprüchlichkeit. Und er ging – zu Recht natürlich, was die DDR betraf – vom Revidierbaren aus, was sich ja jetzt in der Tat bewiesen hat. Mit welchem Ergebnis auch immer.

R. B.: Die Revidierbarkeit, worauf bezog sie sich?

G. G.: Also Uwe Johnson war kein Anhänger der Vereinigung oder des Vollzugs dessen, was im letzten Jahr geschehen ist. Ich glaube nicht, daß ihm das gefallen hätte. Die Form ganz gewiß nicht.

E. W.: Es gibt eine dahingehende Meinungsäußerung von ihm – eine Antwort auf eine Anfrage einer Schulklasse 1974. Johnson schrieb damals: Was ihn angehe, so sei keine Aussicht, »dass beide deutsche Staaten noch einmal vereinigt werden können, eben wegen der in einem Vierteljahrhundert gewachsenen Unterschiede in den Produktionsverhältnissen, der Machtverteilung, der moralischen und egoistischen Werteskala, ja auch schon in der Kultur.«
Hier wurden die Unterschiede gegen die Gemeinsamkeiten in den beiden deutschen Staaten gehalten – und sie überwogen.

G. G.: Es ist auch so. Und jetzt muß ich beide nennen, Uwe und Elisabeth. Sie übertrafen sich wechselseitig in der Kritik an den damals herrschenden Zuständen in der DDR. Aus ihrem Wissen, aus ihrer Erfahrung. Sobald aber ein Westdeutscher, also beispielsweise auch ich, etwas Kritisches sagte, waren beide – manchmal sogar auf alberne Weise – glühende Verteidiger des veränderbar Bestehenden dort. Wenn man so will, war Uwe Johnson ein berufener Botschafter seines Landes, das er verlassen mußte, also ein unberufener.

E. W.: Dieses zwiespältige Verhalten, wie Sie es beschreiben, war nicht untypisch. Im Zusammenhang mit Ihrem Einsatz für Johnson hat uns Ihr Auftreten auf dem DDR-Schriftstellerkongreß 1961, wo Sie sich vehement und streitbar für ihn verwendeten, beeindruckt.

G. G.: Die Einladung für diesen Schriftstellerkongreß bekam ich über Erwin Strittmatter. Er schrieb mir; ich sagte: ja, ich komme, aber nur, wenn ich Rederecht erhalte. Ich fuhr hin, und Kurella, glaube ich, hielt eine unsägliche Rede ... Es war vor allem ein Satz über die ruhmreiche DDR-Literatur: Wer im Westen kann uns das Wasser reichen?

R. B.: Das war eine Äußerung von dem damaligen Kulturminister Bentzien.

G. G.: Gut, daraufhin habe ich mich zu Wort gemeldet, kam jedoch nicht an die Reihe. Immer noch ein Grußwort einer Delegation. Da bin ich aufgestanden, an den Tisch gegangen und habe zu Strittmatter gesagt, wenn ich nicht drankäme, gäbe es hier einen Krach. Ich müsse unbedingt auf diese Rede von Bentzien reagieren. Als man mir daraufhin das Wort erteilte, trug ich meine Bedenken vor. Bei dieser

Gelegenheit habe ich wohl auch Johnson er-
wähnt ...

R. B.: Ganz nachdrücklich. Bis hin zu der Bemerkung,
daß es eine Schweinerei sei, eine Übersetzungsar-
beit Johnsons herauszugeben, ohne seinen Namen
an gehöriger Stelle aufzuführen. Damit erzeugten
Sie Wirkung, denn Paul Wiens ging wenig später auf
diesen Vorwurf ein und versprach, falls dem so sei,
solle umgehend eine Korrektur erfolgen. Die späte-
ren Auflagen von Melvilles ›Israel Potter‹ in der
Sammlung Dieterich sind mit dem Namen des Über-
setzers herausgekommen.

G. G.: Ich will das an dieser Stelle doch einmal sagen:
Dieser unglückliche Paul Wiens war, was Uwe John-
son betraf, und auch sonst, ansprechbarer als Her-
mann Kant. Mit welchem Ergebnis, das sei dahinge-
stellt. Von ihm weiß ich, daß das an der Kantschen
Rhetorik, die alles abschirmte, gescheitert ist.

E. W.: Die letzte uns bekannte Intervention für Uwe
Johnson ist das Telegramm an Erich Honecker im
November 1988, das Ihre Unterschrift und die von
Baring, Bichsel, Bienek, Raddatz und Hans Werner
Richter trägt.

G. G.: Ich glaube, das wurde auf einer Geburtstagsfeier
von Hans Werner Richter entworfen.

E. W.: Das kann sein. Es muß dann der achtzigste Ge-
burtstag gewesen sein. Bei der Gelegenheit: am fünf-
undsiebzigsten haben Sie Uwe Johnson wohl das
letzte Mal gesehen?

G. G.: Damals war Johnson in einem miserablen Zu-
stand. Es mußte sogar ein Arzt geholt werden.

R. B.: Vierzehn Tage später in Berlin – bei einer Le-
sung – kam es ja zu einem weiteren Zusammen-
bruch.

Aus dem Kreis um Richter gibt es aus früheren Jahren schöne Fotografien. Eins hier zeigt Hans Werner Richter, Sie, Anna Grass, Uwe Johnson, Elisabeth Johnson und noch zwei, drei andere in einer fröhlichen Gartenrunde. War das eine typische Situation – so in einer Runde beisammen zu sitzen?

G. G.: Berlin der sechziger Jahre, vor allen Dingen der ersten Hälfte der sechziger Jahre, das war die interessanteste Zeit, an die ich mich entsinne. Höllerer ersetzte drei Kultursenatoren, ein umtriebiger Mann, der zu diesem Zeitpunkt alle möglichen Leute nach Berlin holte, selbst aus Amerika. Es gibt ein wunderbares Foto, an das ich mich erinnere, mit Dos Passos und mir, wie wir an einer Theke stehen ... Also: Walter Höllerer hat die Kongreßhalle mit Lyriklesungen gefüllt, was ganz ungewöhnlich war und auch heute noch wäre.

R. B.: Parallelen dazu finden sich in der DDR jener Jahre. Volker Braun und andere füllten zu jener Zeit auch die Säle, zum Beispiel in der Leipziger und Berliner Universität.

G. G.: Hans Werner Richter, der in Grunewald im ehemaligen S. Fischer-Haus wohnte, eröffnete sogar eine Art modernen Salon. In der zweiten Hälfte der sechziger Jahre kam es oft zu solchen Anlässen, daß man zusammenkam, trank, redete. Initiator war der Sender Freies Berlin. Die Gespräche damals wurden übrigens auch aufgenommen. Bei solchem Anlaß sind sich auch Uwe Johnson und Johannes Bobrowski begegnet.

E. W.: War dieses Zusammenkommen auf eine engere Beziehung angelegt? Es blieb ja wenig Zeit, Bobrowski starb schon 1965.

G. G.: Ich erinnere mich an ein Fest bei Richter: wild

tanzend Elisabeth Johnson und Bobrowski. Und das
kam bei Elisabeth nicht so häufig vor, daß sie wild
tanzte.

E.W.: Wie würden Sie den Verlust beschreiben, daß
Johnsons Arbeiten damals in der DDR nicht zugäng-
lich waren und nur von wenigen gelesen werden
konnten?

G.G.: Ich glaube, daß sich in der DDR eine Genera-
tion Leser hätte bilden können, die nun aber in ihrer
eigenen Entwicklung, was den literarischen Bil-
dungsweg betrifft, ein »Loch« hat. Bücher, die man
nicht im Alter zwischen siebzehn und fünfundzwan-
zig oder dreißig liest, lassen sich nicht in einem späte-
ren Lebensalter gleichsam »nachholen«. Eine früh-
ausgebliebene Leseerfahrung kann man nur zum
Teil später nachholen. Sie wird aber nicht die Wir-
kung haben, die sie hätte haben können, wenn man
das Buch mit zwanzig gelesen hätte. Nemen Sie ›Das
dritte Buch über Achim‹. Diese Generation ist um
einen wichtigen Autor regelrecht betrogen worden,
ein wichtiger Autor zur Kenntnis und zum Verständ-
nis des eigenen Landes!

R.B.: Von wenigen ist er immer gelesen worden. Es
gibt Erinnerungen, die berichten, wie Johnsons Bü-
cher herumgereicht wurden, wie sie »kursierten«.
Aber die offizielle literarische Öffentlichkeit sperrte
Johnson aus oder nahm ihn einfach nicht wahr, weil
die Grenze den Zugang unterband.

G.G.: Würden Sie mir zustimmen, daß es zwischen
›Mutmassungen‹ und ›Geteiltem Himmel‹ eine Be-
ziehung gibt? Einfach von der Thematik her?

R.B.: Fast möchte man es zuspitzen. Der Eindruck
entsteht, daß von dieser Situation – daß nämlich die
meisten Leser aus einem bestimmten Literatur-

gespräch ausgeschlossen blieben – manche Schrift-
stellerinnen und Schriftsteller profitierten. Sie
schöpften aus dem nur wenigen Zugänglichen, ohne
ihre Quellen zu nennen – ja, ohne sie nennen zu dür-
fen. Christa Wolf allerdings scheint den ›Geteilten
Himmel‹ direkt in bewußter Anlehnung und Ab-
grenzung zu den ›Mutmassungen‹ geschrieben zu
haben.

G. G.: Aber stellen Sie sich vor, beide Bücher wären –
wann ist ›Der geteilte Himmel‹ herausgekommen?
1963, gut drei Jahre später –, also beide Bücher
wären für das Publikum in der DDR nebeneinander
verfügbar gewesen. Das hätte den eigentlichen Zu-
sammenhang ergeben.

R. B.: Es hätte eine andere inner- und außerliterari-
sche Diskussion um die Arbeiten von Christa Wolf
und anderen DDR-Autoren zur Folge gehabt. Beson-
ders ›Nachdenken über Christa T.‹ wäre anders in
der literarischen Öffentlichkeit und ihrer Kritik auf-
genommen worden, wenn ›Mutmassungen‹ in dem
von Ihnen angedeuteten Sinne »da« gewesen wäre.
Interessant ist, daß Johnson ›Nachdenken über Chri-
sta T.‹ als ein wichtiges und gutes Buch gewertet hat.
Auf die Frage, was er von den Werken der ostdeut-
schen Schriftsteller halte, antwortete er 1969: »Ich
lese mit Hoffnung alles, was ich von denen in die Fin-
ger kriege; einiges, wie das neueste Buch von Christa
Wolf, mit Bewunderung.«
Aber vielleicht noch einmal zum politischen Kon-
text Ihrer Beziehung? Gibt es Vorgänge politischer
Art oder anderer in der DDR, die Sie mit Uwe John-
son in den sechziger Jahren oder auch später bespro-
chen haben, so daß das Ihnen heute noch in Erinne-
rung ist? Der Mauerbau?

G. G.: Meine Reaktion auf den Mauerbau – ich glaube nicht, daß er die in dieser Form geteilt hat.

E. W.: Sie standen da in keinem unmittelbaren Austausch?

G. G.: Ich weiß gar nicht, ob er zu dem Zeitpunkt in Berlin war. Ich weiß darüber hinaus auch nicht, ob ich es versucht hätte. Ich erinnere nur, daß ich mit einem, zu dem ich ansonsten wenig Kontakt hatte, übereinstimmte, mit Wolfdietrich Schnurre. Mit ihm habe ich auch einen gemeinsamen Brief an den DDR-Schriftstellerverband gerichtet. Wir sind sogar zusammen über die Grenze gegangen und haben den Brief im Haus des Verbandes abgegeben.

R. B.: Johnson hielt sich wenig später in Italien auf. Dort kam es zu der Diskussion über die Mauer mit Hermann Kesten. Johnsons unzeitgemäße und sich am objektiven Sachverhalt orientierenden Äußerungen zum Mauerbau zogen eine langanhaltende öffentliche Auseinandersetzung nach sich.

G. G.: Ich habe Uwe Johnson ein Jahr später in Italien besucht. Das werde ich nie vergessen. In der Villa Massimo. Er, noch fremder als sonst wirkend in der italienischen Umgebung, trank im Gegensatz zu seinen späteren Trinkgewohnheiten wie aus Protest gegen die Sonne, mit der er sich nicht anfreunden konnte, warmes Büchsenbier. In Mengen. Übrigens wurde diese »Protesthaltung« auch von Elisabeth Johnson geteilt. In dem Zusammenhang gibt es eine hübsche Geschichte. Sie führt allerdings noch einmal zurück nach Leipzig, 1960. Darf ich sie einschieben?

Johnson hatte mir die Adresse von Frl. Elisabeth Schmidt mitgegeben. Bei der Gelegenheit lernte ich den ganzen Freundeskreis kennen: Eberhardt

Klemm und andere, zumeist Musiker. Ich kam mir in diesen Tagen etwas fremdländisch vor. Elisabeth wollte wissen, was ich denn sehen wollte in Leipzig. Ich sagte, daß mich das Völkerschlachtmuseum reizen würde. Ich war ja das erste Mal in Leipzig. Und wir kamen da rein. Ich hatte eine Schlägermütze auf und einen Mantel mit Pelzkragen. Gleich hinter dem Eingang befand sich ein Stand, ich weiß nicht, ob der immer noch steht, ein Glaskasten, in dem die Völkerschlacht nachgebildet ist. Davor unterrichtete ein älterer Mann in einem weißen Mantel eine Schulklasse. Er sagte: »Und hier waren die französischen Truppen, da die preußischen, und da drüben hatte die russische Armee Stellung bezogen ...« Da sah er mich hineinkommen und sagte rasch: »Ich meine, unsere sowjetischen Verbündeten.« Wir haben beide sehr gelacht.

Aber zurück zu Italien 1962. Die beiden Johnsons mußten in Italien fremd wirken. Elisabeth, die ich fragte, ob sie diese oder jene Kirche besucht habe, schüttelte sich, weil sie voller Abscheu dem katholischen »Geruch« und den katholischen Gepflogenheiten gegenüber war, die natürlich zu italienischen Kirchen gehören. Beide hatten eine stark protestantische Prägung. Die schlug sich nicht zuletzt in Verhaltensweisen nieder, die später zwischen uns Reibungen und Spannungen erzeugten.

E.W.: Reibungen zwischen Ihnen erwuchsen doch auch daraus, daß Sie unterschiedliche Begriffe von öffentlichem politischen Verhalten hatten? In einem Interview im ›Vorwärts‹ 1966 sagte Uwe Johnson: »Keine Partei bietet augenblicklich richtige Lösungen an, die ich akzeptieren kann.« Und auf die Äußerung des Interviewers »Offensichtlich sind Sie in dieser Frage anderer Meinung als Ihr Freund Günter Grass?« antwortete Johnson: »Man ist nicht deshalb miteinander befreundet, weil man die gleiche politische Meinung vertritt. Über seine politische Betätigung habe ich oft mit Grass gesprochen, er ist da anderer Ansicht, aber das hat unserer Freundschaft keinen Abbruch getan.«

G. G.: Das stimmt. Aber ganz ohne politische Betätigung ging es auch bei ihm nicht ab. Ich war, wie gesagt, 1960 aus Paris zurückgekommen. In der Bundesrepublik hatte die CDU seit der Wahl 1957 die absolute Mehrheit, die einzige Legislaturperiode, in der sie die absolute hatte. 1961 kandidierte zum ersten Mal Willy Brandt gegen Adenauer. Ich habe damals angefangen, mit Egon Bahr, der Brandts Pressesprecher war, im Wahlkampf zu helfen, indem ich an Texten gearbeitet habe. Vier Jahre später, 1965, wollte ich es genauer wissen und habe mit Studenten vom Sozialdemokratischen Hochschulbund und vom Liberalen Studentenbund um die dreißig Wahlkampfveranstaltungen gemacht. Es war neu, daß ein Schriftsteller das in dieser Form tat. Hinzu kam, was auch neu war, daß ich Eintrittsgeld verlangte und daß ich mit Geld Bibliotheken zusammenstellen wollte, fünf an der Zahl, vier für Bundeswehreinheiten direkt in den Kasernen, weil uns allen der Zustand der Bibliotheken dort bekannt war, und eine fünfte für die Wehrdienstverweigerer in Heidelberg.

Uwe Johnson stand meinem Unternehmen nicht unfreundlich, aber sehr skeptisch gegenüber, weil er sich, bei aller harschen Opposition der DDR gegenüber, sehr schwer tat mit den Sozialdemokraten. Mein pragmatisches Verhalten, daß ich zum Beispiel in der Lage war, eine Partei zu unterstützen, mit der ich im günstigsten Fall zu sechzig Prozent übereinstimmte, war ihm unbegreiflich.

Ich bat Uwe Johnson, diese Bibliotheken zusammenzustellen, und habe ihn dazu bewegen können. Für mich war das eine große Hilfe. Es hat ihm, glaube ich, auch Spaß gemacht. Diese Bibliotheken sind nach seiner Maßgabe ausgewählt worden. Eine richtige Mischung aus lesbarer und dennoch anspruchsvoller Literatur, Nachschlagewerken aufklärender Art, gut ausgewählten Kriminal- und Unterhaltungsromanen. Das ist Johnsons Auswahl und Handschrift. Dann war es soweit. Wir hatten das Geld beieinander, die Bibliotheken waren da. Ich wollte sie natürlich, auch des Wahleffektes wegen, in den Kasernen übergeben, kam aber nicht rein, weil ich im Wahlkampf tätig war. Nur zu den Wehrdienstverweigerern konnte ich die eine Bibliothek direkt hinbringen. Und da habe ich Uwe Johnson gefragt, ob er das nicht für mich machen würde – es war, als hätte ich ihm die Hölle angetragen!

Uwe Johnson war auch dabei, als ich einige Jahre später versuchte, mit Wolfgang Neuss zusammen – mit dem Johnson übrigens befreundet war, eine starke Freundschaft –, das ›Spandauer Volksblatt‹ aus dem Ghetto Spandau heraus auf den Kurfürstendamm zu bringen. Gegen die Übermacht der Springer-Presse, die ja nicht nur von der Auflagenstärke, sondern auch vom Vertriebswesen her überpräsent war. Und so haben wir ein paar Aktionen gemacht mit dem ›Spandauer Volksblatt‹, eine ganze Reihe neue Autoren kam dazu, die dann auch dort geschrieben haben. Es gibt Fotos, glaub ich, mit Johnson, Neuss und mir auf dem Kurfürstendamm.

E.W.: Sie haben 1974 in einem Gespräch mit Heinz Ludwig Arnold davon gesprochen, daß Sie bis Mitte der sechziger Jahre mit Autoren wie Walser, Enzensberger, Johnson »kritisch in Freundschaft« zueinander gestanden hätten. Politische Unterschiede wären ausgetragen worden, was auch Distanz und Brüche zur Folge gehabt hätte. Zu Uwe Johnson wäre trotz der politischen Dissonanzen die Nähe geblieben, weil Sie mit ihm über Literarisches noch reden konnten.

G.G.: Es gab Unterbrechungen, aber auch immer wieder Annäherungen – bis zum Schluß hin. Bis zu der Phase, in der diese Art von Zerstörung bei ihm schon spürbar war und die Entfernung von der Wirklichkeit, was seine Ehe betraf, so von ihm Besitz ergriffen hatte, daß man ihm zwar zuhören konnte, aber zu raten war da nicht mehr.

E.W.: Auch nicht zu widersprechen?

G.G.: Wenn man direkt widersprochen hätte, wenn ich ihm gesagt hätte: Uwe, du spinnst, ich kenne Elisabeth auch. Du sitzt da einer Geschichte auf, die keinen Boden hat – er hätte das Gespräch sofort beendet. So fest war er davon überzeugt. Es gibt dieses Buch, das einzige, von dem ich wünschte, er hätte es nie geschrieben, ›Skizze eines Verunglückten‹, das ihm offenbar niemand hat ausreden können, auch Max Frisch nicht, dem es gewidmet ist. Es war auch kein Verleger da, der den Autor in dieser Phase vor sich selbst hätte schützen müssen.

Ich glaube, hier muß ich noch einen Schritt weiter gehen. Es spielten auch Schwierigkeiten im Umgang zwischen uns beiden eine Rolle, die mit Politik nichts zu tun hatten. Als wir 1959 anfingen, waren wir beide unbekannte Autoren, die mit einem Male bekannt wurden. Von dann an, ohne daß das über Jahre irgendeine Rolle zwischen uns spielte, nahm der Ruhm bei mir zu über die Landesgrenzen, während der Ruhm bei Johnson langsamer zunahm und über die Landesgrenzen hinaus Schwierigkeiten hatte, obgleich sich eine Vielzahl von Verlegern um seine Bücher verdient machten. (Darunter Helen Wolff in Amerika, die mit uns beiden befreundet war und die auch immer sein Vertrauen hatte.) Jedenfalls schlug sich das unter anderem darin nieder, daß ich zwar bis zu meinem dreiunddreißigsten Lebensjahr so gut wie kein Geld hatte, aber dann reich wurde und Johnson zwar nicht arm war, aber nicht ausreichend Mittel hatte, um seine erste Amerikareise, die ihm ungeheuren Spaß bereitet hat, in kurzer Zeit zu wiederholen. Ich bekam 1965 einen Doktorhut vom Kenyon College. Wir haben darüber gelacht. Ich sollte dort hinfahren, und da habe ich gesagt: »Uwe, komm mit, ich lad dich ein.« Das war ein Fehler, was sich erst in Amerika rausstellen sollte. Wir haben an drei oder vier Orten gemeinsam Lesungen gemacht. Ich war in Amerika bekannter als Johnson, allein durch ›Die Blechtrommel‹, während von ihm, glaube ich, erst ein Buch in Übersetzung vorlag, das auf Schwierigkeiten stieß. In Germanistenkreisen war Johnson bekannt. Es wurde für uns gleichermaßen geworben, wir waren gleich groß auf den Plakaten. Aber ich merkte doch, daß sich bei ihm zunehmend das Gefühl einstellte, der Zweite zu sein. Und das führte zu Irritationen.

R. B.: »Ruhm« ist ein Stichwort, das mir aufgefallen ist. Max Frisch schreibt in ›Montauk‹, daß Uwe Johnson ihn 1962 gefragt hat: »Herr Frisch, was machen Sie mit dem Ruhm?« Frisch war in diesem Moment überrascht, er holt die Antwort erst Jahre später in ›Montauk‹ nach. Mich hat beschäftigt, daß es eine Frage war für Johnson.

G. G.: Ich hab darüber immer gelacht und tue es im Grunde auch heute noch. Aus diesem – durch Erziehung oder durch Neigung oder durch eine Mischung aus beidem – gut puritanischen Lebensverständnis heraus, was das exzessive Trinken ja nicht ausschließt, wie wir wissen, war Johnson ein Mensch, der auf nahezu betuliche Art und Weise auf seine Biographie bedacht war. Daß er Schritte in der Öffentlichkeit, die ja nicht ausbleiben, wenn man einen literarischen Namen hat, immer in Bezug zu seiner Biographie setzte. Daraus mag solche Frage an Max Frisch entsprungen sein, daraus mag auch dieses Gefühl von Unverhältnismäßigkeit während unserer gemeinsamen Reise durch Amerika entsprungen sein. Es war zum Teil sehr komisch: Johnson hat den ganzen Vorgang fotografiert, ich mit Doktorhut. Immer, wenn mich jemand erkannte und ihn fragte: »Wer sind Sie?«, antwortete er: »Ich bin der Fotograf von Herrn Grass.« Auch das ist natürlich Johnson; ich hab das anfangs noch als Souveränität gesehen. Er hatte eine merkwürdige Form von Humor.

E. W.: Uns haben die vier Begriffe aus Ihrer Bemerkung nach Johnsons Tod bewegt, mit denen Sie Ihre Freundschaft beschreiben: Distanz, heftige Nähe, Fremdwerden und Fremdbleiben. Die Reihenfolge ist doch irritierend. »Unsere Freundschaft bestand aus Distanz.« Das ist eine eigenartige Form von Freundschaft, gemessen an landläufigen Vorstellungen.

G. G.: Ja. – Die letzte gemeinsame, wenn Sie so wollen, Aktion, die wir noch gemacht haben, war der Vorsitz bei einer Akademieveranstaltung. Johnson war schon sehr angestrengt. Es war die »Zweite Berliner Begegnung« 1983, die Gegeneinladung zu Hermlins »Berliner Begegnung« in Ostberlin. Da haben wir – Höllerer, Johnson und ich – uns abgelöst bei der Gesprächsleitung. Johnson war aktiv daran beteiligt. Das war eine Zeit, in der er, mal deutlich, mal undeutlich, den Wunsch äußerte, nach Berlin zurückzukommen.

R. B.: Sie haben sich dafür eingesetzt?

G. G.: Sicherlich. Aber er blieb immer nur bei Andeutungen. Es wäre möglich gewesen. Ihm schwebte in Berlin etwas Ähnliches vor wie die Anstellung in der Schulbuchabteilung in New York, eine Arbeit, mit der er sich finanziell zusätzlich sicher machen wollte. Er dachte an das Archiv der Akademie der Künste, ohne daß er das direkt ausgesprochen hätte.

Worüber ich anfangs noch gelächelt habe und was sich auch in den früheren Jahren bei ihm skurril äußerte, wurde später mehr und mehr zum Programm, etwa, wenn er seine puritanischen Abrechnungen vollzog und man nur noch zum Zuhörer degradiert war. Das fällt allerdings schon in die Phase der Zerstörung und Selbstzerstörung durch Alkohol. Vielleicht waren das Vorboten der grauenhaften Fiktion, die seine Ehe beendet hat.

R. B.: Von der Angst, die sein Äußeres ausgelöst hat, schreibt Luise Rinser: »Eine mir fremde, mir unheimliche Welt. Die schwarze Lederjacke. Das rote Gesicht. Der blanke Schädel. Die Anwesenheit von etwas starr Finsterem, das mir eine Art Furcht einflößte.« Sie erinnert sich dabei an einen Zusammenstoß zwischen Ihnen und Uwe Johnson in irgendeiner geheimen Sitzung der Akademie der Künste, wo er die ganze Zeit mitschrieb.

G. G.: Johnson hatte manchmal eine Art, Material zu sammeln, die mir zuwider war. Dazu gehörte eben dieses Mitschreiben bei Sitzungen in der Abteilung Literatur, in denen auch Personalfragen besprochen wurden. Da habe ich ihm gesagt, daß er damit aufhören solle, weil er sich auch an dem Gespräch der Sitzung kaum beteiligte, als Protokollant in eigener Sache dabeisaß, und das gefiel mir nicht.

Das ging bis ins Private hinein. Wir saßen in meinem Haus in Friedenau auf der Terrasse, und er sagte: Du hast aber dann und dann – mit Datum genau – das und das gesagt. Ich sage: Wie soll ich das genau wissen? Er: Ich habe es aufgeschrieben. Da habe ich gesagt: Uwe, du wirst mich nicht dazu bringen, daß ich, was angeraten wäre, im privaten Gespräch immer im Hinterkopf habe, daß du alles notierst.

R. B.: Ich habe eine Erinnerung immer wieder gelesen: in Runden, wo lebhaft geredet wird, behielt Johnson ein Schweigen, das nicht ausdrückt: »Ich hör hier gerne zu«, sondern das eine Distanz schafft, einen Raum zwischen sich und den anderen, der für die Runde nicht einfach hinzunehmen war.

G. G.: Was bei dem jungen Johnson hingenommen werden konnte, weil es zu ihm gehörte: die offenkundig neugierige, nach jedem Detail hungernde Art, die entweder zu befriedigen oder abzulehnen war, ohne daß es Folgen hatte, das wurde später beklemmend.

E. W.: Das wird der Grund sein, weshalb einige, die Johnson von der Leipziger Zeit her kennen, zurückhaltend sind, sich über ihn zu äußern. Da hat sich zwischen die Leipziger Jahre und jetzt nicht nur der Tod, sondern auch dieses Gebirge der zum Teil schlimmen Erfahrungen der letzten Zeit getürmt.

G. G.: Über seine indiskrete Art haben wir in den sechziger Jahren einmal einen Streit gehabt. Anna Grass und ich besuchten die Johnsons in der Stierstraße. Zu später Stunde führte er uns sehr stolz einen neuen Radioapparat vor, der so stark war, daß man damit Radio Norddeich empfangen konnte. Er war in der Lage, mit ihm den Telefonfunkverkehr zum Beispiel der »Bremen«, die nach Amerika unterwegs war, mitzuhören, wenn also irgendein Geschäftsreisender aus Düsseldorf mit seiner Geliebten telefonierte oder was immer auch. Mir mißfiel nicht die Tatsache, daß er davon als Mithörer Gebrauch machte, sondern wie er es mir demonstrierte: regelrecht als sei das selbstverständlich, dort hineinzuhören. Ich habe meine Verwunderung gezeigt, daß er als Schriftsteller mit der Gabe, die er habe, auf so etwas angewiesen sei.

Über Johnsons Widersprüche wäre noch viel zu sagen: seine Aufmerksamkeit und Freundlichkeit, sein ungeheueres Gedächtnis, also die vielen liebenswerten Züge, die bis in seine Schlußzeit zum Vorschein kamen, und dann Dinge, die manche auch in meinem Bekanntenkreis als erschreckend empfunden haben, beängstigend, auch als deutsch, wie es ins Klischee paßt. Ich erinnere mich – »Johnson und die Frauen« –, wie viele ihn schätzten und ihm beizubringen versuchten, daß er nicht häßlich sei. Aber seine gewaltsamen Anstrengungen, sich häßlich zu machen, bis zum Kahlscheren des Schädels, obgleich der zwar immer spärlicher werdende Haarwuchs doch erlaubt hätte, daß da ein hübscher Flaum draufgewesen wäre, der ihm auch gut stand. Ich habe eine Portraitzeichnung von ihm gemacht, als es da noch flaumte.

R. B.: Hat es Johnson mit Gelassenheit ausgehalten, sich zeichnen zu lassen?

G. G.: Sehr gerne! Keine Spur geziert. Daß ich ihn portraitiert habe, war etwas, was durchaus in seiner Biographie Platz hatte.

E. W.: Noch zwei ganz andere Fragen. Uwe Johnson hat in einem Gespräch Ihr Stück ›Die Plebejer proben den Aufstand‹ als ein gutes Stück bezeichnet, das »antiintellektuell« sei. Können Sie mit dieser Wertung etwas anfangen?

G. G.: »Antiintellektuell« hat er es vielleicht genannt, weil ich in diesem Stück unter anderem auch den Hochmut der Intellektuellen kritisch in Frage stelle. Es ist die Konfrontation zwischen dem Chef und einem älteren Bauarbeiter. Ich habe das nie als antiintellektuell empfunden, sondern auch als eine kritische Auseinandersetzung mit meiner eigenen Position.

E. W.: Johnson geht noch weiter, das hat uns befremdet. »Halten Sie Günter Grass für einen Antiintellektuellen?« wird er gefragt. »Ja«, antwortete Johnson apodiktisch, »das ist er ganz sicher.« Wir haben dagegen den Eindruck, daß Sie ein Intellektueller par excellence sind.

G. G.: Das will ich so nicht bejahen. Ich habe mich schon immer gegen diesen Anspruch auf einen Schonbereich für Intellektuelle ausgesprochen und habe mich dagegen gewehrt, daß der bloße Status, Intellektueller zu sein, ein Qualitätsbeweis ist. Auch Goebbels ist ein Intellektueller gewesen. Es ist viel Schaden, viel verfeinerte Unmenschlichkeit von Intellektuellen ausgegangen. Meine differenzierte Sicht über die Intellektuellen war Johnson bekannt. Ich habe mich gegen politische und pauschale Intellektuellenschelte gewehrt, aber ich bin nicht bereit, Gratisbehandlung für Intellektuelle zu fordern. Es wundert mich, daß Johnson auf die Frage: Ist Grass ein Antiintellektueller? auf so undifferenzierte Weise, ja, daß er überhaupt geantwortet hat.

E.W.: Der Zusammenhang des Gespräches zeigt, daß Johnson zu diesem Satz auch ein wenig genötigt worden ist, nachdem er zuvor schon weitere Sätze abgelehnt hatte.

G.G.: Zu Interviews fällt mir noch ein, daß Johnson empfindlich war, wenn er irgendwo erwähnt wurde. Als ich 1960 ein zweites Mal in der DDR war, in Weimar, auf eine Einladung hin, die von Wiens, Bobrowski und anderen ausgegangen war, habe ich darauf bestanden, auf einer öffentlichen Lesung einen Text von Johnson zu lesen. Danach bin ich von einem Journalisten gefragt worden: »Hören Sie, Sie lesen Johnson, der doch so schwer zu lesen ist, aber gut vor.« Darauf ich: »Der ist schwer zu lesen, aber wenn ich eine Sache nicht verstehe, dann mache ich ab und zu ein Komma.« Das ist Johnson in die falsche Kehle geraten, und er fragte mit Grabesstimme: »Was hast du da über mich gesagt?«

E.W.: Wir sind von Greg Bond, einem englischen Germanisten, der über die literarische Beziehung von Grass und Johnson arbeitet, gebeten worden, eine Frage mitzunehmen. Sie betrifft die »Cap Arkona« in der ›Rättin‹ und im dritten Band der ›Jahrestage‹. War Ihnen bewußt, als Sie die Geschichte erzählt haben, daß sie bei Johnson im dritten Band eine Rolle gespielt hat? Greg Bond fragt, ob Sie vielleicht zu der Zeit daran arbeiteten, als die Todesnachricht gekommen ist.

G. G.: Nein. Es gibt überhaupt keinen Zusammenhang. Da spielt sicher der Altersunterschied zwischen Johnson und mir, diese paar Jahre, eine Rolle. Ich bin unmittelbar nach dem Krieg in dieser Gegend, in Ostholstein, gewesen, weil da Verwandte von mir untergekommen waren, als Ostflüchtlinge. Da hörte ich zum ersten Mal, es muß 1947 gewesen sein, von der Sache. Und die hat sich bei mir festgesetzt und wartete eigentlich auf das geeignete Buch, den geeigneten Stoff, um zum Tragen zu kommen. Das war dann die ›Rättin‹. Es steht also mit Johnson in keinem Zusammenhang.

R. B.: Trotzdem ist diese Sache natürlich interessant. Es ist eine Warnung an Germanisten, so etwas nicht überzubewerten.

G. G.: Also, was ich so an Dissertationen zu lesen kriege, gibt oft Anlaß zum Kopfschütteln.

Wenn ich Revue passieren lasse, was wir gesprochen haben, könnte der Eindruck entstehen, als läge Ihr Interesse zu einseitig auf Johnsons eher privaten Sonderheiten, Besonderheiten. Ich glaube, wir sind uns doch dabei bewußt, daß er in erster Linie ein großartiger Autor war, der sich nicht leicht getan hat. Und den anderen, die mit ihm umgingen, auch nicht. Die Frage, die man sich natürlich hypothetisch stellt, ist: Wenn die Dinge, an denen er gelitten hat, hätten gemildert werden können – also der Weggang und das jahrelange Verbot, rübergehen zu können, abgeschnitten zu sein von den Quellen –, ob sein Leben dann einen anderen Verlauf genommen hätte, ob das freiwillige Exil auf der Themseinsel, das ja auch zur Selbstisolierung geführt hat, so geendet wäre; also inwieweit Johnson auch ein Opfer der politischen Verhältnisse gewesen ist, die er so genau beschrieben und dargestellt hat.

Meine Frau und ich haben mit ihm ein paar Mal nach Reisen in die DDR gesprochen. Jedesmal klagte er über die vielen Steine auf den Feldern. Das sei früher anders gewesen. Auf seine akribische Weise hat er berichtet, zu welchen Ernteverlusten das führen würde, weil die Landarbeiter die Sensen der Mähdrescher höherstellen, um nicht auf die Steine zu stoßen. Wenn wir heute nach Berlin fahren und auf den Feldern Steine sehen, reden wir von Uwes Steinen, ein geflügeltes Wort.

Doppelter Max

Doppelter Max: So heißt eine Radierung, die Mitte der siebziger Jahre entstand. Vorher hatte ich rasch, weil ungewiß, wie lange er stillhalten würde, Max Frisch skizziert, ihn, der Bildnisse scheute und sie gleichwohl machte, um sie durch Gegenbildnisse aufzuheben. Wie bei den Skizzen konzentrierte sich im Format der Kupferplatte der Strich auf das Dreieck Augen, Nase, Mund, in dem die streng- und schwergefaßte Brille den Blick vor Annäherungen zu schützen hatte; und auch die Pfeife sollte vom Mund und der kurzen, gestülpten Nase ablenken.

So viel Vorsicht und Bedürfnis nach Distanz. Das Ich zentralgesetzt und zurückgenommen. Doch keine Abwehr half. Das verfremdete Dreieck zwang mich zum Hinsehen und bot mir gleichzeitig auflösende Spielversuche an: Um seinem Thema, der fraglichen Identität, zu genügen, gab ich der einen, fest mit ihm verwachsenen Pfeife freischwebend die andere dazu. Als Max Frisch – damals zeitweilig wohnhaft in Berlin-Friedenau – meine Werkstatt besuchte, um den ersten Andruck der Ätzradierung zu sehen, nahm er das Blatt zur Kenntnis, mehr nicht. (Später aßen wir gut in Ossie Wieners »Exil« und tranken und redeten viel.)

Das war eine seiner Vorbedingungen für freundschaftlichen Umgang: die mit ihm geteilte, schonungslose, nie zu befriedigende Lust an Fragesätzen. Und das bis gegen Schluß, als ihm, dem unerbittlichen Demokraten, die Demokratie fragwürdig wurde, weil sie, zum Dogma erstarrt, nur ihren Besitzstand noch repräsentierte, unfähig geworden, sich den Problemen unserer Zeit, das heißt Fragesätzen zu stellen.

Mitte der fünfziger Jahre begegnete ich Max Frisch in Zürich. Mit meinen sechsundzwanzig Jahren war ich unverschämt genug, ihm sogleich Szenen aus einem Theaterstück vorzulesen. Daß wir dennoch im Gespräch blieben, erklärt sich zum Teil aus seiner nicht zu irritierenden Kollegialität, die den Altersunterschied aufhob und Respekt nur in Form sachbezogener Kritik akzeptierte. Der andere Teil mag sich aus wechselseitiger Neugierde auf den jeweils fremd bleibend anderen ergeben haben. So konnte zeitweilig Nähe entstehen. Einander treffen, das schloß den Aufprall nicht aus: in Berzona und Zürich, wo er latent aggressiv die Schweiz ertrug; in Berlin, wo er sich von der Schweiz erholte, ohne sie aus dem Blick zu lassen. Zur praktischen Nutzung orientierte Fluchtpunkte. Vorsätzlich unterwegs. Ein sich selbst vertreibender Flüchtling mit Neigung zur Seßhaftigkeit.

Der doppelte Max. Die eine Seite ist bekannt, weil er sie preisgegeben hat: seine Strenge, seine das Handwerk betonende Arbeitsmoral, gültig bewiesen auf hell ausgeleuchteter Schreibfläche, seine lebenslange Widerrede gegen den wendesüchtigen Zeitgeist, seine Bücher und Stücke, die meiner Generation unumgänglich gewesen sind. Die andere Seite, die hinter Requisiten verborgen bleiben sollte, war dennoch (gelegentlich) zu erkennen. Der Tagträumer, plötzlich aufspringend: als Mann mit der Axt. Der das Wort Freundschaft scheuende Freund. Der Zuhörer in Notzeiten. (Ich vermute, daß niemand so geduldig und liebevoll dem kranken Uwe Johnson zur Verfügung gewesen ist wie Max Frisch.) Mir hat er, neben vielem, aus langer Rede einen leicht stotternd, deshalb wiederholt gesprochenen Satz als Rat hinterlassen: nicht weise werden, zornig bleiben.

Offener Brief an Salman Rushdie

Lieber Salman Rushdie,
in Deiner Rede ›Tausend Tage im Ballon‹, die für
deutschsprachige Leser Anfang Januar in der Wochen-
zeitung ›Die Zeit‹ veröffentlicht wurde, können die
Bitte um Beistand und der zum Schluß verzweifelt
laute Ruf nach Hilfe – »Ballon sinkt in den Abgrund« –
eigentlich nicht überhört werden; dennoch befürchte
ich, daß die Vielzahl bedrohlicher Aktualitäten, deren
Gedränge kaum noch Übersicht, geschweige denn
Einsicht erlaubt, Deinen Ruf überschreien wird, zu-
mal in Deutschland, wo sich die seit Jahresfrist be-
hauptete Einheit der Nation durch penible Selbstbe-
schäftigung einzuüben beginnt. Dabei will man sich
nicht stören lassen. Außerdem drohen von Ost und
Süd her Völkerwanderungen, die unseren Wohlstand
anknabbern wollen. Wir, als Germanen, wissen von
der Schulbank her, wie gut zu Fuß wir in grauen Vor-
zeiten gewesen sind. Und deshalb wissen wir, wovor
zu warnen und was ratsam ist: die Festung Europa!
   Was zählt den Selbstgerechten die Klage eines
Schriftstellers, der als Inder behauptet, Brite zu sein,
und überdies selber schuld ist an seiner zugegeben fa-
talen Lage. Diese Morddrohung vor demnächst drei
Jahren. Schlimm war das, barbarisch und verurteilens-
wert. Doch mehr konnte man nicht tun. Und unter
Duckmäusern gesagt: Hätte dieser Rushdie nicht lei-
ser, verträglicher und – bei all seiner Begabung – mit
mehr Rücksicht schreiben können? Dazu dieser viel
zu provokante Buchtitel: ›Satanische Verse‹!
   Ich übertreibe nicht. Oft genug habe ich dieses halb

gequälte, halb genierte Weghören und Drumherum-
hören erlebt, zuletzt anläßlich der Frankfurter Buch-
messe, als der bundesdeutsche Wirtschaftsminister ge-
rade in Teheran für Großprojekte Gutwetter gemacht
hatte und ihm die Frankfurter Messeleitung dienstwil-
lig behilflich sein wollte.

Und doch, lieber Salman, bist Du nicht allein. Die-
ser Brief und – wie ich hoffe – weitere Briefe sollen ein
Versuch sein, Deinem Verbannungsort, der metapho-
rischen Gondel, Auftrieb zu geben. Mehr noch: Ich
möchte, wenn Du erlaubst, eine Zeitlang Dein Gast,
Dein Mitreisender sein. Selbst wenn es uns nicht gelin-
gen sollte, die wahlverwandte Heiterkeit unserer er-
sten Begegnung – das war damals, als ›Die Mitter-
nachtskinder‹ in deutscher Buchausgabe erschienen –
wieder heraufzubeschwören, die kollegiale Nähe ist
uns geblieben und mit ihr das Vergnügen am Sinn
und Unsinn akrobatischer Wortübungen. Vielleicht
kann uns jene Abbildung einen Hinweis geben, mit
der Deine Klage ›Tausend Tage im Ballon‹ im Feuille-
ton der ›Zeit‹ illustriert wurde: Max Beckmanns Luft-
akrobaten, ein Bild, auf dem in der Gondel eine fron-
tal lächelnde Dame ein Fähnchen schwingt und ein
Mann kopfüber aus der Gondel zu stürzen scheint,
doch sind seine Füße, nach Art der Akrobaten, mit der
Gondel verknotet, so daß er sogleich in der Lage sein
wird, auf Beckmanns Lieblingsinstrument, der mitge-
führten Trompete, zu blasen: einen Marsch oder Cho-
ral, einen Blues oder Signale, auf jeden Fall Töne, die
dem Ballon Wind machen werden.

Sind es nicht diese Bilder, die uns in verzweifelter
Lage Mut machen? Bilder, die das Entsetzen nicht
preisgeben, die nichts beschönigen, deren Poesie je-
den Härtetest aushält?

Zum Jahresende sah ich im Fernsehen zwischen den üblichen und mittlerweile alltäglichen Katastrophenmeldungen einen Bericht von der kroatisch-serbischen Bürgerkriegsfront. Ein kroatischer Soldat schmückte, weil ja das allerchristlichste Fest im Kalender stand, einen Weihnachtsbaum, indem er Eierhandgranaten in die Zweige hängte: knackig genoppte, dekorative Früchte. Wer will da Blasphemie, Gotteslästerung schreien! Ich weiß nicht, welche Gedanken diesen Soldaten bewegt haben. Ich nehme an, daß er, solange das Fernsehen daraufhielt, besonders konzentriert tätig gewesen ist. Vielleicht hat er seine schmückende Arbeit, weil der Kameramann nicht zufrieden sein wollte, mehrmals wiederholen müssen. Und doch ist es ihm, absichtlich wie unabsichtlich, gelungen, seiner Zeit, unserer Zeit, der allerneuesten Barbarei Ausdruck zu geben. Wahrhaftiger hätte er den Christbaum nicht schmücken können. Ich bin gewiß: Jener etwa dreißigjährige, immer noch junge Mann aus Nazareth, dieser sanfte Aufrührer und zornige Tempelreiniger, jener schriftkundige Gegner aller hohepriesterlichen Dogmatiker, der uns als Jesus Christus überliefert ist und den man als revolutionären Anstifter sicherheitshalber in Kirchen eingesperrt hat, hätte keine Einwände gehabt angesichts der Eierhandgranaten im Weihnachtsbaum. Jesus Christus liebte Provokationen; weshalb ich auch sicher bin, daß jener Mann namens Mohammed, der uns als Prophet überliefert ist, die Romane des Schriftstellers Salman Rushdie und insbesondere die ›Satanischen Verse‹ mit Vergnügen gelesen hätte.

Beckmanns scheinbar aus der Gondel stürzender Trompeter und der den Christbaum mit Eierhandgranaten schmückende Soldat sind unsere Brüder. Wer noch, Salman, wer noch? Wir haben unsere Erfahrungen mit Priestern und Politikern gemacht. Auf sie ist wenig Verlaß. Ihr Handeln ist von Interessen bestimmt. Als vor einem Jahr der Golfkrieg begann, meinten beide Seiten genau zu wissen, was gut, was böse ist. Also handelten sie jeweils in Gottes Namen. Das Ergebnis war mörderisch, die Toten blieben ungezählt.

In Deiner Klageschrift ›Tausend Tage im Ballon‹ sprichst Du von »Sicherheitsberatern, Regierungen, Journalisten, Erzbischöfen, Freunden, Feinden, Mullahs«, die an ihrer »engstirnigen, absolutistischen Weltsicht« festhalten und diese Dir vorschreiben wollen. Dagegen setzt Du das »ungewisse, unbestimmte, das metaphorische Bild«, das Du Dein Lebtag lang mit Dir herumgetragen hast, das Dich verwundbar macht. Am Ende bestehst Du darauf, daß Du Dich weiterhin mit aller Kraft an den »Gestaltenbeweger« Deiner eigenen Seele und an ihren »boshaften, bilderstürmerischen, unberechenbaren Narreninstinkt« halten mußt. Du sprichst von einem »schmutzigen Ozean«, in dem Du nach Deiner Kunst gefischt hast, und beschwörst noch einmal die aufgewühlte See zu Füßen der Stadt Bombay: »Es ist die See, an deren Gestade ich geboren wurde und die ich in mir trage, wo immer ich hingehe.«

Vor vielen Jahren, lieber Salman, haben wir beide fürs Fernsehen ein Gespräch unter anderem über Dein verlorenes Bombay, mein verlorenes Danzig geführt. Wir erkannten uns wechselseitig in der gemeinsamen Erfahrung, daß uns Verlust beredt gemacht hat. Verlust ist Voraussetzung unserer Geschichten. Also laß uns weiterhin, Du im schmutzig aufgewühlten Indischen Ozean, ich in meiner vergifteten Ostsee nach

Wörtern fischen, die verquer stehen und von vielen Wirklichkeiten erzählen, die nicht dulden wollen, daß nur die eine, uns zwangsverordnete Wirklichkeit gilt.

Sei bitte sicher, daß ich Deine täglichen Ängste und trügenden Hoffnungen mitzuleben versuche, auch Deinen der Furcht abgezwungenen Mut.

Ich grüße Dich in der Gondel

Dein *Günter Grass*

Gegen die Hohenpriester der Eindeutigkeit

Rede zum 3. Jahrestag der Morddrohung gegen Salman Rushdie im Rahmen einer BBC-Fernsehdiskussion

Meine Damen und Herren,
als George Orwell 1937 aus Spanien zurückkehrte, brachte er ein Manuskript mit, das seine im Bürgerkrieg gestauten Erfahrungen unter den Titel ›Homage to Catalonia‹ stellte. Dieses Manuskript fand vorerst keinen Verleger, weil sich in England eine Vielzahl einflußreicher Linksintellektueller sperrte, seine schockierenden Einsichten zur Kenntnis zu nehmen. Sie wollten den stalinistischen Terror nicht wahrhaben, die systematische Liquidierung der Anarchisten, Trotzkisten und Linkssozialisten; nur knapp war Orwell diesem Terror entkommen. Seine eher nüchterne Anklage widersprach einem Weltbild, nach dessen Ikonographie eine sozusagen lupenreine Sowjetunion den Kampf gegen den Faschismus anführte. Orwells Bericht, dieser Ansturm entsetzlicher Wirklichkeit, lädierte den Bilderbuchtraum von Gut und Böse.

Dennoch wurde ›Homage to Catalonia‹ ein Jahr später bei einem bürgerlichen Verlag publiziert; im kommunistischen Herrschaftsbereich jedoch standen Orwells Werke – und zwischen ihnen seine bitteren spanischen Wahrheiten – ein halbes Jahrhundert lang unter Verbot; der in der Deutschen Demokratischen Republik bis zum Schluß verantwortliche Minister für Staatssicherheit, Erich Mielke, gehörte während des Bürgerkriegs zu den kommunistischen Kadern, denen Säuberung durch Liquidation geläufig wurde: ein »Spanienkämpfer« von überlebensfähigem Format.

Ich stelle dieses Beispiel an den Anfang meiner kurzgehaltenen Rede, weil der Fall Orwell deutlich macht, inwieweit Intellektuelle zugleich Opfer und Zuträger der Zensur waren und sind, denn dieser Prozeß ist ja nicht abgeschlossen: Das Ende der kommunistischen Herrschaft hat nunmehr Sieger auf den Plan gerufen, die sich spiegelbildlich zu verhalten beginnen, indem sie die verjährten Methoden eines McCarthy aufs neue beleben. Auch wenn es so aussieht, als werde der islamische Fundamentalismus mit seiner mittelalterlich anmutenden Praxis den letztlich verbliebenen Ideologien den Rang ablaufen, beanspruchen die ausgeklügelten westlichen Systeme dennoch Zukunft für differenzierten Terror: Mittelalter und Neuzeit ereignen sich zeitgleich, die Inquisition kommt wieder, durch Datenspeicherung ergänzt.

Doch auch in vielen Bereichen der Weltpolitik endet dieses Jahrhundert in Rückfälligkeit. Abermals droht in Armenien Völkermord. Die Balkanstaaten bekriegen sich wie unter Wiederholungszwang. Kaum zurückgewonnen, wird Freiheit sogleich unter Aufsicht gestellt. Nationalisten und Antisemiten, Mullahs, Kardinäle und Kapitalisten von Raubritterformat, Jungfaschisten und Altstalinisten, alle Hauptdarsteller dieses verfluchten Jahrhunderts treten aus den Kulissen, füllen die Bühne, drängeln an der Rampe, berufen sich in liberaler Kostümierung auf demokratischen Pluralismus und fordern die Freiheit des Wortes, jeweils einzig für sich.

Bei soviel Geschrei, das einander mundtot machen will, fällt es schwer, das mir gestellte Thema nicht ausufern zu lassen. Verlockt, alle Spielarten menschlicher

Selbstvernichtung vorzuführen, pfeife ich mich zurück, natürlich zur Literatur; von ihr und ihrer Gefährdung zu sprechen, besteht jederzeit Anlaß.

Seitdem geschrieben wird, gelten Verbote. Seitdem dem Wort Macht nachgesagt wird, sind den Philosophen und Schriftstellern Gift und Verbannung, Zensur und Exil, das Konzentrationslager und die Einzelhaft, Verfolgung bis zum Mord zugesichert. Von Sokrates bis Ovid, von Montaigne bis zu Heine, von Zola bis Mandelstam, von Orwell und Kafka bis zu Rushdie. Welch eine Galerie!

Folglich wird über die Freiheit des Wortes fordernd und einschränkend geredet, solange es Literatur und ihr treuestes Echo, die Zensur, gibt. Doch dieses gepaarte Verhalten ist nicht durchweg an eingespielte Rollen gebunden – der eine schreibt, der andere zensiert –, vielmehr gab und gibt es eine namhafte Liste von Schriftstellern und Journalisten, die sich zeitweilig als Zensoren ihren Lebensunterhalt oder zumindest ein Zubrot verdient haben, manche bis in die politischen Kehrtwendungen der Gegenwart hinein. Nach den Erfahrungen der jüngsten Zeit ist man versucht zu sagen: Eine gut funktionierende Zensur setzt einen Zensor voraus, der literarisch gebildet und, wenn nicht gerade ein Liebhaber der Literatur, dann doch jemand ist, der süchtig nach Manuskripten greift, um sie zu notzüchtigen.

Ich spreche von der gehobenen Form der Zensur, dem Zensor als Lektor. Doch wer aus Deutschland kommt, weiß, daß es außer und neben den vergleichsweise subtilen Prozessen zur Verhinderung von unerwünschter, weil als Gefährdung erkannter Literatur den landesweiten Ausbruch der Barbarei gegeben hat; mein Land ist unter anderem das Land der öffentlichen Bücherverbrennung. Danach sollte nicht nur Geschriebenes ungedruckt sein, auch den zum Verstummen gebrachten Autoren drohte Verfolgung. Erich Mühsam: im KZ erschlagen. Carl von Ossietzky: gestorben an den Folgen der Konzentrationslagerhaft. Vielen blieb einzig das Exil offen, das heißt die Flucht von Land zu Land oder in den Selbstmord: Walter Benjamin sei stellvertretend genannt. Gleiches widerfuhr anderen Künstlern, doch wurde den Schriftstellern, die aufs gesprochene Wort hören, denen Mundarten, Dialekte, also herkömmliches Gerede unverzichtbar sind, das reduzierte Leben im Exil besonders bitter. Wie lange läßt sich Sprache konservieren? Wie viele Bücher lassen sich der Erinnerung abtrotzen?

So entstand eine Exilliteratur, die einerseits ohne Vergleich ist, doch andererseits den Bruch in der deutschen Literaturgeschichte als nicht heilbar markiert. Ob Thomas oder Heinrich Mann, ob Alfred Döblin oder Robert Musil, ihnen allen und ihren Büchern haftet das Stigma Exil an, sie fremdeln bis heute.

Als sie zurückkamen, gerufen wie ungerufen, fanden sie ein geteiltes Land, das ihnen Einordnung hier oder dort nahelegte. Zudem lieferten sich einige dieser heimkehrenden Autoren, obwohl sie unter Zensur und Exil gelitten hatten, neuen und dennoch altbekannten Zwängen aus, durchaus bereit, die Eingriffe des Zensors zu akzeptieren, wenn damit der Parteilichkeit oder dem Klassenkampf, mithin dem richtigen Bewußtsein gedient war. Bertolt Brecht und Anna Seghers sind Beispiele solch gespaltenen Verhaltens; und wenig trostreich ist es, wenn sich im Rückblick auf die deutsche Romantik erkennen läßt, daß sie Vorläufer hatten: In ihrer Jugend freiheraus, verkümmerten Friedrich Schlegel und Clemens von Brentano später zu Reaktionären oder irrationalen Schwärmern, die dem Metternichschen Zensur- und Spitzelwesen dienstwillig oder nur unauffällig gewesen sind.

Auch diese Namen nenne ich nur beispielhaft, um eine trübe Tradition offenzulegen, die bis in den gegenwärtigen deutschen Schlagabtausch ihren Schatten wirft. So entpuppten sich jüngst zwei Lyriker, die zur avantgardistischen Untergrundliteratur der DDR gezählt wurden und sich durchaus als staatsfern begriffen haben mögen, als langgediente Spitzel. Doch hier beginnt das System der totalen Überwachung, deren herkömmlichste Unterabteilung Zensur genannt wird, bereits Literatur zu produzieren: So viel intensiv, das heißt überzeugt gelebte Spaltung sprengt den Begriff »Doppelleben« als Schutztitel der Opportunisten und wird Bücher zur Folge haben, in denen der Zensor zugleich Literat ist.

Hier ist nicht der Ort, im einen oder anderen Fall Anklage zu erheben. Eher gibt diese Erfahrung, die altes, vergessenes oder verdrängtes Verhalten erneuert, ein Entsetzen frei, das letztlich erkennen läßt, daß neben und zwischen staatlicher oder kirchlicher Macht im wiederholten Einzelfall Schriftsteller als Feinde des »freien Wortes« zu gelten haben. Erklärte Liebhaber der Toleranz werden hinterrücks zu Dienstboten der Unduldsamkeit. Oft übt sich dieses beugsame Verhalten im liberalen Vorfeld der klassischen Zensur ein, noch frei von staatlichen Zwängen, doch nicht ohne drohenden Unterton, zum Beispiel dann, wenn – wie gegenwärtig – gesellschaftskritische Literatur, die den allgemeinen politischen Sumpf nicht aussparen will, pauschal als »Gesinnungsästhetik« abgetan wird: Damit hat es vorbei zu sein.

Natürlich freuen sich Staatsmacht und Kirche, wenn ihnen so geistreich zugearbeitet wird. Nichts kann ihnen angenehmer, weil ungefährlicher sein, als jenes selbstgenügsame Spiel der Künstler, das, l'art pour l'art genannt, immer dann in Mode kommt, wenn die Auswirkungen menschlicher Existenz nur noch Ekel und Überdruß bereiten. Soviel stinkende Wirklichkeit empfiehlt Distanz und Flucht in die Form. Am Ende geht es nur noch um die Farbe, den Klang, die Sprache an sich. Wertfrei siegt Schönheit. Wo nichts benannt, beim Namen genannt wird, ist kein Zensor vonnöten. Wo in postmoderner Gefälligkeit alles beliebig bleibt, werden Verbote nichtsnutz. Eine pflegeleichte Literatur, die Pfötchen gibt, ist gefragt.

Doch noch sind sie da: Schriftsteller, deren Bücher leicht, fast spielerisch daherkommen und doch zum Ärgernis werden, Wörter, die vieldeutig sind und den Hohenpriestern der Eindeutigkeit mißfallen. Einer dieser Schriftsteller – zugegeben: ein selten gewordenes Exemplar – hat uns hier heute zusammengeführt. Sein Fall mahnt, ihn als unseren Fall zu begreifen. Wir haben erkannt: Wer ihm droht, der bedroht uns. Wer ihm mit dem Leben das Wort nehmen will, der könnte auch uns das Wort, schließlich das Leben nehmen. Mit Salman Rushdie sind wir alle gemeint. Wir wollen und können ihn und seinen ermordeten japanischen, seinen schwerverletzten italienischen Übersetzer nicht vergessen, alle, die mit ihm in Gefahr sind.

Wir werden die Macht der Hohenpriester nicht brechen, ihr Todesurteil nicht aufheben, ihr Kopfgeld nicht entwerten können. Keine Politiker und keine Konzernherren werden seinet- und unsretwegen ihre Karriere aufs Spiel setzen, ihre Geschäfte außer acht lassen. Wie sie mit den Machthabern Chinas, trotz des Gemetzels auf dem »Platz des Himmlischen Friedens«, wieder handelseinig werden, so versprechen sie sich Gewinn vom zukünftigen Handel mit Teheran. Gelegentlich werden sie diskret oder betont fürs Fernsehen daheim ein Protestnötchen fallen lassen, mehr nicht. Und dennoch ist Salman Rushdie nicht allein; es sei denn, wir ließen ihn spüren, daß er allein ist.

Es könnte die Zeit uns mürbe machen. Der Mordbefehl gegen ihn und alle, die sein geschriebenes Wort verbreiten, könnte sich, inmitten alltäglichen Mordens, an den Rand unserer Wahrnehmung verflüchtigen. Mittlerweile abgestumpft, könnte uns der alljährliche Hungertod von Millionen Kindern in den Elendsregionen der Dritten Welt zur Ausrede taugen: Was zählt der einzelne, wenn Hunger als Kindermord wie ein unvermeidliches Risiko der Marktwirtschaft hingenommen, durch die Gesetze des Marktes legalisiert ist. Und nicht zuletzt: Es könnte uns, wie althergebracht, Literatenstreit uneins machen und zum Verrat an Salman Rushdie und an unserer Sache, der Literatur, verführen.

Sie werden bemerkt haben, daß ich versuche, das mir gestellte Thema möglichst eng, auf uns bezogen zu fassen; denn die Geschichte der Literatur ist, besonders in ihrem Kapitel Zensur, auch die Geschichte kleiner und größerer Verräterei. Als gewitzte und geschädigte Kinder der europäischen Aufklärung wissen wir, daß unser Ruf nach Toleranz nur selten frei war von einschränkenden Nebentönen. Und Salman Rushdie, der sich oft und schließlich verzweifelt auf die Toleranzgebote der Aufklärung berufen hat, wird wissen, wie es den Essays unseres Stammvaters, Michel de Montaigne, ergangen ist: Von der katholischen Kirche auf den Index gesetzt, von Pascal und den Jansenisten verurteilt, feierte ihn mit anderen Aufklärern Voltaire und verdammte ihn Rousseau im Namen des Naturrechts und der allgemeingültigen Normen der Tugend, deren Tyrannei gleich nach Beginn der Französischen Revolution als Terror ausbrach, doch – genau besehen – immer noch herrscht.

Oder ein weiteres Beispiel intellektueller Anfälligkeit, das besonders in Deutschland Schule gemacht hat: der Streit zwischen Heinrich Heine und August von Platen. Zwei Dichter von Rang, die einander unerbittlich und in immer neuen Anläufen als Homosexuellen und Juden beschimpften, wobei Heine mit schärferen, für Platen schließlich tödlich werdenden Wörtern zuschlug.

Wir stehen als Schriftsteller nicht makellos da. Die Weltliteratur ist nicht das Produkt von Heiligen. Von der Zensur allzeit gefährdet, haben wir ihr dennoch oft und zumeist leichtfertig, sei es aus Spitzfindigkeit oder dem Ego zuliebe, das Wortfeld bereitet. Auch sind wir nicht dazu berufen, Märtyrer zu sein, wenngleich sich die Gesellschaft im Nachhinein gerne verfolgte Schriftsteller als Märtyrer aneignet. Es stimmt: Wir lästern aus Neigung. Auf der Bank der Spötter zu sitzen bereitet uns Vergnügen. Jeder Anspruch auf Unfehlbarkeit macht uns lachen. Und nichts ist uns peinlicher als ein Schriftsteller, der wie ein Priester daherredet. Bekannt ist unsere Beharrlichkeit überm Manuskript, doch werden wir, die notorischen Einzelgänger, die Kraft und Ausdauer haben, uns lange und womöglich auf Dauer schützend vor Salman Rushdie zu stellen?

Seit einigen Wochen schreiben Schriftsteller Briefe an ihn, die in mehreren Tageszeitungen gedruckt und – so hoffen wir – weltweit verbreitet werden. In einem der ersten Briefe geht Nadine Gordimer auf die ›Satanischen Verse‹ ein. Sie schreibt: »Sie haben durch keine Figur Ihres Buches Blutvergießen empfohlen oder gefordert; der Präzedenzfall einer ›fatwa‹ gegen Ihr Leben ist ein Verbrechen gegen die Menschheit und wirft auch einen Schatten auf die freie Entwicklung der Literatur an jedem Ort.«

Und das, nur das wollen und verteidigen wir: eine freie, das heißt nicht gesetzlose, vielmehr den wandelbaren Gesetzen der Poetik, den immer neuen Gesetzen des Erzählens folgsame Literatur. Was andere nicht können – nicht wahr, Salman –, das wollen wir: erzählen, die alten Geschichten immer anders erzählen. Unsere Erzählungen stellen nicht bloß, sie legen offen. Sie leben von der Komik des Scheiterns und nicht vom Triumph des Rechthabens. Der Erzähler steht nie auf der Seite der Sieger; er lebt vom Verlust, und die Verlierer, besonders die ewigen Verlierer, können sich auf ihn verlassen. Gelänge es den Mullahs jedwelcher Farbgebung, den Erzählern das Maul zu stopfen, und gäbe es fortan keine Erzähler mehr, dann wären die Geschichten der Menschen zwar nicht auserzählt, aber am Ende.

Friedenau, am 9. 2. 1993

Liebe Christa,

eigentlich wollte ich mit Dir, wie Dein Gerhard vor-
schlug, telefonieren, doch hat er mir dann doch nicht
die Telefonnummer übermittelt, und das ist gut so,
denn ein Brief ist eben ein Brief.

Kürzlich hatte ich in Behlendorf Peter Rühmkorf
mit seiner Frau und wenige Tage später Jurek Becker
zu Besuch. Natürlich haben wir über das, was man
hier »Fälle« nennt, gesprochen. Du solltest wissen, daß
Du hierzulande, trotz aller Anfeindungen und selbst-
gerechter Aburteilungen, nicht isoliert bist; ich bin so-
gar der Meinung, daß – weil das Maß überzogen
wurde – die Stimmung sich zumindest versachlicht.
(Neuerdings will Herr Greiner, nachdem er sein Pul-
ver verschossen hat, die Stasi-Akten versiegelt wissen:
die Schaumkrone der Heuchelei.)

In den zurückliegenden Jahren – und so selten wir
uns zur Zeit des Bestehens der DDR gesehen haben –
waren wir oft entgegengesetzter Meinung: Nach mei-
ner Einschätzung hättest Du die Kritik an jener Partei,
in der Du Mitglied warst, deutlicher und fordernder
aussprechen müssen, auch ohne Angst vor dem oft be-
schworenen Beifall der falschen Seite. Umgekehrt
hast Du gelegentlich meine Kritik am Leninismus/
Stalinismus als zu schroff empfunden; ich erinnere an
den PEN-Kongreß in Hamburg Mitte der achtziger
Jahre, als ich bei meinem Einleitungsreferat zum
Thema ›Literatur und Geschichte‹ den kommunisti-
schen Terror während des Spanischen Bürgerkrieges

durch literarische Zeitzeugen (Orwell, Regler) belegt habe. Diese Meinungsverschiedenheiten haben uns nicht gehindert, weiter im Gespräch zu bleiben, zumal mich meine Kritik von damals nicht berechtigte, über Deinen Lebenslauf in einer ideologisch geschlossenen Gesellschaft absolut zu urteilen.

Beurteilen kann ich jedoch, was ›Der Spiegel‹ und andere Presseorgane als angeblich stichhaltiges Argument über die ominösen drei Jahre (Ende der fünfziger Jahre) in Form von Zitaten vorgelegt haben. Diese Beurteilungen von Schriftstellern und deren Produkten unterscheiden sich nicht von Lektoratsgutachten, die in der DDR gang und gäbe waren und die es durchaus auch in etlichen Verlagshäusern des Westens gegeben hat. Das liest sich, weiß Gott, nicht angenehm, hat aber dennoch niemanden ans Messer geliefert. Verurteilen kann ich mit Entschiedenheit die nicht nur an Dir angewandte Methode der Gauck-Behörde, Stasi-Unterlagen der Presse freizugeben und dabei den jeweils Beschuldigten uninformiert zu lassen. Erkennbar ist der Versuch, mit dieser über dreißig Jahre zurückliegenden Episode Deine über Jahrzehnte hinweg bewiesene kritische Haltung und mit ihr Dein literarisches Werk zu entwerten. Das darf nicht geschehen. Doch damit das nicht geschieht, muß deutlich die Gegenposition bezogen werden. Was mich betrifft, hatte ich kürzlich bei Lesungen in Frankfurt/Oder, Wittenberg und Oldenburg Gelegenheit, meine Meinung, im Sinne dieses Briefes, bekanntzumachen. Bei keiner der den Lesungen angeschlossenen Diskussionen kam ernst zu nehmender Widerspruch auf, und zwar in Ost und West.

Ohne Dich bedrängen zu wollen, bitte ich Dich dennoch, liebe Christa, Dich nicht als Emigrantin zu begreifen; dafür ist kein Anlaß oder – was uns alle betrifft – noch kein Anlaß. Heinrich Böll, den Du in Deinem mir übersandten Artikel als beispielhaft empfindest, hat während Jahren die schlimmsten Anfeindungen und Diffamierungen, Hausdurchsuchungen und Prozesse aushalten müssen; er könnte uns auch weiterhin beispielhaft sein.

Mir geht es einerseits und andererseits. Die eine Seite erlaubt mir – und sei es für Momente – glücklich zu sein, denn ich sitze seit dem 2. Januar überm Manuskript und unterhalte mich mit fiktivem Personal, das langsam zu leben, das heißt zu widersprechen beginnt. Die andere Seite entspricht der gegenwärtigen Situation: Mölln liegt zehn Kilometer von unserem Haus entfernt. Aus kaum zu definierendem Grund ist es mir zwar gelungen, auf die amorphen deutschen Befindlichkeiten im Verlauf des November und Dezember mit einem Zyklus von dreizehn Sonetten unter dem Titel ›Novemberland‹ zu reagieren; auch sind die Lichterkettendemonstrationen in fast allen Großstädten, ihre Ohnmacht einbegriffen, ein deutliches, die Akzente verschiebendes Zeichen gewesen. Dennoch bleibt das Gefühl, daß wir – nicht nur in Deutschland – erst am Anfang einer Entwicklung stehen, auf die weder die Politik noch die Gesellschaft in ihrer westeuropäischen Prägung vorbereitet sind.

Am 20. Februar werden wir mit unserem jüngsten Sohn Hans (zweiundzwanzig Jahre jung) nach Kuba und anschließend über Yucatán in Richtung Mexico City reisen; über Portugal, wo wir einen ungestörten Zwischenaufenthalt in unserem Haus einlegen wollen, geht es wieder westwärts, so daß wir am 26. März zurück sind. (Die Arbeit am Manuskript verträgt eine Pause.)

Während unserer Rückfahrt nach Behlendorf werde ich am kommenden Freitag für die ›Wochenpost‹ mit Regine Hildebrandt ein Gespräch führen. Diese Frau gefällt mir; von ihr ein Dutzend, und ein begrenzter Teil dieser Welt sähe anders aus.

Ich hoffe, Dir mit diesem Brief angedeutet zu haben, daß ich mich auf Deine Rückkehr in absehbarer Zeit freue, und grüße Dich

Dein *Günter*

P. S. Kürzlich sah ich mich leider gezwungen, aus der SPD auszutreten; ihr Asylrechtsbeschluß war nicht mehr zu verantworten.

Nachruf auf Helen Wolff

Laudatio zur (postumen) Verleihung des
Friedrich-Gundolf-Preises an Helen Wolff

Ihr Tod hat alles verändert, mehr, als zu sagen ist. Und was gesagt werden kann, steht nun auf einem anderen Blatt; denn eigentlich hatte ich Helen Wolff heiter, mit einem alle Feierlichkeit wegräumenden Wort begrüßen wollen: Liebe Helene, wie gut, daß Du da bist.

Als mich die Deutsche Akademie für Sprache und Dichtung bat, zur Verleihung des Friedrich-Gundolf-Preises eine Laudatio zu halten, fiel mir zur Preisträgerin weit mehr ein, als eine kurze Rede bändigen könnte. Allenfalls bereitete mir der Nimbus des Namens Gundolf einen nicht gelinden, eher einen lähmenden Schrecken. Etwas Hohepriesterliches ging von ihm aus, etwas, das mir unwirklich und entrückt zu sein schien. Diese Distanz war nicht zu überbrücken, ich konnte nur, außer Unwissenheit, Respekt bezeugen; denn schnell Angelesenes wollte ich weder der Preisträgerin noch dem zur Feierstunde versammelten Publikum zumuten.

Dann holte mich die traurige Nachricht ein. Letzte Gewißheit. Der Verlust. Und doch ist mir immer noch so, als könnte ich zu Dir, liebe Helen, die in meinen geheimsten und monologischen Zwiegesprächen immer als Helene angerufen wird, direkt, vom Freund zur Freundin, als Autor zur Verlegerin sprechen und so tun, als sei nichts geschehen, als dürfe weiterhin Rat eingeholt, der nächste Brief erhofft werden, als erlaube Dein ungeduldiges Warten aufs nächste Manuskript beliebig viele Vertröstungen.

Welch eine Verlegerin! Wo hat es das jemals gegeben: So viel episch andauernde Liebe zu Autoren, so viel Nachsicht mit chronisch egozentrischen Urhebern, so viel verläßliche Kritik, die nichts besser, aber manches genauer wissen wollte, so viel Gastlichkeit und wohnlich einladender Hintergrund, der den oft genug an der Bühnenrampe turnenden, sich selbst erschöpfenden Schriftstellern Zuflucht und mehr als einen Drink geboten hat.

Wenn ich in meinem Nachruf hier lobrede, ist mir bewußt, daß ich stellvertretend für viele Autoren spreche, unter ihnen zwei, denen Vergleichbares eingefallen wäre; denn Max Frisch und Uwe Johnson waren gleich mir Zöglinge der Wolffschen Zucht- und Pflegeanstalt. Sie kannte uns bis in letzte Verliese und Hinterhältlichkeiten hinein. Ihr war nichts vorzumachen. Bei ihr verlegt, das hieß, bei ihr aufgehoben zu sein, auch über Durststrecken hinweg.

Wir Autoren wußten und haben es uns oft genug bestätigt, daß wir – bei aller uns nachgesagten Eigenleistung – vor allem Helen Wolff unsere literarische Präsenz in Amerika zu verdanken hatten. Sie hat uns, dem Wortsinn nach, betreut. Vergleichbare Dankbarkeit mögen die Übersetzer empfunden haben, denen ihr kritischer Rat oder Einspruch bis hin zu den Fahnenkorrekturen gewiß blieb. Ralph Manheim, mein Übersetzer, konnte ein Lied davon singen, ein vielstrophiges, denn seit ›Grimms Märchen‹ – noch zu Kurt Wolffs Lebzeiten – ist er der strengsten Disziplinierung unterworfen gewesen.

Kurt Wolff. Welch ein Verleger! Und welch eine Verlegerin, die sich von seinem Schatten nie lösen wollte, die keine Eigenständigkeit betonen mußte, die vielmehr ihr Herkommen – und sei es beiseite gesprochen – durch rückversichernden Kommentar belegte. Ich erinnere Sätze wie »Kurt hätte in diesem Fall so entschieden« oder »Kurt wäre hier anderer Meinung gewesen ...«

›Helen and Kurt Wolff Books‹ über Jahrzehnte hinweg. Das war ein Gütesiegel. Diese Buchreihe ist ein Begriff. Wie Frisch und Johnson war ich stolz, mit meinen Büchern in diese Reihe aufgenommen zu sein. Dafür waren wir dankbar; denn bei allem Selbstbewußtsein der genannten Autoren soll festgehalten und daran erinnert werden: Ohne die Verlegerin Helen Wolff hätte die erzählende deutschsprachige Literatur in Amerika nur minimale Chancen gehabt. Sie hat die Brücke gebaut. Sie hat keine Mühe gescheut, selbst schwierigste Texte – ich denke an Schädlichs ›Versuchte Nähe‹ – den Lesern von New York bis San Francisco nahezubringen. Uwe Johnsons ›Jahrestage‹ waren ihr jedes Risiko wert. Selbst wenn, was zu hoffen ist, ihre Arbeit fortgesetzt wird, bleibt sie ohne Nachfolge; denn nach Helen Wolffs Tod ist zu befürchten, daß auch in diesem literarischen Bereich die Zukunft entweder dem schnellen Geschäft oder dem amerikanischen Selbstgenügen gehören wird.

So will es mir, aus europäischer Sicht, vorkommen, als sei Amerika ohne Helen verarmt. Plötzlich ist da nichts mehr. Der Brückenpfeiler ist weg. Gewiß spricht aus dieser Sicht panischer Schrecken, doch auch die Erkenntnis, wieviel die Autoren meiner Generation den deutschen Emigranten verdanken. Sie, die aus Deutschland vertrieben wurden, haben mehr für uns getan, als zu erwarten, zu erhoffen war. Sie, die in Amerika blieben, bewahrten uns vor provinzieller Verengung, sie machten uns weltoffen.

Diese Gewißheit habe ich seit meinen frühen ›Blechtrommel‹-Jahren. Im Januar 1960 wurde der junge Autor nach Zürich in ein Hotel gebeten, dessen großbürgerlicher Glanz beklemmend, womöglich bedrückend gewirkt hätte, wenn nicht Kurt und Helen Wolff mit souveräner Geste den geballten Pomp relativiert und alles ganz leicht gemacht hätten. Kaum war mein Drink bestellt – ich glaube, es war eine Bloody Mary –, überraschte mich das Ehepaar Wolff mit der von Kurt gestellten Frage: »Könnten Sie sich vorstellen, daß Ihr jüngst erschienener Roman ›Die Blechtrommel‹ in Amerika Leser findet?«

Ich antwortete wahrheitsgemäß mit Nein, wollte aber mein Nein beweiskräftig untermauern und gab zu, daß mich die inzwischen erwiesene Tatsache, sogar in Bayern Leser gefunden zu haben, einigermaßen überrascht hätte. Um mich deutlicher zu machen, wies ich darauf hin, daß alles, was Oskar Matzerath angehe, in entlegener baltischer Region spiele, sich weitgehend und penetrant auf Danzig, genauer gesagt, auf einen unansehnlichen Vorort namens Langfuhr beschränke, daß man dort stubenwarm breit und bedrohlich gemütlich spreche und außerdem immerfort von Kaschuben, einer schwindenden Minderheit, die Rede sei; dort rieche es nach Provinz.

Danach sprach Kurt Wolff als Autorität. Sein Beschluß stehe fest. Das Buch werde in Amerika erscheinen. Meine Erklärung habe überzeugend gewirkt, obgleich sie sich aufs Abraten versteift hätte. Er wisse, daß sich alle große Literatur auf die Provinz konzentriere, sich in ihr verkrieche, ohne dabei provinziell zu werden; und deshalb sei sie weltweit verständlich. Helen stimmte dem zu, indem sie zugleich Fragen zu Schwierigkeiten stellte, die sich beim Übertragen von Dialekt und Jargon ergeben könnten: »Sagen Sie mir bitte, was genau ist Glumse?«

So kam es, daß zwei Jahre später ›Die Blechtrommel‹ in der Übersetzung von Ralph Manheim den amerikanischen Lesern zugemutet wurde; offenbar sind die kaschubischen Kartoffeläcker und der miefige Vorort Langfuhr den Texanern ähnlich zugänglich gewesen wie zuvor den Bayern. Der Sprung übers große Wasser war, dank verlegerischer Weitsicht, geglückt.

Bald danach wechselten Helen und Kurt Wolff von Random zu dem Verlagshaus Harcourt Brace Jovanovich. Ich ging mit ihnen. Als Kurt Wolff während eines Besuches in Deutschland tödlich verunglückte, setzte Helen Wolff ihres Mannes Arbeit fort. Ihre verlegerische Sorgfalt war schon zuvor Grundlage meines Vertrauens gewesen. Von Buch zu Buch haben wir uns begleitet. Ihrem prüfenden Blick mußte jede Übersetzung standhalten. Ihrer Beharrlichkeit und Autorität – zum Beispiel dem Verlagseigner Jovanovich gegenüber – konnte Uwe Johnson, wie schon gesagt, die Vermittlung seiner Bücher verdanken. Und sie hat dafür gesorgt, daß er vom Riverside Drive aus auf sein verlorengegangenes Mecklenburg zurückschauen konnte. In einem Brief an den Literaturwissenschaftler Roland Berbig schreibt sie aus Hanover/New Hampshire am 6. Juni 1991: »... Sehr stark empfand ich, bei ihm und bei seiner Frau, Heimweh nach der Landschaft der verlorenen Heimat, die er mit so viel geographischer Akribie beschreibt, Wind und Wellen eingeschlossen. Daß er sich, unwiederbringlich, exilieren mußte, als Unschuldiger den Kriminellen weichen, war ein ewiger Stachel.«

So zerbrechlich Helen Wolff wirkte, von ihr ging jene Kraft aus, die über Jahrzehnte hinweg, gepaart mit verlegerischem Mut, dafür gebürgt hat, daß die Reihe ›Helen and Kurt Wolff Books‹ kein Ende fand, selbst nicht in krisenhaften Zeiten, an denen es nicht gefehlt hat: Überall verschwanden wohlbekannte Verlage, selbstredend nach den Regeln der freien Marktwirtschaft.

Helen überstand alles. In Makedonien geboren, in Österreich aufgewachsen und dennoch mit preußischer Haltung, allerdings wie aus einer von Fontane geleiteten Schule, so hat sie, von fragiler Gestalt, leise, aber bestimmt den verlegerischen Kurs ihres Mannes, der ihr Kurs war, auch bei stürmischer Wetter- und Börsenlage bestimmt. Wer wie ich Gelegenheit gehabt hat, als Gast des Verlages bei jeder Veröffentlichung seiner Bücher dabeigewesen zu sein, der wurde einem zwar anstrengenden, doch merkwürdigerweise gleichwohl belebenden Programm unterworfen. Jedenfalls konnte er sicher sein, fachlich qualifizierten Kritikern konfrontiert zu werden; mir wurde wiederholt die Möglichkeit geboten, mich beim Umgang mit amerikanischer Literaturkritik von der deutschen zu erholen. Ich lernte professionelle Qualität und leidenschaftliche Sachlichkeit kennen, Verlagsmitarbeiter, die nicht nur eine schreibtischgebundene Existenz führten, den Wechsel von Tempo und Muße, und während zeitlich terminierter Gespräche saß ich Literaturkritikern gegenüber, die tatsächlich gelesen hatten und sich deshalb nicht in verquaster Rhetorik gefallen mußten.

Über all dem wachte anwesend oder per Distanz Helen Wolff. Sie sorgte dafür, daß der europäische Autor keiner die Moral untergrabenden Langeweile anheimfallen konnte, und schützte ihn zugleich vor dem Geschwindigkeitsrausch des ihm ungewohnten amerikanischen Tempos. Bei ihr lernte ich Hannah Arendt kennen. Gespräche an ihrem Tisch verliefen nie beliebig. Nie blieb sie ihren Gästen, als Referenz oder Zugabe, eine gehörige Portion Bestätigung schuldig. Die Verlegerin Helen Wolff ist sich immer bewußt gewesen, daß es die Autoren sind, die die Substanz eines Verlages ausmachen. Sie wußte, daß ein noch so schönes und vielstöckig auf modernsten Stand gebrachtes Verlagshaus ein leeres Gebäude ist, wenn sich der Verleger und seine Mitarbeiter nicht täglich der Priorität der Autoren versichern. So selbstbewußt nahm sie eine vermittelnd dienende Position ein. Manch deutscher Verleger und manche Verlegerin könnten sich an Helen Wolff ein Beispiel nehmen; zumindest fänden sie Gelegenheit, des Ausmaßes ihrer Selbstherrlichkeit gewahr zu werden.

Die Büchermacherin und Briefstellerin. Über viele Jahre hinweg haben wir einander Nachricht gegeben. Ach, liebe Helene, wie wird mir das fehlen. Meinen langwierigen Arbeitsexzessen bist Du eine geduldige Zuhörerin gewesen. Meine Kinder in ihrer Vielzahl waren Dir oft übersichtlicher als mir. Gelegentlich und nur abschnittsweise erlaubten wir der amerikanischen und der deutschen Politik, unsere Briefe ein wenig einzutrüben; Du warst radikal und konservativ zugleich. Wir sorgten uns in Gesprächen wie in Briefen gemeinsam um Uwe Johnson, dem nicht mehr zu helfen war. Unser Briefwechsel überlebte diverse Präsidenten und Kanzler. Ironisch und aus hellwacher Erinnerung hast Du die deutschen Anfälligkeiten kommentiert. Und von Zeit zu Zeit sind uns dahergeplauderte Briefe gelungen; Fontane ließ grüßen.

Mein Nachruf, der eigentlich eine Laudatio sein sollte, schließt mit Dank. Als ich mir noch aus Anlaß einer gewünschten Lobpreisung Gedanken machte, wurde mir bewußt, daß Helen Wolffs Wiedersehen mit der Stadt Leipzig ein langes Stück Geschichte, eine sehr deutsche, also weitläufige Geschichte beschließen würde. Vor zwei Jahren erhielt ich von ihr einen Brief, in dem sie bedauerte, nicht zur Buchmesse kommen zu können – »Ich fühle mich dem Messebetrieb nicht gewachsen, besonders in einem mir unvertrauten Leipzig...«

Heute hätte Helen Wolff hier sein wollen, in einer Stadt, in der vor wenigen Jahren viele tausend Menschen den damals Regierenden zugerufen haben: Wir sind das Volk! – Wenig später tauschte man ein Wörtchen aus, wohl in der Hoffnung, daß »ein Volk« zu sein mehr zähle und gewichtiger sei als nur »das Volk«. Wie gerne hätten wir Helen Wolff, über alle Eiertänze deutscher Selbstfindung hinweg, hier, in Leipzig, begrüßt. Wie gerne hätte ich ihr gedankt, der Freundin, der Verlegerin. Sie fehlt mir.

Rabe oder Krähe

Laudatio zur Verleihung der Plakette der
Freien Akademie an Peter Rühmkorf in Hamburg

Schon in den sechziger Jahren, als einige Pinsel- und Kohlezeichnungen diesem Profil hinterdrein waren, stellte sich die Frage, welcher Vogel kommt aufs Blatt? Als Liebhaber animalischer Embleme hatte ich mich zwischen zwei schwarzgefiederten Hackschnäbeln zu entscheiden, strich aber das Wörtchen »oder« und bin bis heute sicher, daß in seinem Wappen der Rabe und die Krähe einander kein Auge neiden. Ob gereimt oder im freien Vers, er ist beides. Melodisches Krächzen hat er dem rational klärenden Essay und seinem lyrischen Gesang antrainiert. Wenn uns der Rabe als »selbstironischer Hypochonder« in traumschwere Grundstimmung gewiegt hat, hackt uns sogleich die Krähe hellwach. Aus weise abwartender Position nimmt Streitlust Anlauf. Welch heilsam schmerzliche Doppeldisziplin! Laut will ich mit dem Raben die Krähe preisen.

Laudatio für Peter Rühmkorf. Lobrede für einen Freund, der auf dem Hochseil frech und um kein Kunststück verlegen, bei Bodenhaftung jedoch eher scheu und schonende Distanz suchend daherkommt. Es geschieht ja nicht oft, daß Schriftsteller Schriftsteller, allgemein gesichtet, Künstler Künstler loben. Die Ichbezogenheit – oder das Turnen vor mannshohem Spiegel – ist in diesen Berufssparten besonders ausgeprägt; nicht so bei unserem Raben, der sich als Krähe gerne in Vielzahl ausschwärmen sieht.

Lest, bitte, Leute, den Band ›Dreizehn deutsche Dichter‹, in dem für den privat unleidlichen, jedoch auf vieltausend Druckseiten unerschöpflichen Großkauz neuester Erzählkunst, für Arno Schmidt, geworben wird; lest, zu welch klugen Einsichten wiederholte Mühe gefiltert werden kann, wenn es darum geht, allerfrüheste Animositäten zu überwinden und endlich doch, trotz nerviger Leitmotive, Zugang zum ›Zauberberg‹ zu finden, mehr noch, zu einer »neugewonnenen Wertschätzung« zu kommen, die mit höchstem Lob dem Beginn der Erzählung ›Ein Glück‹ Nähe zum »flaumleicht angehobenen Tonfall« Hans Christian Andersens nachsagt – und das in einem Land, in dem es Allüre geworden ist, über Thomas Mann und dessen immer noch anrüchige Ironie die Nase zu rümpfen –; und lesen Sie, bitte, den respektvollen Versuch, im Rückblick auf die »Benn-Besoffenheit« der fünfziger Jahre einigen Abstand zu gewinnen; denn noch immer fasziniert der große Schamane und schmerzt die Flucht des erklärt Einzelnen in ersehnte Urschlammwärme, die aber – aus verspäteter Erkenntnis geprüft – nur braune Masse war.

Schatten, die auf unsere Generation fielen. Der hier gelobt wird, ist jemand, der sein Herkommen nicht in privater Dunkelkammer bewahrt, der vielmehr den Gegenkönigen seiner (und unserer) jungen Jahre – Bertolt Brecht drüben, Gottfried Benn hier – aus eigner Tasche Tribut zahlt. Er schaut um sich und muß dennoch von sich nicht absehen. Heine ist ihm eigen. Der gesamten Barockbande – ob dem frühen Fleming oder dem späten Günther – bleibt er in Kumpanei verbunden. Doch auch die eigene Generation, sei es der Antipode Enzensberger, sei es der heutige Lobredner, entgeht seiner kritischen Wertschätzung nicht.

Frei von Platzangst bewegt er sich zwischen Zunftgenossen. Er gibt es ihnen schriftlich. Eine Feder, die elegant ansetzt, plötzlich salopp ausfällige Volten schlägt, hier hochgelehrt tiefstapelt, dort mit elegischem »Ach!« eine Kehre einleitet, dann wieder wie gegen Stücklohn mühselige Aufklärung betreibt, und sei es, um inmitten Fortschrittsmüll der Melancholie ein wenig Raum zu schaffen, dabei immerfort in Sentenzen funkelnd und selbst als Scharfrichter noch von treffsicherer Liebenswürdigkeit.

Gelobt sei diese Portraitgalerie deutscher Schriftsteller, eine kollegiale Annäherung, der diskret, aber unverkennbar ein Selbstportrait unterlegt ist. Nur eine Auswahl, wie uns Peter Rühmkorf im Nachwort versichert: »Daß es auch dreizehn ganz andere hätten sein können, kann ich nicht einmal völlig von der Hand weisen...« Und der Liebhaber und Ahnenforscher zählt auf: Ludwig Tieck und Arno Holz, Alfred Döblin, Hans Henny Jahnn, Alfred Lichtenstein... Ein wünschenswert zweiter Band gewinnt Umfang und könnte das unterlegte Selbstportrait mit Lachfältchen, aber auch grämlichen Furchen bereichern.

Denn wir wollen ihn nicht nur im Wappengetier – mal Rabe, mal Krähe – erkennen, sondern ganz sehen; aber das will und kann nicht gelingen. Er, der Tagebuchchronist und Resteverwerter, der Sammler abgelebter Zeitungen und wiederbelebter Kinderreime, er, der dem Springer-Konzern einzig als Lügendetektor dienlich gewesen ist, er, des Volksvermögens strenger Konkursverwalter, macht sich mir in der Titelfigur seiner zwischen Buchdeckeln versammelten »aufgeklärten Märchen« als ›Hüter des Misthaufens‹ bekannt, als jemand also, dem jegliche Ausscheidung Dung, mithin wertvoll ist. Ich meine, so sieht er

sich gerne: hoch oben auf der dampfend wachsen-
den Anhäufung, mit Hut und Schal, auf die Forke ge-
stützt.

Doch wie steht es mit den Gedichten, die die Haupt-
sache sind? Was geben sie preis? Welches Ich (unter
so vielen) täuscht aufs Glaubwürdigste den Dichter
vor? »Ihn zu bestimmen ist nicht eben leicht«, heißt es
in dem frühen Band ›Irdisches Vergnügen in g‹. Seine
Gedichte – die ungezählten – leben in der Zerstreu-
ung. Doch wo sie, mal hier, mal dort angesammelt, zu
finden sind, etwa in einem Reclam-Bändchen unter
dem Zitattitel ›Selbstredend und selbstreimend‹, ist
sogleich der Rühmkorfsche Ton angeschlagen, in dem
immer auch der Ton des bahnfahrenden Sängers in
›I.-Klasse-Einsamkeit‹ mitschwingt:

Von Mainz über Bingen bacharachwärts,
die Veilchen verglimmen im Fluge –
Wohl völlig verrückt geworden der März?!
Der Kopf total aus der Fuge.

Ich reise mit Gedichten umher,
paarmal rundumerneuert
seit Achtzehnhundertichweißnichtmehr
Heinrich Heine die Lore beleiert.

Und weitere Reisegedichte, die aber nie als lyrische
Ansichtspostkarten brillieren und so die Prospekte
eines erlesenen Tourismus bebildern könnten; denn
dieser eher gehetzte Landvermesser – »Manchmal, eh
ich aufschau, blick ich weg…« – ist kein Betrachter
musealer Versteinerungen, eher ein Sammler namhaf-
ter Bahnstationen und namenloser Fluchtmomente:

Dachte an schön kühles Fleisch,
sah Jelängerjelieber,
voll entbrannt bei Neustadt/Aisch,
schon bei Ulm hinüber.

Dabei stehen, in welcher Sammlung auch immer, zwischen diesen Gedichten, die ›Hochseil‹ oder ›Zirkus‹ heißen und als ›Kunststücke‹ auf den Markt kommen, längere und kurze Prosaglossen, die unter anderem von der Marktlage der Lyrik Bericht geben: »Um ein Gedicht von guter oder auch nur mittlerer Qualität wirklich marktfertig zu machen, das heißt, es aus dem ursprünglichen Rohzustand auf jene Hochform zu bringen, die der Kunde heute verlangt, muß bereits eine Vorinvestition von achthundert bis tausend Mark pro Stück geleistet werden.«

So kann nur jemand schreiben, dem zwar gewiß ist: »Wer Lyrik schreibt, ist verrückt«, der aber dennoch den Beruf des Dichters nicht als hohepriesterliches Amt ausübt, vielmehr mit den Musen ein tarifvertragliches Verhältnis eingegangen ist; Schlechtwetterzulage und Streikrecht eingeschlossen! So spricht denn aus ihm, dem Mann mit dem lyrischen Bauchladen, in jener Ode, gemeißelt nach alter Manier, der Genosse Klopstock mit:

Davon singet sein Mund

Wo der Schnee fault, das Feuer schimmelt, die
Luft verrottet,
in Täuschland,
wo mein Entsetzen zu Haus ist,
will ich zum ersten, zum zweiten, zum letzten,
rrrums!

will dies unverkieselte Herz und, ehe das Auge
                                   trocken steht,
Lust und Wut und viele gebrechliche Dinge
lauthals preisen,
unter, ah!
Atem halten will ich, daß er uns bleibe:
Gesang!

Leute, wer es nicht weiß oder vergessen hat, wer gar
meint, so etwas gäbe es nicht mehr, so etwas sei aus-
rangiert, unter die neuesten Medienräder geraten,
dem sei dennoch gesagt: Unter uns ist ein Dichter von
höchstem Grade, der von heute, gestern und morgen
zugleich ist, haltbar weit über 1999 hinaus, ein Dichter,
der seit Jahrzehnten unsere Schieflage besingt und
selbst dem ermüdeten Material noch tragfähige Rei-
me abgezwungen hat, ein Dichter also, der uns im
›Mailied für junge Genossin‹ in strikter Tonlage –
»Kunst als Waffe? – da sei Majakowskij vor!« – das
»Über-Ich« als Kartenhaus erklärt und der, getreu sei-
nem eigenen Vers, erschütterbar geblieben ist – und
widersteht.
    Ja, das auch noch und in einer Zeit, in der blasierte
Distanznahme und geschmeidige Anpassung nicht
nur Mode, sondern feuilletongerechte Haltung sind.
Ihr alle, die ihr mit postmodernem Lächeln fein raus
zu sein meint, ihr Schnellverbraucher beliebiger Be-
findlichkeiten, ihr alle, denen es, ach, so schwerfällt,
links von rechts zu unterscheiden, sollt wissen: Unser
Dichter und Sänger auf hohem Seil, unser Artist in der
Zirkuskuppel, er, der »Profundes« auf das »Schlaflied
eines Hundes« reimt, er, Peter Rühmkorf, ist, und
bleibt ein Linker.
    So kenne ich ihn seit falschen Fuffzigerjahren, als

339

in Leslie Meiers Lyrikschlachthof Hochkonjunktur herrschte. Später, Mitte der Sechziger, zeichnete ich ihn mehrmals: Ob als Rabe oder Krähe, unser Dichter trat damals mit schleifig gebundener Fliege auf. Mag ja sein, daß wir uns in den siebziger Jahren mit unterschiedlichem Tempo in der Linkskurve bewegten, doch in den Achtzigern, als das bis heute andauernde »zweite Restauratorium« begann, lagen wir wieder gleichauf, und sei es im Kampf gegen angebliche Windmühlen, die aber – genau besehen – als Springers Dreckschleudern noch immer in Betrieb sind. Und gegenwärtig, da wir uns beide in den Neunzigern – und dank abgefallener Freunde – ziemlich entblößt in der Arena sehen, gefällt es uns weiterhin, den angestauten Mief abzuschmecken; so sehr lieben wir unser Land.

In Deiner ›Variation auf ‚Gesang des Deutschen‘ von Friedrich Hölderlin‹ besingst Du die »hundertprozentige Rheinstahltochter« und stellst das Märchen auf den Kopf: »Eselein deck dich, Deutschland, käufliche Mutter...« Inzwischen hat sie Fett angesetzt, unsere wohlfeile Matrone. Bedrohlich eng wird es ihr inmitten Nachbarschaft; schon bordet sie über.

Als mir kürzlich die polnische Übersetzung meiner Dir gewidmeten dreizehn Sonette unter dem Titel ›Novemberland‹ ins Haus kam, fand ich gleichfalls die Widmung, Deinen Namen wohlklingend übersetzt: für »Peterowi Rühmkorfowi!« Kein schönerer Schluß.

Bibliographischer Nachweis

Bei den Texten, die in die Grass-Werkausgabe (WA) von 1987 aufgenommen wurden, sei auf die Kommentierung dort verwiesen.

Racine läßt sein Wappen ändern. In: ›Gleisdreieck‹, Neuwied/Berlin 1960, S. 58 f. WA I, S. 99 f.

Annabel Lee. Hommage à E. A. Poe. In: ›Gleisdreieck‹, Neuwied/Berlin 1960, S. 93. WA I, S. 128.

Mein Ungedicht. In: ›Die Zeit‹, Hamburg, 10.2.1961. WA IX, S. 932–934.

Ohrenbeichte. Brief an ein unbeschriebenes Blatt. In: ›Sprache im technischen Zeitalter‹, Februar 1962, S. 170 f. WA IX, S. 37–39.

Kleine Rede für Arno Schmidt. Laudatio zur Verleihung des Fontane-Preises an Arno Schmidt am 18.3.1964 in Berlin. In: ›Frankfurter Allgemeine Zeitung‹, 19.3.1964. WA IX, S. 44–48.

Vor- und Nachgeschichte der Tragödie des Coriolanus von Livius und Plutarch über Shakespeare bis zu Brecht und mir. Rede zum 400. Geburtstag Shakespeares in der Akademie der Künste Berlin am 22.4.1964. In: ›Spandauer Volksblatt‹, Berlin, 26.4.1964; auch in: ›Akzente‹, (Mai) 1964, S. 194–221. WA IX, S. 49–75.

Freundliche Bitte um bessere Feinde. Offener Brief an Peter Handke. In: ›Sprache im technischen Zeitalter‹, Oktober 1966, S. 318–320. Vorabdruck in: ›Stuttgarter Zeitung‹, 20.9.1966. WA IX, S. 159–161.

Über meinen Lehrer Döblin. Rede zum 10. Todestag Döblins am 26.6.1967 in der Akademie der Künste Berlin. In: ›Akzente‹, (August) 1967, S. 290–309. WA IX, S. 236–255.

Genau hingucken. Zum Tod des Bildhauers Karl Hartung am 19.7.1967. In: ›Die Zeit‹, Hamburg, 4.8.1967. WA IX, S. 256–258.

Entschuldigung. Erklärung in der Sendung ›Panorama‹, NDR, am 25.9.1967. In: ›Frankfurter Rundschau‹, 28.9.1967. WA IX, S. 262 f.

Über meinen Verleger. In: ›Für Eduard Reifferscheid. Zum 16. Mai 1969‹, hg. von Elisabeth Borchers, Neuwied/Darmstadt 1969, S. 35–37. WA IX, S. 362–364.

Politisches Tagebuch. Abschußlisten. In: ›Süddeutsche Zeitung‹, München, 30.4.1971. WA IX, S. 514–516.

Vom Stillstand im Fortschritt. Variationen zu Albrecht Dürers Kupferstich ›Melencolia I‹. Rede zum Dürerjahr 1971 am 7.5.1971 in Nürnberg. Die Rede bildet zugleich das letzte Kapitel von ›Aus dem Tagebuch einer Schnecke‹, WA IV, S. 544–567. Auch in: Hermann Glaser (Hg.), ›Am Beispiel Dürers‹, München 1972, S. 82–97.

Politisches Tagebuch. Beim Kappenzählen. In: ›Süddeutsche Zeitung‹, München, 29.5.1971. WA IX, S. 525–527.

Heinrich Heine oder Glanz und Elend der europäischen Aufklärung. Günter Grass im Gespräch mit Wilhelm Gössmann. In: ›Geständnisse. Heine im Bewußtsein heutiger Autoren‹, hg. von W. Gössmann, Düsseldorf 1972, S. 174–178. Das Gespräch wurde am 8.6.1972 auf dem Flughafen Köln/Bonn geführt. WA X, S. 130–135.

Politisches Tagebuch. Die Deutschen und ihre Dichter. In: ›Süddeutsche Zeitung‹, München, 1.7.1972. WA IX, S. 574–576.

Todesarten. Zum Tod von Ingeborg Bachmann am 17.10.1973. In: ›Die Zeit‹, Hamburg, 26.10.1973. WA I, S. 272.

Auf der Durchreise Biermann. In: ›Wolf Biermann‹, edition text + kritik, München 1975, S. 5. WA I, S. 274.

Im Wettlauf mit den Utopien. Zu Döblins 100. Geburtstag. In: ›Die Zeit‹, Hamburg, 16.6.1978. WA IX, S. 715–736.

Eine Sonntagsidee. Brief an Hans Werner Richter zu dessen 70. Geburtstag am 12.11.1978. In: ›Hans Werner Richter und die Gruppe 47‹, hg. von Hans A. Neunzig, München 1979, S. 199 (auf S. 200–206 folgt der Beginn des ›Treffen in Telgte‹).

Kafka und seine Vollstrecker. Rede zum 10. Jahrestag der Besetzung Prags auf der Veranstaltung »Prager Frühling – Deutscher Herbst« in Köln am 21.8.1978. In: ›L 76‹, Nr. 9, September 1978, S. 5–20. WA IX, S. 737–754.

Ein gewichtiger Mann. Zum 80. Geburtstag von Eduard Reifferscheid am 16.5.1979. In: ›Die Zeit‹, Hamburg, 11.5.1979.

Wie sagen wir es den Kindern? Beitrag zum Katalog der Ausstellung ›The Glory of Danzig: Treasures from a Destroyed Community‹ im Jüdischen Museum New York. In: ›L 76‹, Nr. 12, Juni 1979, S. 5–17. WA IX, S. 755–769.

Abschied von Uwe Johnson. Zum Tod von Uwe Johnson am 20.2.1984. In: ›Die Zeit‹, 16.3.1984.

Die Zeit erinnernd aufheben. Rede auf der Gedenkfeier für Uwe Johnson in der Akademie der Künste Berlin am 26.10.1984. Unveröffentlicht.

Tallhover kann nicht sterben. Auszug aus der Reisereportage ›Zunge zeigen‹, Darmstadt 1988, S. 20 f. und 25–30.

Das Mittelalter hat uns eingeholt. Günter Grass im Gespräch mit Volker Hage. In: ›Die Zeit‹, Hamburg, 10.3.1989.

Geschichtliche Last als politische Verpflichtung. Brief an Peter Härtling als Präsidenten der Akademie der Künste Berlin vom 9.3.1989. In: ›europäische Ideen‹, H. 70, 1989, S. 33 f.

Nötige Kritik oder Hinrichtung? Günter Grass im Gespräch mit Hellmuth Karasek und Rolf Becker. In: ›Der Spiegel‹, Hamburg, 16.7.1990.

Distanz, heftige Nähe, Fremdwerden und Fremdbleiben. Günter Grass im Gespräch mit Roland Berbig und Erdmut Wizisla. In: ›,Wo ich her bin . . .‹ Uwe Johnson in der D.D.R.‹, hg. von R. Berbig und E. Wizisla, Berlin 1993, S. 99–121. Das Gespräch wurde am 18.3.1991 in Behlendorf geführt. © KONTEXTverlag, Berlin 1993.

Doppelter Max. Zum Tod von Max Frisch am 4.4.1991. In: ›Die Zeit‹, Hamburg, 12.4.1991.

Offener Brief an Salman Rushdie. Auftakt einer Serie von offenen Briefen in 23 Tageszeitungen weltweit. In: ›die tageszeitung‹, Berlin, 28.1.1992.

Gegen die Hohenpriester der Eindeutigkeit. Rede zum 3. Jahrestag der Morddrohung gegen Salman Rushdie im Rahmen einer BBC-Fernsehdiskussion am 14.2.1992. In: ›die tageszeitung‹, Berlin, 15.2.1992.

Brief an Christa Wolf vom 9.2.1993. In: ›Akteneinsicht Christa Wolf. Zerrspiegel und Dialog. Eine Dokumentation‹, hg. von Hermann Vinke, Hamburg 1993, S. 302–304.

Nachruf auf Helen Wolff. Laudatio zur (postumen) Verleihung des Friedrich-Gundolf-Preises an Helen Wolff in Leipzig am 30.4.1994. Helen Wolff starb am 28.3.1994. Unveröffentlicht.

Rabe oder Krähe. Laudatio zur Verleihung der Plakette der Freien Akademie an Peter Rühmkorf in Hamburg am 28.11.1994. In: ›Frankfurter Rundschau‹, 29.11.1994.

Personenregister

Günter Grass
In Kupfer, auf Stein

Mit einer Einleitung von Volker Neuhaus

*

Daß zahlreiche Schriftsteller (und Maler) Doppelbegabungen waren (und sind), daß zwischen Malerei und Literatur ein sehr enges Verhältnis besteht, das war früheren Jahrhunderten geläufig. Bei Günter Grass, der zunächst der bildenden Kunst zuneigte, bestand zwischen dem Schriftsteller und dem Zeichner schon bald ein harmonisches, gleichbleibend produktives Verhältnis. Das hier vorgelegte komplette druckgrafische Werk von Günter Grass ermöglicht einen Überblick über das grafische Schaffen, von den ersten Radierungen und Lithographien des Jahres 1972 bis hin zu denen des Jahres 1994. In der Konzentration der Darstellung wird deutlich, wie stark das zeichnerische und das literarische Werk von Günter Grass zusammenhängen. Dieser Spur geht auch Volker Neuhaus in seinem dem Buch als Einleitung beigegebenen Essay nach.

320 Seiten, Leinen, DM 78,00
Steidl Verlag · Düstere Str. 4 · D-37073 Göttingen